Schriftenreihe
der Juristischen Schulung

Geschäftsführender Herausgeber
Rechtsanwalt Prof. Dr. Hermann Weber

Heft 113

D1698910

Klausurtips für das Assessorexamen

von

Andreas Wimmer

Regierungsdirektor im
Bayerischen Staatsministerium
der Justiz

C. H. BECK'SCHE VERLAGSBUCHHANDLUNG
MÜNCHEN 1996

Die Deutsche Bibliothek – CIP-Einheitsaufnahme

Wimmer, Andreas:
Klausurtips für das Assessorexamen / von Andreas Wimmer. –
2. Aufl. – München : Beck, 1996
(Schriftenreihe der Juristischen Schulung ; H. 113)
ISBN 3-406-41646-2

ISBN 3 406 41646 2

Gesamtherstellung: Druckerei Wagner, Nördlingen
Gedruckt auf säurefreiem, alterungsbeständigem Papier
(hergestellt aus chlorfrei gebleichtem Zellstoff).

Für meine Frau Doris

Vorwort zur 2. Auflage

Seit dem Erscheinen der 1. Auflage sind fünf Jahre vergangen. In dieser Zeit haben sich nicht nur Gesetzgebung und Rechtsprechung weiterentwickelt, sondern auch die Juristenausbildung. Unter anderem wurde die Referendarausbildung erneut verkürzt und ihre Ausgestaltung modifiziert. Dementsprechend wurde das Buch komplett neu durchgesehen, überarbeitet und an verschiedenen Stellen erweitert, ohne den Umfang unnötig anschwellen zu lassen.

Bei der Durchsicht wurden die Gesetzeszitate auf den neuesten Stand gebracht. Unter anderem mußten das Gesetz zur Entlastung der Rechtspflege, das Gesetz zur Bekämpfung des illegalen Rauschgifthandels und anderer Formen organisierter Kriminalität, das Verbrechensbekämpfungsgesetz und das Kostenrechtsänderungsgesetz 1994 berücksichtigt werden.

Erweitert wurde das Buch um eine zweite (strafrechtliche) Übungsklausur, die eine Aufgabenstellung aus der Sicht des Anwalts enthält, sowie um ein Kapitel zur Examensvorbereitung allgemein. Die Tips zur Vertragsgestaltung (deren Bedeutung für das Assessorexamen zunimmt) wurden erheblich ausgeweitet, außerdem ein Prüfungsschema für die Zulässigkeit einer Verfassungsbeschwerde eingefügt. Im Gegenzug wurden die – kaum noch examensrelevanten – Probleme des Sozialhilferechts gestrichen.

Eingearbeitet wurde auch eine Vielzahl von Anregungen aus dem Leserkreis. Dies gilt insbesondere für umfangreiche Hinweise von Herrn *Lars Eriksen* und Herrn Diplomverwaltungswirt (FH) *Christoph Bühler*, für die ich mich auch auf diesem Wege nochmals herzlich bedanken möchte. Ihre Ratschläge, die auf einer intensiven Beschäftigung mit dem Werk beruhten, konnten in erheblichem Umfang übernommen werden.

Mein besonderer Dank gilt auch Herrn Ministerialrat *Gerhard Raukuttis*, Frau Richterin am Arbeitsgericht *Camilla Rösch* und Herrn Regierungsdirektor *Dr. Ludwig Kronthaler*, die mich – trotz ihrer starken Arbeitsbelastung – bei der Überarbeitung der Tips zum öffentlichen Recht, Arbeits- bzw. Steuerrecht tatkräftig unterstützten.

Dank schulde ich auch meiner Frau Doris und meinen beiden Söhnen Martin und Christoph dafür, daß sie mir den zeitlichen Freiraum für die Fertigstellung der zweiten Auflage des Buches ließen.

Für kritische Hinweise und Ratschläge zur Verbesserung dieses Buches aus dem Kreis der Leserschaft bin ich auch weiterhin dankbar.

München, im Juli 1996   *Andreas Wimmer*

Vorwort zur 1. Auflage

Dieses Buch entstand im wesentlichen während meiner eigenen Vorbereitung auf die Zweite Juristische Staatsprüfung in Bayern.

Viele der hier zusammengestellten Ratschläge und Hinweise verdanke ich daher meinen Ausbildern und Arbeitsgemeinschaftsleitern, denen ich auf diesem Wege ausdrücklich Dank sagen möchte:

Herr Rechtsanwalt *Dr. Benno Heussen* hat mich in der anwaltlichen Praxis mit der im 2. Teil dieses Buches beschriebenen Notizblatt-Methode vertraut gemacht und mich auf die Idee gebracht, diese Methode für die Klausurbearbeitung fruchtbar zu machen. Er hat mich auch in die Kunst, Checklisten in der juristischen Arbeit einzusetzen, eingeführt und mich bestärkt, dieses Buch zu veröffentlichen.

Herrn Richter am Oberlandesgericht *Manfred Bohn*, meinem ersten Referendar-Arbeitsgemeinschaftsleiter, verdanke ich viele Ratschläge zur Klausurtechnik und einen ganz wesentlichen Teil der im 3. Teil dieses Buches zusammengestellten Tips.

Herr Rechtsanwalt *Dr. Christoph Hiltl* hat die im 3. Teil dieses Buches abgedruckten Tips zum Sozialhilferecht zusammengestellt.

Frau Assessorin *Petra Reindl*, Herr Rechtsanwalt *Thomas Mayrhofer* und Herr *Dr. Hiltl* sowie Herr Assessor *Dr. Herbert Harrer* halfen bei der Entstehung der *Klausurtips* durch eine Vielzahl von Anregungen und konstruktive Kritik in nicht zu unterschätzendem Maße mit.

Einzelne Klausurtips und Hinweise gehen zurück auf meine Referendar-Arbeitsgemeinschaftsleiter Richter am Landgericht *Helmut Wenz*, Oberregierungsrat *Andreas Dhom* und Richter am Amtsgericht *Dr. Bernd Peter Gerhardt*.

Dank schulde ich last but not least meiner Frau Doris für ihre vielen kleinen Anregungen und Ratschläge und dafür, daß sie mir den zeitlichen Freiraum für die Fertigstellung dieses Buches verschaffte.

Für kritische Hinweise und Ratschläge zur Verbesserung dieses Buches aus dem Kreis der Leserschaft bin ich dankbar.

München, im März 1991   *Andreas Wimmer*

Inhaltsverzeichnis

3. Teil. Klausurtips

1. Abschnitt. Zivilrecht

Abkürzungsverzeichnis

a. A.	anderer Ansicht
a.a.O.	am angegebenen Ort
a. E.	am Ende
a. F.	alte Fassung
AbfG	Abfallgesetz
Abs.	Absatz
AbzG	Gesetz betreffend die Abzahlungsgeschäfte
AfA	Abschreibung für Abnutzung
AFG	Arbeitsförderungsgesetz
AG	Amtsgericht / Aktiengesellschaft
AGBG	Gesetz zur Regelung des Rechts der Allgemeinen Geschäftsbedingungen
Alt.	Alternative
Anh.	Anhang
Anm.	Anmerkung
AO	Abgabenordnung
ArbGG	Arbeitsgerichtsgesetz
ArbPlSchG	Arbeitsplatzschutzgesetz
ArbZG	Arbeitszeitgesetz
arg e	argumentum e contrario
Art.	Artikel
AÜG	Arbeitnehmerüberlassungsgesetz
Az.	Aktenzeichen
BAG	Bundesarbeitsgericht
BAT	Bundesangestelltentarifvertrag
BauGB	Baugesetzbuch
BauGBMaßnG	Maßnahmengesetz zum BauGB
BauNVO	Baunutzungsverordnung
Bay.	bayerisch
BayAGGVG	Bayerisches Ausführungsgesetz zum Gerichtsverfassungsgesetz, *Ziegler-Tremel* Nr. 295
BayBO	Bayerische Bauordnung *Ziegler-Tremel* Nr. 60
BayGO	Bayerische Gemeindeordnung, *Ziegler-Tremel* Nr. 280
BayKG	Bayerisches Kostengesetz, *Ziegler-Tremel* Nr. 380
BayKommZG	Bayerisches Gesetz über die kommunale Zusammenarbeit, *Ziegler-Tremel* Nr. 376
BayLkrO	Bayerische Landkreisordnung, *Ziegler-Tremel* Nr. 440
BayLStVG	Bayerisches Landesstraf- und Verordnungsgesetz, *Ziegler-Tremel* Nr. 420
BayObLG	Bayerisches Oberstes Landesgericht
BayPAG	Bayerisches Polizeiaufgabengesetz, *Ziegler-Tremel* Nr. 570
BayPOG	Bayerisches Polizeiorganisationsgesetz, *Ziegler-Tremel* Nr. 580
BayStrWG	Bayerisches Straßen- und Wegegesetz, *Ziegler-Tremel* Nr. 790

BayVertrVO .... Bayerische   Vertretungsverordnung,   *Ziegler-Tremel*
                   Nr. 880
BayVGH .... Bayerischer Verwaltungsgerichtshof
BayVwZVG .... Bayerisches Verwaltungszustellungs- und Vollstrek-
                   kungsgesetz, *Ziegler-Tremel* Nr. 912
BayWG .... Bayerisches Wassergesetz, *Ziegler-Tremel* Nr. 930
BBesG .... Bundesbesoldungsgesetz
BBG .... Bundesbeamtengesetz
BBiG .... Berufsbildungsgesetz
Bd. .... Band
BeamtVG .... Beamtenversorgungsgesetz
Bekl. .... Beklagte(r)
BErzGG .... Bundeserziehungsgeldgesetz
BetrVG .... Betriebsverfassungsgesetz
BeurkG .... Beurkundungsgesetz
BGB .... Bürgerliches Gesetzbuch
BGH .... Bundesgerichtshof
BImSchG .... Bundesimmissionsschutzgesetz
Bl. .... Blatt
BPersVG .... Bundespersonalvertretungsgesetz
BRAGO .... Bundesgebührenordnung für Rechtsanwälte
BRRG .... Beamtenrechtsrahmengesetz
BSHG .... Bundessozialhilfegesetz
BUrlG .... Bundesurlaubsgesetz
BV .... Bayerische Verfassung
BVerfG .... Bundesverfassungsgericht
BVerfGG .... Bundesverfassungsgerichtsgesetz
BVerwG .... Bundesverwaltungsgericht
BZRG .... Bundeszentralregistergesetz
bzgl. .... bezüglich
bzw. .... beziehungsweise
ca. .... circa
cm .... Zentimeter
d. A. .... der Akten
d. h. .... das heißt
DIN .... Deutsche Industrienorm
DM .... Deutsche Mark
EGGVG .... Einführungsgesetz zum Gerichtsverfassungsgesetz
Einl. .... Einleitung
EFZG .... Entgeltfortzahlungsgesetz
ErstattungsG ...... Erstattungsgesetz, *Sartorius* Nr. 215
EStDV .... Einkommensteuerdurchführungsverordnung
EStG .... Einkommensteuergesetz
etc. .... et cetera
f. .... folgende
ff. .... fortfolgende
FGG .... Gesetz über die freiwillige Gerichtsbarkeit
Fn. .... Fußnote
FStrG .... Bundesfernstraßengesetz
GBO .... Grundbuchordnung
GewO .... Gewerbeordnung
GG .... Grundgesetz
GKG .... Gerichtskostengesetz

GVG	Gerichtsverfassungsgesetz
h. M.	herrschende Meinung
HausratsVO	Hausratsverordnung
HGB	Handelsgesetzbuch
Hs.	Halbsatz
i.d.F.	in der Fassung
i.d.R.	in der Regel
i.S.d.	im Sinne der (des)
i.S.v.	im Sinne von
i.V.m.	in Verbindung mit
JA	Juristische Arbeitsblätter
JGG	Jugendgerichtsgesetz
Jura	Juristische Ausbildung
JuS	Juristische Schulung
Kfz	Kraftfahrzeug
Kl.	Kläger(in)
KO	Konkursordnung
KostO	Kostenordnung
KSchG	Kündigungsschutzgesetz
KStG	Körperschaftsteuergesetz
LG	Landgericht
lit.	littera (Buchstabe)
LuftVG	Luftverkehrsgesetz
m.	mit
m.w.N.	mit weiteren Nachweisen
MuSchG	Mutterschutzgesetz
NJW	Neue Juristische Wochenschrift
Nr.	Nummer
o.ä.	oder ähnliche(s)
obj.	objektiv
OLG	Oberlandesgericht
OVG	Oberverwaltungsgericht
OwiG	Gesetz über Ordnungswidrigkeiten
PflVG	Pflichtversicherungsgesetz, *Schönfelder* Nr. 63
Pkw	Personenkraftwagen
pVV	positive Vertragsverletzung
RA	Rechtsanwalt
Rdnr.	Randnummer
RiStBV	Richtlinien für das Straf- und Bußgeldverfahren
RPflG	Rechtspflegergesetz
Rspr.	Rechtsprechung
RVO	Reichsversicherungsordnung
S.	Seite
s.	siehe
s.o.	siehe oben
SchwbG	Schwerbehindertengesetz
SGB I	Sozialgesetzbuch 1. Buch
SGB VI	Sozialgesetzbuch 6. Buch
SGB VIII	Sozialgesetzbuch 8. Buch
SGB X	Sozialgesetzbuch 10. Buch
SGG	Sozialgerichtsgesetz
st.Rspr.	ständige Rechtsprechung
StA	Staatsanwalt(schaft)

StGB	Strafgesetzbuch
StPO	Strafprozeßordnung
str.	strittig
StrEG	Gesetz über die Entschädigung für Strafverfolgungsmaßnahmen
StVG	Straßenverkehrsgesetz
StVO	Straßenverkehrsordnung
subj.	subjektiv
TVG	Tarifvertragsgesetz
u. a.	unter anderem
u. U.	unter Umständen
UStG	Umsatzsteuergesetz
usw.	und so weiter
v.	von/vom
v. u. g.	vorgelesen und genehmigt
VAHRG	Gesetz zur Regelung von Härten im Versorgungsausgleich
VersG	Versammlungsgesetz
VG	Verwaltungsgericht
VGH	Verwaltungsgerichtshof
vgl.	vergleiche
VU	Versäumnisurteil
VVG	Gesetz über den Versicherungsvertrag
VwGO	Verwaltungsgerichtsordnung
VwVfG	Verwaltungsverfahrensgesetz
VwVG	Verwaltungsvollstreckungsgesetz
VwZG	Verwaltungszustellungsgesetz
WHG	Wasserhaushaltsgesetz
z. B.	zum Beispiel
z. T.	zum Teil
Zi.	Ziffer
ZPO	Zivilprozeßordnung
zust.	zustimmend
ZV	Zwangsvollstreckung

Literaturverzeichnis

Aktuelle Steuertexte, Textausgabe, München 1995, zitiert: *Aktuelle Steuertexte*

Anders, Monika, *Gehle*, Burkhard, Das Assessorexamen im Zivilrecht, 4. Auflage Düsseldorf 1993

Arbeitsgesetze, Textausgabe, 48. Auflage München 1995, zitiert: *Arbeitsgesetze*

Arloth, Frank, Strafprozeßrecht, München 1995

Bacher, Klaus, *Freymann*, Hans-Peter, Methodisches Lernen in der Arbeitsgemeinschaft, JuS 1992, S. 622–623

Baumbach, Adolf, *Duden*, Konrad, *Hopt*, Klaus, Handelsgesetzbuch, Kommentar, 29. Auflage München 1995, zitiert: *Baumbach-Duden-Hopt*, HGB

Baumbach, Adolf, *Hefermehl*, Wolfgang, Wechsel- und Scheckgesetz, Kommentar, 19. Auflage München 1995, zitiert: *Baumbach-Hefermehl*, Wechsel- und Scheckgesetz

Baumbach, Adolf, *Lauterbach*, Wolfgang, *Albers*, Jan, *Hartmann*, Peter, Zivilprozeßordnung, Kommentar, 54. Auflage München 1996, zitiert: *Baumbach-Lauterbach*, ZPO

Baumfalk, Walter, Die Arbeit am Sachverhalt in der zivilrechtlichen Klausur des Assessorexamens, JA Übungsblätter 1984, S. 72–80

Baumfalk, Walter, Die zivilgerichtliche Assessorklausur, 7. Auflage 1995, zitiert: *Baumfalk*, Assessorklausur

Baumfalk, Walter, Die zivilrechtliche Assessorklausur: Der Tatbestand des Entscheidungsentwurfs, JA Übungsblätter 1984, S. 152–160

Becht, Ernst, Prüfungsschwerpunkte im Zivilprozeß, Stuttgart/München/Hannover 1993

Berner, Georg, *Köhler*, Gerd Michael, Polizeiaufgabengesetz, Kommentar, 14. Auflage München 1995, zitiert: *Berner-Köhler*, Polizeiaufgabengesetz

Böhme, Werner, *Fleck*, Dieter, *Bayerlein*, Walter, Formularsammlung für Rechtsprechung und Verwaltung, 12. Auflage München 1995, zitiert: *Böhme-Fleck-Bayerlein*, Formularsammlung

Brandt, Lutz u. a., Viele Wege führen zum Examen, JuS 1981, S. 308–312

Brambring, Günter, Einführung in die Vertragsgestaltung, JuS 1985, S. 380–385

Brehm, Wolfgang, Freiwillige Gerichtsbarkeit, Stuttgart/München/Hannover 1993

Budde, Constanze, *Schönberg*, Birgit, Der Kurzvortrag im Assessorexamen – Zivilrecht, Frankfurt/M. 1994

Dreher, Eduard, *Tröndle*, Herbert, Strafgesetzbuch, Kommentar, 47. Auflage München 1995, zitiert: *Dreher-Tröndle*, StGB

Dürig, Günter, Gesetze des Landes Baden-Württemberg, Loseblattsammlung, München, zitiert: *Dürig*, Baden-Württembergische Gesetze

Emmerich, Volker, Anmerkung zum Urteil des *BGH* vom 31.01.1990, Az. VIII ZR 314/88 (NJW 1990, S. 1106), JuS 1990, S. 666–667

Europa-Recht, Textsammlung, 13. Auflage München 1995, zitiert: *Europa-Recht*

Forster, Peter, Fragen der Klausurtechnik, JuS 1992, S. 234–240

Furtner, Georg, Das Urteil im Zivilprozeß, 5. Auflage München 1985

Gesetze des Freistaats Thüringen, Loseblattausgabe, München, zitiert: *Gesetze des Freistaats Thüringen*

Gesetze des Landes Mecklenburg-Vorpommern, Loseblattausgabe, München, zitiert: *Gesetze des Landes Mecklenburg-Vorpommern*

Gesetze des Landes Sachsen-Anhalt, Loseblattausgabe, München, zitiert: *Gesetze des Landes Sachsen-Anhalt*

Glaesner, Europarecht, Textsammlung, 8. Auflage Baden-Baden 1995, zitiert: *Glaesner*, Europarecht

Haft, Fritjof, Einführung in das juristische Lernen, 5. Auflage Bielefeld 1992, zitiert: *Haft*, Einführung

Happ, Michael, *Allesch*, Erwin, *Geiger*, Harald, *Metschke*, Andreas, Die Station in der öffentlichen Verwaltung, 2. Auflage München 1994

von Heintschel-Heinegg, Bernd, *Gerhardt*, Bernd Peter, Assessorklausuren zum Familienrecht, Frankfurt/M. 1994

von Heintschel-Heinegg, Bernd, Das Verfahren in Familiensachen, 3. Auflage Frankfurt/M. 1994

von Heintschel-Heinegg, Bernd, *Gerhardt*, Bernd Peter, Materielles Scheidungsrecht, 3. Auflage Frankfurt/M. 1994

Helml, Ewald, Arbeitsrecht, Examenskurs für Rechtsreferendare, 4. Auflage München 1995

von Hippel, Eike, *Rehborn*, Helmut, Gesetze des Landes Nordrhein-Westfalen, München, Loseblattsammlung, München, zitiert: *von Hippel-Rehborn*, Gesetze des Landes Nordrhein-Westfalen

Hümmerich, Klaus, *Kopp*, Reinhold, Saarländische Gesetze, Loseblattsammlung, München, zitiert: *Hümmerich-Kopp*, Saarländische Gesetze

Jäde, Henning, Öffentliches Recht in Bayern, 2. Auflage Stuttgart/München/Hannover 1993

Jäde, Henning, Verwaltungsverfahren, Widerspruchsverfahren, Verwaltungsprozeß – Problemschwerpunkte für die Vorbereitung auf die Zweite Juristische Staatsprüfung, 2. Auflage Stuttgart/München/Hannover 1991

Jagusch, Heinrich, *Hentschel*, Peter, Straßenverkehrsrecht, Kommentar, 33. Auflage München 1995, zitiert: *Jagusch-Hentschel*, Straßenverkehrsrecht

Jauernig, Othmar, Bürgerliches Gesetzbuch, Kommentar, bearbeitet von *Jauernig*, Othmar u. a., 7. Auflage München 1994, zitiert: *Jauernig*, BGB

Joachimski, Jupp, Strafverfahrensrecht, 3. Auflage Stuttgart/München/Hannover 1993

Kaiser, Wolfdieter, *Tenbieg*, Birgit, Der Kurzvortrag im Assessorexamen – Strafrecht, Frankfurt/M. 1991

Karlsruher Kommentar zur Strafprozeßordnung und zum Gerichtsverfassungsgesetz, herausgegeben von Gerd Pfeiffer, 3. Auflage München 1993, zitiert: *Karlsruher Kommentar*, StPO

Kilger, Joachim, *Schmidt*, Karsten, Konkursordnung, 16. Auflage München 1993, zitiert: *Kilger-Schmidt*, Konkursordnung

Kleinknecht, Theodor, *Meyer-Goßner*, Lutz, Strafprozeßordnung, Kommentar, 42. Auflage München 1995, zitiert: *Kleinknecht*, StPO

Knöll, Hans-Jochen, Gesetze des Landes Brandenburg, 3. Auflage München 1995, zitiert: Knöll, Gesetze des Landes Brandenburg

Knöringer, Dieter, Die Assessorklausur im Zivilprozeß, 5. Auflage München 1995

Knöringer, Dieter, Freiwillige Gerichtsbarkeit, 2. Auflage München 1995

Kopp, Ferdinand, Verwaltungsgerichtsordnung, Kommentar, 10. Auflage München 1994, zitiert: *Kopp*, VwGO

Kopp, Ferdinand, Verwaltungsverfahrensgesetz, Kommentar, 6. Auflage München 1996, zitiert: *Kopp*, VwVfG

Kreutzer, H., *Srocke*, Ernst, Die Gesetze über die Berliner Verwaltung und die Verwaltungsgerichtsbarkeit, 45. Auflage Berlin 1994, zitiert: *Kreutzer-Srocke*, Gesetze über die Berliner Verwaltung

Kröpil, Karl, Das Prüfungsgespräch in der zweiten juristischen Staatsprüfung, JuS 1984, S. 536–539

Kröpil, Karl, Zum Prüfungsgespräch in der zweiten juristischen Staatsprüfung, JA 1987, S. 428–432

Kroschel, Theodor, *Meyer-Goßner*, Lutz, Die Urteile in Strafsachen, 26. Auflage München 1994

Krug, Walter, Erbrecht, München 1994

Lackner, Karl, Strafgesetzbuch, Kommentar, 21. Auflage München 1995, zitiert: *Lackner*, StGB

Landesrecht Rheinland-Pfalz, Auswahl aus der Sammlung des bereinigten Landesrechts, herausgegeben vom Ministerium der Justiz, Baden-Baden 1994, zitiert: *Landesrecht Rheinland-Pfalz*

Langenfeld, Gerrit, Vertragsgestaltung, München 1991

Leipziger Kommentar, Strafgesetzbuch, Großkommentar, herausgegeben von Burkhard Jähnke u. a., 11. Auflage Berlin 1992 ff, zitiert: *Leipziger Kommentar*, StGB

Löwe-Rosenberg, Strafprozeßordnung, Kommentar, herausgegeben von Peter Rieß, 24. Auflage Berlin 1987 ff, zitiert: *Löwe-Rosenberg*, StPO

Lüke, Gerhard, Ratschläge für die mündliche Prüfung im Referendarexamen, JuS 1980, S. 735–738

März, Gert, Niedersächsische Gesetze, Loseblattsammlung, München, zitiert: *März*, Niedersächsische Gesetze

Masson, Christoph, *Samper*, Rudolf, Bayerische Kommunalgesetze, Kommentar, München, Loseblattsammlung, zitiert: *Masson-Samper*, Bayerische Kommunalgesetze

Meyer, Thomas, *Littmann*, Christine, Ausbildungsliteratur für Rechtsreferendare – Ein systematischer Überblick, Jura 1990, S. 180–184

Müller-Christmann, Bernd, Der Kurzvortrag in der Assessorprüfung, 2. Auflage München 1995

Mürbe, Manfred, *Geiger*, Harald, *Wenz*, Helmut, Die Anwaltsklausur in der Assessorprüfung, 2. Auflage München 1996, zitiert: *Mürbe-Geiger-Wenz*, Die Anwaltsklausur in der Assessorprüfung

Nipperdey, Hans C., Arbeitsrecht, Loseblattsammlung, München, zitiert: *Nipperdey I*, Arbeitsrecht

Oberheim, Rainer, Zivilprozeßrecht für Rechtsreferendare, 2. Auflage Düsseldorf 1994

Palandt, Bürgerliches Gesetzbuch, Kommentar, bearbeitet von *Bassenge*, Peter u. a., 55. Auflage München 1996, zitiert: *Palandt*, BGB

Pape, Irmgard, *Pape*, Gerhard, *Radtke*, Henning, Ausgewählte Assessorklausuren im Zivilrecht, München 1994

Pfeiffer, Gerd, *Fischer*, Thomas, Strafprozeßordnung, Kommentar, München 1995, zitiert: *Pfeiffer-Fischer*, StPO

Pietzner, Rainer, *Ronellenfitsch*, Michael, Das Assessorexamen im Öffentlichen Recht, 8. Auflage Düsseldorf 1993

Proppe, Helmut, *Solbach*, Günter, Fallen – Fehler – Formulierungen, 3. Auflage Frankfurt/M. 1995

Puhle, Stefan, Der typische Fehler in der Zivilarbeit, JuS 1989, S. 203–208

Puhle, Stefan, Dreizehn Schritte zur Klausur, JuS 1987, S. 41–47

Pukall, Friedrich, Prüferratschläge für die zivilrechtliche Assessorklausur, Neuwied 1989

Ramsauer, Ulrich, Die Assessorprüfung im öffentlichen Recht, 3. Auflage München 1995

Rehbinder, Eckhart, Vertragsgestaltung, 2. Auflage Frankfurt/M. 1993

Rieger, Harald, *Friedrich*, Jörg-Martin, Die Aufstellung von Allgemeinen Geschäftsbedingungen in der wirtschaftsrechtlichen Praxis, JuS 1986, S. 787–790, 976–980, JuS 1987, S. 118–125

Rolfes, Stephan, *Volkert*, Werner, Öffentliches Recht in Niedersachsen, Stuttgart/München/Hannover 1991

Sartorius, Internationale Verträge – Europarecht, Loseblattsammlung, München, zitiert: *Sartorius II*

Sartorius, Verfassungs- und Verwaltungsgesetze der Bundesrepublik Deutschland, Loseblattsammlung, München, zitiert: *Sartorius I*

Sattelmacher, Paul, *Sirp*, Wilhelm, Bericht, Gutachten und Urteil, 32. Auflage München 1994

Schäfer, Gerhard, Die Praxis des Strafverfahrens, 5. Auflage Stuttgart/Berlin/Köln/Mainz 1992

Schellhammer, Kurt, Die Arbeitsmethode des Zivilrichters, 11. Auflage Heidelberg 1993, zitiert: *Schellhammer*

Schmehl, Martin, *Vollmer*, Walter, Die Assessorklausur im Strafprozeß, 3. Auflage München 1994

Schmitz, Günther, *Ernemann*, Andreas, *Frisch*, Alfred, Die Station in Zivilsachen, 4. Auflage München 1993

Schmitz, Günther, *Ernemann*, Andreas, *Frisch*, Alfred, Die Station in Strafsachen, 5. Auflage München 1995

Schmitz, Günther, *Hüßtege*, Rainer, Strafrechtliche Musterklausuren für die Assessorprüfung, 2. Auflage München 1994

Schmitz, Günther, Zivilrechtliche Musterklausuren für die Assessorprüfung, 2. Auflage München 1994

Schneider, Egon, Der Zivilrechtsfall in Prüfung und Praxis, 7. Auflage München 1988

Schönfelder, Deutsche Gesetze, Loseblattsammlung, München, zitiert: *Schönfelder*

Schönke-Schröder, Strafgesetzbuch, Kommentar, bearbeitet von Lenckner, Theodor u. a., 24. Auflage München 1991, zitiert: *Schönke-Schröder*, StGB

Schurmann, Walter, *Buchbinder*, Norbert, Die Assessorklausur im Steuerrecht, 2. Auflage München 1993

Seidl, Helmut, Familienrecht, Examenskurs für Rechtsreferendare, 4. Auflage München 1996

Steuergesetze I, Loseblattsammlung, München, zitiert: *Steuergesetze I*

Strafvollzugsgesetz, Textausgabe, 13. Auflage München 1995, zitiert: *Strafvollzugsgesetz*

STUD.JUR.NOMOS.Texte Öffentliches Recht, 4. Auflage Baden-Baden 1995, zitiert: *STUD.JUR.NOMOS.Texte Öffentliches Recht*

STUD.JUR.NOMOS.Texte Strafrecht, Straßenverkehrsrecht, Arbeits- und Sozialrecht, Europarecht, 4. Auflage Baden-Baden 1995, zitiert: *STUD.JUR.NOMOS.Texte Strafrecht*

STUD.JUR.NOMOS.Texte Zivilrecht, Wirtschaftsrecht, 4. Auflage Baden-Baden 1995, zitiert: *STUD.JUR.NOMOS.Texte Zivilrecht*

Tettinger, Peter J., Der Sachverhalt in der Fallbearbeitung, JuS 1982, S. 272–277, 357–360

Teubner, Ernst, Die mündliche Prüfung in beiden juristischen Examina – der Aktenvortrag (auch mit Kurzvorbereitung), 4. Auflage Köln 1994

Thomas, Heinz, *Putzo*, Hans, Zivilprozeßordnung, Kommentar, 19. Auflage München 1995, zitiert: *Thomas-Putzo*, ZPO

Weber, Harald, Methodenlehre der Rechtsgestaltung, JuS 1989, S. 636 - 643, 818–823

Weber, Hermann, Die Zulässigkeit der Verfassungsbeschwerde in der öffentlichrechtlichen Arbeit, JuS 1992, S. 122–127

Wenz, Helmut, Zwangsvollstreckung, Examenskurs für Rechtsreferendare, 2. Auflage München 1995

Ziegler-Tremel, Verwaltungsgesetze des Freistaates Bayern, herausgegeben von *Tremel*,

Klaus, Loseblattsammlung, München, zitiert: *Ziegler-Tremel*, Bayerische Verwaltungsgesetze

Zimmermann, Walter, Praktikum der freiwilligen Gerichtsbarkeit, 4. Auflage Heidelberg 1991

Zöller, R., Zivilprozeßordnung, Kommentar, bearbeitet von *Geimer*, Reinhold u. a., 17. Auflage Köln 1991, zitiert: *Zöller*, ZPO

§ 1. Einführung

Dieses Buch wendet sich an Rechtsreferendare, die sich auf das Assessorexamen vorbereiten. Sie werden fragen: Wozu schon wieder ein Buch, obwohl die Ausbildungsliteratur für Referendare schon die Regale füllt?[1] Ziel dieses Buches ist es *nicht*, examensrelevante Stoffgebiete zu erläutern. Hierfür gibt es tatsächlich bereits genügend Literatur.

Vielmehr möchte dieses Buch Antworten auf folgende Fragen geben:

1. Was muß ich *allgemein* bei der *Examensvorbereitung* und speziell bei der *körperlichen* und *psychologischen Vorbereitung* auf die Klausuren beachten?
   (1. Teil des Buches)

2. Mit welcher Technik kann ich den *Sachverhalt* einer Klausuraufgabe am besten *erfassen*? Wie gehe ich bei der *Zeiteinteilung* vor? Was muß ich bei der *Niederschrift* der Klausurlösung beachten?
   (2. Teil des Buches)

3. Welches *„Handwerkszeug"* brauche ich für die Klausurlösung (Checklisten, Schemata, Formalia usw.)?
   (3. Teil des Buches)

4. Was muß ich bei der *mündlichen Prüfung* besonders beachten?
   (5. Teil des Buches)

Außerdem enthält das Buch zwei Übungsklausuren zum Ausprobieren der Ratschläge aus den vorhergehenden Teilen.
(4. Teil des Buches)

Bei diesen Übungsklausuren handelt es sich um Aufgaben, die in Schwierigkeitsgrad und Gestaltung den typischen Anforderungen im bayerischen Assessorexamen entsprechen.

Besonders wichtig sind der 2. und der 3. Teil dieses Buches. Ich möchte das ein wenig genauer erläutern:

I. Klausurtechnik

Im Assessorexamen stellen sich dem Kandidaten im Vergleich zum Referendarexamen folgende zusätzliche Probleme:
- Der Sachverhalt der Aufgabe ist erheblich umfangreicher.
- In der gleichen Arbeitszeit sind sehr viel mehr Rechtsprobleme zu ent-

---

[1] Einen ausführlichen systematischen Überblick über die Ausbildungsliteratur für Rechtsreferendare geben *Meyer-Littmann*, Jura 1990, S. 180–184. Vgl. auch die Literaturhinweise im 3. Teil.

2 § 1. Einführung

decken und zu lösen. Neben den ausführlich zu behandelnden aktuellen, schwierigen Rechtsproblemen sind oft viele kleinere Fragen, zumeist „Standardprobleme", kurz und bündig zu behandeln.

Um in der zur Verfügung stehenden Zeit eine auch nur annähernd vollständige und vertretbare Lösung zu erstellen, ist es unbedingt erforderlich, daß man an die Aufgabe *systematisch* herangeht.

Systematisches Vorgehen bedeutet, daß man den Sachverhalt richtig und vollständig erfaßt und in zielgerichteten Schritten langsam die Lösung aufbaut und niederschreibt. Insbesondere die Erfassung des Sachverhalts ist für eine gute Klausurlösung von nicht zu unterschätzender Bedeutung.

Der 2. Teil dieses Buches beschreibt die einzelnen Arbeitsschritte der Lösung einer Klausur von der Lektüre des Sachverhalts bis zur Abgabe der fertigen Arbeit. Kernstück ist dabei eine Technik zur differenzierten Erfassung des Sachverhalts mit Hilfe von Notizblättern.

Um die verschiedenen Techniken und Vorschläge aus dem 2. Teil zu beherrschen, bedarf es einer längeren Einübungszeit anhand einer größeren Zahl von Übungsklausuren. Im 4. Teil des Buches stehen – für den Anfang – zwei Übungsklausuren mit Lösung zu diesem Zweck zur Verfügung.

II. Klausurtips

Im Assessorexamen gibt es im Vergleich zum Referendarexamen noch ein weiteres Problem:

Eine Vielzahl von praxisbezogenen Formalia sind zu beachten, u. a. müssen Rubrum und Tenor eines Urteils erstellt werden. Standardformulierungen der Praxis sollen verwendet werden. Je nach Fachgebiet wechseln diese Formalia und sind nur schwer im Gedächtnis zu behalten.

Der 3. Teil des Buches enthält aus diesem Grund *Klausurtips*, d. h. eine Zusammenstellung des häufig gebrauchten „Handwerkszeugs" für Assessorklausuren, bestehend aus Formalia, praktischen Formulierungen, Aufbautips, technischen Hinweisen, Standardfragen, Checklisten u. ä., und zwar jeweils gesondert für die einzelnen Prüfungsgebiete.

In dieser komprimierten Form lassen sich diese sonst schwer im Gedächtnis zu behaltenden Einzelheiten relativ schnell wiederholen, und zwar vor jeder Übungsklausur und zuletzt kurz vor den „echten" Examensklausuren, am besten jeweils am Vorabend.

Während der Klausurbearbeitung hat man die formalen Einzelheiten dann sozusagen „im Hinterkopf" und kann seine Aufmerksamkeit mehr den inhaltlichen Fragen der Aufgabe widmen. Da die Standardfragen und Formalia schneller behandelt werden können, bleibt mehr Zeit für die ausführliche Behandlung der aktuellen Rechtsprobleme, die den Schwerpunkt der meisten Klausuren bilden.

1. Inhalt der Klausurtips

Im einzelnen finden sich in den *Klausurtips*:
- Besonders zu beachtende *Hinweise im Sachverhalt* und im *Bearbeiter-vermerk* (Beispiel: Bei Geburtsdatumsangaben im Sachverhalt ist zu prüfen, ob ein Minderjähriger beteiligt ist)
- Hinweise auf häufig vorkommende *Leichtsinnsfehler* (Beispiel: nicht vergessen, im Tenor die Klage im übrigen abzuweisen, soweit Ansprüche nicht vollständig zugesprochen werden)
- Gerne vergessene *kleine Standardprobleme*
- Schwierig aufzufindende, aber häufig gebrauchte *Fundstellen in zuge-lassenen Hilfsmitteln*
- Hilfreiche *Standardformulierungen* aus der richterlichen bzw. Verwaltungspraxis (z. B. zur Beweiswürdigung)
- *Technische Hinweise* für die Arbeit an der Klausurlösung und für die Niederschrift (Beispiel: Vorschlag einer sinnvollen Reihenfolge für die Bearbeitung bestimmter Aufgabenstellungen)
- Häufig gebrauchte *Aufbau-* oder *Prüfungsschemata* (wie gehe ich an bestimmte Fragen heran?)
- Zu beachtende *Formalia*, die nicht aus zugelassenen Hilfsmitteln ersichtlich sind
- Wichtige und leicht verwechselbare *Fachausdrücke* (Beispiel: Verschiedene Bezeichnungen für die Parteien bei unterschiedlichen Gerichtsverfahren)
- *Zusammenstellung der Besonderheiten* in bestimmten, häufig vorkommenden *prozessualen Situationen* (z. B. bei Rechtsmitteln oder bei einem Versäumnisurteil)
- Merkhilfen für häufig auftauchende und nicht ohne weiteres erkennbare *Rechtsprobleme* (Beispiel: Anwartschaftsrecht)
- *Standardargumente* (z. B. im Zwangsvollstreckungsverfahren die „Formalisierung des Verfahrens")
- Gerne vergessene *Anspruchsgrundlagen* (z. B. Geschäftsführung ohne Auftrag, §§ 677 ff. BGB)

Außerdem wurden „*Checklisten*" erstellt, um bestimmte typische Anforderungen einer Assessorklausur besser in den Griff zu bekommen. Die Checklisten helfen dabei, folgende Frage zu beantworten: „Woran muß ich bei einer bestimmten Sachverhaltskonstellation sicherheitshalber denken, um kein Problem zu übersehen?" (Beispiel: die Liste wichtiger Revisionsgründe im Strafprozeß).

Die Ordnung der *Klausurtips* orientiert sich dabei an der Reihenfolge, in der die Hinweise in der Klausur gebraucht werden: Zuerst werden Ratschläge für die Erfassung des Sachverhalts gegeben, dann folgen Tips für die Niederschrift der einzelnen, aufeinander folgenden Teile eines Urteils bzw. Verwaltungsakts (beim Zivilurteil etwa Tips zu Rubrum,

Tenor, Tatbestand, Zulässigkeit und Begründetheit der Klage). Ganz nebenbei wird damit auch der richtige Aufbau der Lösung wiederholt.

Zusammenfassend kann man sagen, daß die *Klausurtips* als Merkhilfe dazu beitragen können, nichts Wichtiges zu vergessen und Leichtsinnsfehler zu vermeiden.

2. Ausgangspunkt der Klausurtips

Bei der Verwendung der *Klausurtips* ist folgendes zu beachten:

a) Es ist nicht Aufgabe der *Klausurtips*, dem Examenskandidaten die Erarbeitung und Durchdringung der verschiedenen Rechtsgebiete anhand von Lehrbüchern, Kommentaren etc. zu ersparen. Die *Klausurtips* dienen nur der kurzfristigen Wiederholung dessen, was man sich im Laufe der Referendarzeit an Kenntnissen erarbeitet hat.

Dementsprechend wurde auch auf erläuternde Fußnoten mit Fundstellen weitestgehend verzichtet.

b) Die *Klausurtips* gehen grundsätzlich von den Verhältnissen im bayerischen Assessorexamen aus. Dieses Examen besteht (neben einer mündlichen Prüfung) hauptsächlich aus 11 Klausuren:[2]
- 4 zivilrechtliche, von denen in der Regel eine entweder Familienrecht oder Fragen der freiwilligen Gerichtsbarkeit behandelt,
- 1 Arbeitsrechtsklausur,
- 2 Strafrechtsklausuren,
- 3 öffentlich-rechtliche Klausuren,
- 1 Steuerrechtsklausur.

Die Reihenfolge und Aufteilung der *Klausurtips* ergibt sich aus dieser Abfolge.

Im bayerischen Assessorexamen sind als Hilfsmittel in den Pflichtklausuren folgende Gesetzestexte und Kommentare zugelassen:[3] *Schönfelder, Sartorius I, Steuergesetze I, Ziegler-Tremel,* Bayerische Verwaltungsgesetze; *Arbeitsgesetze, Glaesner,* Europarecht; *Palandt,* BGB; *Thomas-Putzo,* ZPO; *Baumbach-Duden-Hopt,* HGB; *Dreher-Tröndle,* StGB; *Kleinknecht-Meyer=Goßner,* StPO; *Kopp,* VwGO; *Kopp,* VwVfG; *Masson-Samper,* Bayerische Kommunalgesetze; *Berner-Köhler,* Polizeiaufgabengesetz und *Böhme-Fleck-Bayerlein,* Formularsammlung.[4] Auf einige dieser Hilfsmittel wird in den *Klausurtips* gelegentlich verwiesen.

---

[2] §§ 51 I, 44 Bayerische Ausbildungs- und Prüfungsordnung für Juristen in der Fassung vom 20. Juni 1995, Bayerisches Gesetzes- und Verordnungsblatt, S. 321. Examenshausarbeit und Aktenvortrag werden im Gegensatz zu anderen Bundesländern nicht verlangt.
[3] Bekanntmachung des Bayerischen Staatsministeriums der Justiz – Landesjustizprüfungsamt – vom 6. Mai 1994, Bayerisches Justizministerialblatt, S. 78, geändert durch Bekanntmachung vom 1. März 1995, Bayerisches Justizministerialblatt, S. 38. In anderen Bundesländern bestehen ähnliche Regelungen: Näher hierzu unten im 1. Teil, § 2 III, S. 14 ff.
[4] Genauere Literaturangaben finden sich im Literaturverzeichnis dieses Buches.

c) Die *Klausurtips* sind – soweit irgend möglich – so abgefaßt, daß sie von Referendaren aus dem ganzen Bundesgebiet benutzt werden können. Auf landesrechtliche Besonderheiten wurde verzichtet. Soweit bundes- und landesrechtliche Normen nebeneinander gelten (wie z. B. beim VwVfG und bei den Beamtengesetzen), wurden nur die Bundesgesetze zitiert. Soweit allein landesrechtliche Normen in Betracht kamen, wurden exemplarisch bayerische Gesetze und Verordnungen zitiert. Letzteres war aber nur selten der Fall (vor allem im Polizei- und Sicherheitsrecht). Die vorgeschlagenen Formulierungen z. B. zur Tenorierung orientieren sich an der Praxis der Gerichte und Verwaltungsbehörden in Bayern. In anderen Bundesländern kann es durchaus Abweichungen geben. Beim Erarbeiten der *Klausurtips* sollte man daher darauf achten, daß die Tips für den eigenen Gebrauch an die landespezifischen Besonderheiten angepaßt werden.

3. Entstehungsgeschichte der Klausurtips

Der Verfasser hat im Rahmen seiner eigenen Vorbereitung auf das Assessorexamen mehr als 60 Übungsklausuren unter Examensbedingungen vollständig geschrieben, darüber hinaus noch mindestens weitere 100 Klausuren anhand des Aufgabentextes stichwortartig gelöst. Zumeist handelte es sich dabei um Originalklausuren aus dem bayerischen Assessorexamen.

Bei jeder dieser 160 Klausuren hat der Verfasser seine eigene Lösung anhand der Besprechung in der Referendar-Arbeitsgemeinschaft bzw. der Musterlösung (einschließlich der Korrekturbemerkungen der Ausbilder) analysiert und versucht, aus jeder Arbeit herauszufiltern, welche Informationen – über die aktuellen Rechtsprobleme des Falles hinaus – auch in anderen Klausuren wieder von Nutzen sein könnten. Diese wurden in den *Klausurtips* zusammengestellt.

In die *Klausurtips* wurden auch von Referendarkollegen vorgeschlagene Verbesserungen und Ergänzungen eingearbeitet. Praktische Hinweise, die Arbeitsgemeinschaftsleiter in den Besprechungen gaben, wurden ebenfalls berücksichtigt, genauso wie Erkenntnisse aus einer privaten Arbeitsgemeinschaft zur Examensvorbereitung.

4. Verwendung der Klausurtips

Es genügt nicht, die *Klausurtips* einmal oberflächlich durchzulesen. Vielmehr sollten sie den Referendar während der gesamten Vorbereitungszeit auf das Examen begleiten und ihm immer wieder – vor Übungsklausuren – ins Gedächtnis zurückgerufen werden, zuletzt vor dem Assessorexamen selbst.

Nur durch regelmäßige, gründliche Lektüre prägen sich die *Klausurtips* genügend ein, um dann während der Klausur „im Hinterkopf" zur Verfügung zu stehen.

Sehr zu empfehlen ist es auch, aus eigenen Fehlern in Übungsklausuren zu lernen und die *Klausurtips* an der jeweils einschlägigen Stelle zu markieren bzw. zu ergänzen. So kann man sich bei der nächsten Wiederholung der *Klausurtips* die eigenen Schwachstellen ins Gedächtnis zurückrufen und vermeiden, daß gleichartige Fehler erneut passieren.

Beispiel:

Wenn man in einer Übungsklausur vergessen hat, bei einem nur teilweise begründeten Anspruch die Klage im übrigen abzuweisen, markiert man sich den entsprechenden Punkt in den *Klausurtips* Zivilrecht im Abschnitt „Tenor der Entscheidung" (§ 4 IV 1) und vermeidet diesen Fehler in Zukunft hoffentlich.

Sofern sich ein entsprechender Punkt in den *Klausurtips* noch nicht findet, *ergänzt* man die Tips an geeigneter Stelle. Das gilt natürlich nicht für Fehler, die mit den spezifischen Problemen nur dieser einen Übungsklausur zusammenhängen.

Ergänzen kann man die *Klausurtips* auch um *landesspezifische Besonderheiten*, z. B. landesgesetzliche Rechtsgrundlagen, besondere Formulierungen u. ä. Dies gilt besonders im Verwaltungsrecht, wo beispielsweise im Beamtenrecht die korrespondierenden Normen des Landesbeamtengesetzes zu den Normen des BBG hinzugefügt werden sollten.

Je mehr man sich die *Klausurtips* durch solche Ergänzungen erarbeitet hat, desto besser bleiben die enthaltenen Informationen im Gedächtnis haften und können in der Klausur nutzbar gemacht werden.

Der Verfasser wünscht Ihnen viel Erfolg bei Ihrem Assessorexamen!

1. Teil. Vorbereitung auf die Klausur

§ 2. Vorbereitung auf die Klausur

I. Examensvorbereitung allgemein

1. Einführung

Wenn es um die Vorbereitung auf die Klausuren im Assessorexamen geht, muß man zunächst einige grundsätzliche Anmerkungen über die Referendarzeit und die Examensvorbereitung allgemein vorausschicken.

„Viele Wege führen zum Examen" – so war vor Jahren ein Aufsatz in der „Juristischen Schulung" überschrieben.[1] Eine Untersuchung über Studienverhalten und Prüfungsvorbereitung Berliner Kandidaten des Ersten Juristischen Staatsexamens hatte zu dem Ergebnis geführt, daß es *keinen Geheimtip für einen sicheren Weg zum Examen* gibt. Man könne nur darauf hinweisen, daß jeder Kandidat selbst ausprobieren müsse, mit welchen Vorbereitungsmöglichkeiten er am besten zurechtkomme.[2] Dies gilt nach Auffassung des Verfassers auch heute noch unverändert und kann in modifizierter Weise auf die Vorbereitung zum Zweite Juristische Staatsexamen bezogen werden.

Anders als das Studium ist ein erheblicher Teil der Referendarausbildung festgelegt (Arbeitsgemeinschaften, Stationsausbildung). Gleichwohl bleiben Spielräume, um *individuelle Schwerpunkte in der Examensvorbereitung* zu setzen. Hier muß jeder seinen eigenen Weg finden.

2. Exemplarisches Lernen

Generell gilt, daß noch stärker als im Referendarexamen das *exemplarische Lernen* im Vordergrund steht, ja angesichts der Stoffülle stehen muß. Von einem Referendar wird erwartet, daß er auch mit unbekannten Rechtsfragen umgehen kann. Es bleibt also nichts anderes übrig, als ein Stück weit „Mut zur Lücke" zu zeigen.

Exemplarisches Lernen heißt, möglichst repräsentative Fragen und Fälle anzugehen (*Selektives Vorgehen*). Noch wichtiger ist es dabei aber, möglichst viel aus allem, was man anpackt, herauszuholen (*Nutzenmaximierung*). Das bedeutet gründliche Bearbeitung der Fragen, ggf. mit vertiefender Lektüre zum Problemkreis im weiteren Sinn. Im Vorder-

---

[1] *Brandt u. a.*, JuS 1981, 308.
[2] *Brandt u. a.*, a.a.O., S. 311.

grund muß der Ansatz stehen: Was kann ich aus diesem Fall für künftige Fälle lernen? Juristen benutzen eine begrenzte Menge von Fällen und Lösungen, um die Fähigkeit zur richtigen, zur „gerechten" Entscheidung einer unbegrenzten Vielzahl rechtlicher Konflikte zu erwerben.[3]

Jeder Referendar tut gut daran, den *Vorbereitungsdienst möglichst intensiv zu nutzen*, um für die Examensvorbereitung maximalen Profit zu ziehen. Wie dies aussehen kann, wird im folgenden näher dargestellt.

3. *Referendararbeitsgemeinschaften*

Nicht nur nach der bayerischen Praxis werden die offiziellen Arbeitsgemeinschaften für Referendare von Richtern, Staatsanwälten und Verwaltungsbeamten geleitet. Sie orientieren sich einerseits an der Praxis der Gerichte und der Verwaltung, andererseits an den Examensanforderungen.

Nicht nur wegen der bestehenden Präsenzpflicht sollte man auf jeden Fall die Arbeitsgemeinschaften durch *aktive Teilnahme und Mitdenken* nutzen. Je mehr man bereit ist, die Arbeitsgemeinschaften auch zu Hause vor- und nachzubereiten, desto mehr wird man insgesamt davon profitieren. Fälle, die in der Arbeitsgemeinschaft besprochen werden, sollten – soweit vorher bekannt – durchgelesen und bereits stichpunktartig gelöst werden. Nach der Veranstaltung wird der *Stoff nochmals intensiv durchgearbeitet*, gegebenenfalls unter Zuhilfenahme weiterführender Literatur.

Im übrigen sind eigene Gesprächsbeiträge in der Arbeitsgemeinschaft zugleich eine *gute Übung für die mündliche Prüfung*.

4. *Stationsausbildung*

Das Assessorexamen soll die Befähigung zum Richteramt (§ 5 Abs. 1 DRiG) nachweisen und orientiert sich an den Anforderungen der Praxis in Justiz, Verwaltung und Anwaltschaft. Daß man daher als Referendar in den entsprechenden Ausbildungsstationen examensrelevantes Know-how erwerben kann und sollte, leuchtet unmittelbar ein.

Trotzdem hält sich das Interesse der Referendare an der Stationsausbildung bisweilen in engen Grenzen. Dies hängt zum Teil damit zusammen, daß wegen der Vielzahl von Referendaren auch Richter und Verwaltungsbeamte in (scheinbar) examensferneren Dezernaten als Ausbilder zugewiesen werden. Dies bedeutet jedoch nicht, daß die Stationszeit dann unnütz wäre.

Entscheidendes Lernziel der Stationen wird im Regelfall nicht der Erwerb umfassender Rechtskenntnisse über ein bestimmtes Fachgebiet sein, sondern *Routine in der Fallbearbeitung* sowie *praktische Erfahrungen* im

---

[3] *Haft*, Einführung, S. 3.

Umgang mit dem Prozeß- bzw. Verfahrensrecht. Nur wer wenigstens einige Male Kostenentscheidungen in zivilgerichtlichen Urteilen in der Praxis entworfen hat, wird auch in der Examensklausur dabei nicht ins Schwitzen kommen und nicht zuviel kostbare Zeit verschwenden. Gleiches gilt für die Berechnung der Sicherheitsleistung bzw. die Abfassung des Tatbestandes im Urteil.

5. Klausurenkurse

Das beste Mittel, um mit den in einer Examensklausur auftretenden psychologischen Problemen fertig zu werden, ist es, die Prüfungssituation möglichst intensiv kennenzulernen, indem man eine *größere Zahl von Übungsklausuren unter Examensbedingungen* schreibt.

Vorteile:

• Man erlebt bereits in Übungsklausuren die – im Examen nicht seltene – Situation, daß man mit einem völlig unbekannten Problem konfrontiert wird, mit dem man nichts anfangen kann, und trainiert, wie man in einer solchen Situation vorgeht. Das gibt einem die Sicherheit und Ruhe, um auch im „echten" Examen mit einer solchen Situation fertig zu werden.

• Mit der Examenssituation vertraut zu sein, mindert ein Stück weit die Prüfungsangst.

• Man lernt seine eigenen Schwächen kennen (Probleme bei der Zeiteinteilung, der Sachverhaltserfassung, der Ausformulierung o. ä.) und kann diese gezielt beheben oder ihnen zumindest besonderes Augenmerk widmen. Entscheidend für die *Entwicklung einer effektiven Klausurtechnik* ist die Nachbereitung, d. h. die gründliche Auswertung der eigenen Fehler und der Musterlösung.

In den Referendararbeitsgemeinschaften werden zwar immer wieder Klausuren geschrieben und weitere Fälle besprochen. Dies wird jedoch im Regelfall nicht ausreichen. Teilweise werden deshalb freiwillige Klausurenkurse im Rahmen der Referendarausbildung angeboten, daneben auch entgeltliche, vor allem durch Repetitorien.

Es ist ganz besonders wichtig, daß die Übungsklausuren *unter Examensbedingungen* geschrieben werden: Unterhaltungen mit Referendarkollegen auf dem Gang, bei denen man beratschlagt, wie die Klausur „anzupacken" ist, geben beim Klausurschreiben zwar mehr Sicherheit, sie verfälschen aber die eigene Arbeit. Man weicht dadurch nur dem großen Problem aus, *alleine* mit der Aufgabe in der gegebenen Zeit fertig werden zu müssen.

Auch bei den Übungsklausuren werden immer *nur die im Examen zulässigen Hilfsmittel* (Gesetze bzw. Kommentare) benutzt. Nur so lernt man, mit ihnen im „Ernstfall" umzugehen und allein mit ihnen auszukommen.

Es ist zwar sicher nicht sinnvoll, die Examensvorbereitung ausschließlich mit Klausurenschreiben zu bestreiten, dafür ist der Zeitaufwand mit fünf Stunden pro Fall zu hoch. Bei vielen Fällen genügt es, sie stichpunktartig zu lösen, ohne daß der Lerneffekt allzusehr darunter leidet. Dennoch ist es nötig, eine größere Zahl von Klausuren unter Examensbedingungen zu schreiben, um *hinreichend Routine zu gewinnen.* Der Verfasser beispielsweise hat im Rahmen seiner eigenen Vorbereitung auf das Assessorexamen mehr als 60 Übungsklausuren unter Examensbedingungen vollständig geschrieben, darüber hinaus noch mindestens weitere 100 Klausuren anhand des Aufgabentextes stichwortartig gelöst.

6. Lernen in einer privaten Arbeitsgemeinschaft

Neben den Referendararbeitsgemeinschaften und der Stationsausbildung (einschließlich deren Vor- und Nachbereitung) bleibt regelmäßig noch Zeit für die individuelle Examensvorbereitung. Eine sehr effektive Ergänzung bietet hier das kontinuierliche *Lernen in einer privaten Arbeitsgemeinschaft.*[4]

Der Verfasser hat bei seiner eigenen Examensvorbereitung sehr viel profitiert von einer Arbeitsgemeinschaft mit drei Kollegen, die ein ganzes Jahr vor dem Assessorexamen wöchentlich einmal für drei bis vier Stunden zusammenkam, um gemeinsam Examensfälle zu bearbeiten.

Vorteile:[5]

- Im gemeinsamen Gespräch werden Probleme entwickelt und erst so richtig erkannt und verstanden.
- Das aktive Lernen[6] führt zu einem verbesserten Lerneffekt.
- Arbeits- und Argumentationstechnik werden optimiert, die Sicherheit im mündlichen Vortrag gestärkt.
- Die Gruppe motiviert sich gegenseitig zu regelmäßigem Arbeiten, auch wenn der einzelne einmal vorübergehend frustriert ist. Die Möglichkeit, sich durchzumogeln, bleibt im kleinen Kreis versperrt.

Die genannten Vorteile sollten jeden Referendar dazu bewegen, diese Möglichkeit zumindest einmal auszuprobieren. Es läßt sich aber nicht leugnen, daß eine private Lernarbeitsgemeinschaft einiges an *Disziplin, Eifer und Arbeitskraft erfordert.* Dies gilt aber letztlich für jede ernsthafte Examensvorbereitung.

Eine private Arbeitsgemeinschaft sollte in der Regel aus *drei oder vier Personen* bestehen. Nur so ist gewährleistet, daß jeder genügend Aktionsmöglichkeiten hat und es zu anregenden Streitgesprächen kommt. Die

---

[4] Allgemein hierzu *Bacher-Freymann,* JuS 1992, 622.
[5] *Bacher-Freymann,* a.a.O., S. 622.
[6] *Haft,* a.a.O., S. 4 ff.

Referendarkollegen sollten sich auf den gleichen Examenstermin vorbereiten und gleichermaßen motiviert sein.[7] Von Vorteil ist es, wenn die Kollegen in ihrem Wissens- und Ausbildungsstand nicht zu weit auseinanderliegen. Das vermeidet Frustrationen und Spannungen. Manchmal klappt die Gründung einer Arbeitsgemeinschaft nicht auf Anhieb. Nach einigem Ausprobieren findet sich aber in der Regel das *richtige Team*. Nicht unbedingt zu empfehlen ist es, die Arbeitsgemeinschaft mit den besten Freunden zu gründen. Durch die anderen gemeinsamen Interessen wird man u. U. im Gespräch zu sehr abgelenkt.[8]

Als Treffpunkt sollte man einen Ort wählen, der die Ablenkung durch sachfremde Einflüsse erschwert und zur Konzentration auf die Arbeit motiviert.[9] Der *Tagungsort* sollte im Grundsatz immer *gleichbleiben*.

Wichtig ist auch die *Regelmäßigkeit* der Treffen. Als sinnvoll haben sich *ein bis maximal zwei Sitzungen pro Woche mit etwa drei bis vier Stunden* erwiesen. Dieser Rhythmus sollte auch nicht allzu oft für Urlaube o. ä. unterbrochen werden. Eine Arbeitsgemeinschaft sollte *über längere Zeit hinweg* bestehen, mindestens für einen Zeitraum von einem Jahr, noch besser während der gesamten Referendarzeit.

Ein entscheidender Punkt ist die *Arbeitstechnik*. Thema jeder Arbeitsgemeinschaft sollten Klausurfälle oder auch aktuelle Gerichtsentscheidungen sein, die man z. B. den gängigen Ausbildungszeitschriften entnimmt. In der Sitzung übernimmt *jeweils einer im wöchentlichen Wechsel den Vorsitz*. Dieser wählt einen Fall aus, händigt den anderen in der vorhergehenden Sitzung bereits Sachverhalt und Aufgabenstellung hierzu aus und bereitet die Sitzung anhand der Musterlösung *gründlich und umfassend* vor.

Die anderen erarbeiten zur *Vorbereitung der Sitzung* stichpunktartig (oder zumindest ansatzweise) ihre eigenen Lösungswege und besprechen sie unter Leitung des „Vorsitzenden" in der Arbeitsgemeinschaft. Dabei legt dieser insbesondere Wert auf *präzisen Aufbau* und *Qualität in der Argumentation*. Der Vorsitzende muß seine Kollegen fordern, durch Fragen auf eine selbständige Fallösung hinarbeiten und nicht nur die Musterlösung referieren.[10] Erörtert werden sollten nicht zuletzt klausurtechnische Fragen, schwierige Formulierungen, aber auch die Lösung von Fallvarianten.

Die Arbeitsgemeinschaft wird abgerundet durch eine *individuelle Nachbereitung*, die durch ihren Wiederholungscharakter das Gelernte konsolidiert.[11]

---

[7] *Bacher-Freymann*, a.a.O., S. 622.
[8] *Bacher-Freymann*, a.a.O., S. 622.
[9] *Bacher-Freymann*, a.a.O., S. 622.
[10] *Bacher-Freymann*, a.a.O., S. 623.
[11] *Bacher-Freymann*, a.a.O., S. 623.

7. Selbststudium

Auch in der Referendarzeit kommt man wie an der Universität nicht um ein Selbststudium herum. Hierzu gehört neben der *Vor- und Nachbereitung* der privaten und der Referendararbeitsgemeinschaften sowie der Stationsausbildung vor allem die *Lektüre von aktuellen Ausbildungs- und Fachzeitschriften*. Beispielsweise im Arbeitsrecht ändert sich die Rechtsprechung ständig, so daß man auf dem laufenden bleiben muß.

Bei der Lektüre der Zeitschriften ist es sinnvoll, *Gesetzestexte und Kommentare in Reichweite* zu behalten, um die Entscheidungen der Gerichte und die Meinung der Autoren besser nachvollziehen zu können.

8. Nebentätigkeit beim Anwalt

Nachdem die Referendarzeit inzwischen weiter verkürzt wurde, bleibt neben der Examensvorbereitung kaum noch Zeit für andere Aktivitäten wie z. B. eine bezahlte Nebentätigkeit bei einem Rechtsanwalt (zusätzlich zu der entsprechenden Ausbildungsstation). Die Arbeit beim Anwalt hat neben ihrem finanziellen Aspekt in erster Linie Bedeutung für die Möglichkeit eines Anstellungsverhältnisses nach Abschluß des Examens. Viele Anwaltskanzleien rekrutieren ihren Nachwuchs vorwiegend aus ihren ehemaligen Referendaren.

Soweit man sich für eine Nebentätigkeit entscheidet, sollte man den Aspekt der Examensvorbereitung nicht zu sehr zurückdrängen und darauf achten, die Erfahrungen in der Kanzlei auch hierfür fruchtbar zu machen. Zum Beispiel kann das *Erstellen von Vertragsentwürfen* wertvolle Routine für die in letzter Zeit häufiger gestellten Vertragsgestaltungsklausuren vermitteln. Wer Erfahrung mit der *Beratung von Mandanten* gesammelt hat, wird sich bei Anwaltsklausuren mit entsprechender Fragestellung leichter tun.

9. Zusammenfassung

Wie schon eingangs zitiert, führen *viele Wege zum Examen*. Auch wenn der Vorbereitungsdienst durch die Referendararbeitsgemeinschaften und die Stationsausbildung teilweise festgelegt ist, bleiben Spielräume, um eigene Schwerpunkte in der Examensvorbereitung zu setzen. Dabei sollte man insbesondere über die Gründung einer privaten Arbeitsgemeinschaft nachdenken.

II. Körperliche, psychologische und intellektuelle Vorbereitung auf die Klausur

1. Körperliche Vorbereitung

Nach den vorstehenden allgemeinen Ausführungen zur Examensvorbereitung soll es nunmehr konkret um die Vorbereitungsphase kurz vor den eigentlichen Examensklausuren gehen.

Der Erfolg in einer Klausur hängt zu einem nicht geringen Teil davon ab, daß man sich in optimaler körperlicher Verfassung befindet.

Alles angelernte Wissen nützt nichts, wenn das Gehirn in der Klausur nicht fähig ist, das Wissen auf den konkreten Fall anzuwenden. Es tauchen immer Rechtsprobleme auf, die nicht bekannt sind und die nur durch Nachdenken lösbar sind. Die körperliche Verfassung spielt daher eine enorme Rolle bei der Klausurbearbeitung (*„mens sana in corpore sano"*).

Spätestens in der letzten Woche vor dem Examen *schläft* man sich daher richtig *aus*. Es ist auch wichtig, früh zu Bett zu gehen und früh aufzustehen, um sich an den Lebensrhythmus während des Examens zu gewöhnen.

Darüber hinaus lohnt es sich, ein wenig *Sport* zu treiben, um sich fit zu halten. „Ruhige" Sportarten wie Schwimmen sind gegenüber gefährlicheren Sportarten wegen der damit verbundenen Verletzungsgefahr vorzuziehen.

Um *frische Luft* zu schnappen, sollte man am Nachmittag vor und zwischen den Klausuren eine Stunde *spazierengehen*.

Auch *autogenes Training*, *Yoga* und *Meditationsübungen* können zur Entspannung beitragen.

2. Psychologische Vorbereitung

Ziel der psychologischen Vorbereitung auf die Klausur ist es, im Examen *ruhig* und *gelassen* zu bleiben, gleichzeitig aber nicht die für Höchstleistungen notwendige *geistige Anspannung* zu verlieren.

Um dieses Ziel zu erreichen, muß man bereits lange vor dem Examen ansetzen. Wie bereits oben[12] geschildert, sind *Übungsklausuren unter Examensbedingungen* das beste Mittel, um mit den in einer Klausur auftretenden psychologischen Problemen fertig zu werden.

In den Tagen unmittelbar vor den Klausuren vermeidet man jedweden Streß und denkt wenn möglich nicht ständig an die Prüfung. Es kommt darauf an, daß man *sich entspannt*, sei es durch Sport, Spiele, beruhigende Musik oder die Ausübung kreativer Hobbies (Musizieren, Malen etc.). Statt wie das Kaninchen auf die Schlange zu starren, hält man sich

---

[12] § 2 I 5.

besser vor Augen, daß auch die anderen Kandidaten nur „mit Wasser kochen".

3. Intellektuelle Vorbereitung

Kurz vor dem Examen hat es keinen Sinn mehr, noch umfangreichen Lernstoff zu pauken oder eine Vielzahl von Übungsklausuren zu lösen. Man *wiederholt* höchstens noch kurz einige wichtige Fragen.

Am Vorabend der einzelnen Klausur liest man sich allenfalls noch die im 3. Teil des Buches abgedruckten, nach Fachgebieten geordneten *„Klausurtips"* (am besten mit einem Seitenblick ins Gesetz) durch. Die dort enthaltenen Hinweise, Schemata und Formalia sind praktische Hilfen für jede Klausur. Es lohnt sich, sie durch die Lektüre wieder *ins Kurzzeitgedächtnis zurückzurufen.* Man hat dann das „Handwerkszeug" für die Aufgabenbearbeitung im Hinterkopf bereit und kann sich im Examen intensiver mit den dort auftauchenden besonderen Problemen befassen.

III. Hilfsmittel

In den einzelnen Ländern der Bundesrepublik sind als Hilfsmittel in unterschiedlicher Weise Gesetzestexte bzw. Kommentare zugelassen. Hier ein Überblick[13]:

- In *Baden-Württemberg* sind nach Anordnung des Landesjustizprüfungsamtes nur *Schönfelder* und zusätzlich bei öffentlichrechtlichen Klausuren *Sartorius I* und *Dürig*, Baden-Württembergische Gesetze zugelassen.[14]
- In *Bayern* sind *Schönfelder*, *Sartorius I*, *Steuergesetze I*, *Ziegler-Tremel*, Bayerische Verwaltungsgesetze; *Arbeitsgesetze*, *Glaesner*, Europarecht; *Palandt*, BGB; *Thomas-Putzo*, ZPO; *Baumbach-Duden-Hopt*, HGB; *Dreher-Tröndle*, StGB; *Kleinknecht*, StPO; *Kopp*, VwGO; *Kopp*, VwVfG; *Masson-Samper*, Bayerische Kommunalgesetze; *Berner-Köhler*, Polizeiaufgabengesetz und *Böhme-Fleck-Bayerlein*, Formularsammlung zugelassen.[15]
- In *Berlin* sind je nach Prüfungsgebiet *Schönfelder*, *Sartorius I*, *Kreutzer-Srocke*, Gesetze über die Berliner Verwaltung; *Palandt*, BGB; *Thomas-Putzo*, ZPO; *Dreher-Tröndle*, StGB; *Kleinknecht*, StPO; *Kopp*, VwGO und *Kopp*, VwVfG zugelassen.[16]

---

[13] Zusätzliche Bücher für (in manchen Ländern vorgesehene) Wahlfachklausuren bleiben aus Platzgründen außer Betracht.

[14] Die Justiz 1993, S. 482.

[15] Bekanntmachung des Bayerischen Staatsministeriums der Justiz – Landesjustizprüfungsamt – vom 6. Mai 1994, Bayerisches Justizministerialblatt, S. 78, geändert durch Bekanntmachung vom 1. März 1995, Bayerisches Justizministerialblatt, S. 38.

[16] Bekanntmachung des Präsidenten des Justizprüfungsamtes vom 23. November 1992.

- In *Brandenburg* sind zugelassen *Schönfelder, Sartorius I, Knöll,* Gesetze des Landes Brandenburg; *Palandt,* BGB; *Thomas-Putzo,* ZPO; *Dreher-Tröndle,* StGB; *Kleinknecht,* StPO; *Kopp,* VwGO und *Kopp,* VwVfG.

- In *Bremen, Hamburg* und *Schleswig-Holstein* sind nach Anordnung des Präsidenten des Gemeinsamen Prüfungsamtes *Schönfelder, Sartorius I, Palandt,* BGB; *Thomas-Putzo,* ZPO; *Lackner,* StGB und *Kopp,* VwGO zugelassen, wobei ein Teil der Hilfsmittel vom Prüfungsamt gestellt wird. Je nach Erfordernis kommen weitere Gesetzestexte hinzu.

- In *Hessen* sind nach Anordnung des Präsidenten des Justizprüfungsamtes *Schönfelder, Sartorius I,* ausgewählte hessische *Landesgesetze, Arbeitsgesetze, Palandt,* BGB; *Baumbach-Lauterbach,* ZPO; *Dreher-Tröndle,* StGB; *Kleinknecht,* StPO und *Kopp,* VwGO zugelassen, wobei ein Teil der Hilfsmittel vom Prüfungsamt gestellt wird.

- In *Mecklenburg-Vorpommern* sind zugelassen *Schönfelder, Sartorius I, Sartorius II* oder *Glaesner,* Europarecht; *Gesetze des Landes Mecklenburg-Vorpommern; Palandt,* BGB; *Baumbach-Duden-Hopt,* HGB; *Thomas-Putzo,* ZPO; *Nipperdey I,* Arbeitsrecht oder *Arbeitsgesetze; Dreher-Tröndle,* StGB; *Kleinknecht,* StPO; *Kopp,* VwGO und *Kopp,* VwVfG.[17]

- In *Niedersachsen* sind nach näherer Bestimmung des Landesjustizprüfungsamtes je nach Prüfungsgebiet *Schönfelder* oder *STUD.JUR.NOMOS.Texte Strafrecht/STUD.JUR.NOMOS.Texte Zivilrecht, Sartorius I* oder *STUD.JUR.NOMOS.Texte Öffentliches Recht, März,* Niedersächsische Gesetze; *Palandt,* BGB; *Thomas-Putzo,* ZPO; *Dreher-Tröndle,* StGB und *Kleinknecht,* StPO zugelassen.[18]

- In *Nordrhein-Westfalen* sind nach Anordnung des Präsidenten des Landesjustizprüfungsamtes *Schönfelder* oder *STUD.JUR.NOMOS.Texte Strafrecht/STUD.JUR.NOMOS.Texte Zivilrecht, Sartorius I* oder *STUD.JUR.NOMOS.Texte Öffentliches Recht,* von *Hippel-Rehborn,* Gesetze des Landes Nordrhein-Westfalen, *Palandt,* BGB; *Thomas-Putzo,* ZPO; *Baumbach-Duden-Hopt,* HGB; *Baumbach-Hefermehl,* Wechsel- und Scheckgesetz; *Kilger-Schmidt,* Konkursordnung; *Dreher-Tröndle,* StGB; *Kleinknecht,* StPO; *Kopp,* VwGO und *Kopp,* VwVfG zugelassen.

- In *Rheinland-Pfalz* sind durch Anordnung des Landesprüfungsamtes für Juristen *Schönfelder* oder *STUD.JUR.NOMOS.Texte Strafrecht/STUD.JUR.NOMOS.Texte Zivilrecht, Sartorius I* oder *STUD.JUR.NOMOS.Texte Öffentliches Recht, Landesrecht Rheinland-Pfalz, Palandt,* BGB; *Jauernig,* BGB; *Baumbach-Lauterbach,*

---

[17] Amtsblatt für Mecklenburg-Vorpommern 1996, S. 251.
[18] Niedersächsische Rechtspflege 1994, S. 293.

ZPO oder *Zöller*, ZPO; *Thomas-Putzo*, ZPO; *Lackner*, StGB; *Dreher-Tröndle*, StGB und *Kleinknecht*, StPO zugelassen.

- Im *Saarland* sind je nach Prüfungsgebiet *Schönfelder*, *Sartorius I* und *Sartorius II* bzw. *Europa-Recht*, *Hümmerich-Kopp*, Saarländische Gesetze; *Palandt*, BGB; *Thomas-Putzo*, ZPO; *Baumbach-Lauterbach*, ZPO oder *Zöller*, ZPO; *Dreher-Tröndle*, StGB; *Kleinknecht*, StPO; *Strafvollzugsgesetz*, *Kopp*, VwGO und *Kopp*, VwVfG zugelassen.[19]

- In *Sachsen* sind zugelassen *Schönfelder*, *Sartorius I*, *Arbeitsgesetze*, *Europa-Recht*, *Aktuelle Steuertexte*, *Palandt*, BGB; *Thomas-Putzo*, ZPO; *Dreher-Tröndle*, StGB; *Kleinknecht*, StPO; *Kopp*, VwGO und *Kopp*, VwVfG.

- In *Sachsen-Anhalt* sind zugelassen je nach Prüfungsgebiet *Schönfelder* oder *STUD.JUR.NOMOS.Texte Strafrecht/STUD.JUR.NOMOS.Texte Zivilrecht*, *Sartorius I* oder *STUD.JUR.NOMOS.Texte Öffentliches Recht*, Gesetze des Landes Sachsen-Anhalt; *Palandt*, BGB; *Thomas-Putzo*, ZPO; *Baumbach-Lauterbach*, ZPO oder *Zöller*, ZPO; *Dreher-Tröndle*, StGB oder *Lackner*, StGB; *Kleinknecht*, StPO oder *Pfeiffer-Fischer*, StPO; *Kopp*, VwGO und *Kopp*, VwVfG.

- In *Thüringen* sind zugelassen *Schönfelder*, *Sartorius I*, Gesetze des Freistaats Thüringen; *Arbeitsgesetze* oder *Nipperdey I*, Arbeitsrecht; *Europa-Recht* oder *Sartorius II*; *Palandt*, BGB; *Baumbach-Lauterbach*, ZPO; *Thomas-Putzo*, ZPO; *Dreher-Tröndle*, StGB; *Kleinknecht*, StPO; *Kopp*, VwGO und *Kopp*, VwVfG.

Man nimmt immer *alle* jeweils zulässigen *Gesetzestexte* und *Kommentare* in die Examensklausuren mit (soweit sie nicht vom Prüfungsamt gestellt werden). Auch wenn Strafrecht angesagt ist, kann es sein, daß z. B. eine zivilrechtliche Vorfrage zu behandeln ist, für die der „*Palandt*" (sofern in der Strafrechtsklausur zugelassen) unschätzbare Dienste leisten kann.

Besonders achten sollte man darauf, daß *keine unzulässigen Hilfsmittel* mitgenommen werden. Es soll z. B. schon vorgekommen sein, daß ein Kandidat einen *im Wahlfach* zugelassenen Kommentar *im Pflichtfach* mitnahm, was die Bewertung seiner Arbeit mit 0 Punkten zur Folge hatte.

Soweit *Kommentierungen* in den Hilfsmitteln von der jeweiligen Prüfungsordnung zugelassen werden, sollte diese Möglichkeit bei der Examensvorbereitung genutzt werden.

Vorteile:

- Es stehen im Examen *mehr Informationen* zur Verfügung, insbesondere die in den Kommentaren zumeist fehlenden Begründungen für die Leitsätze.

---

[19] Anordnung des Präsidenten des Landesprüfungsamtes für Juristen vom 6. Oktober 1989, Gemeinsames Ministerialblatt Saar 1990, S. 19, zuletzt geändert durch Anordnung vom 1. Dezember 1993.

- Man lernt beim Kommentieren seine Hilfsmittel *besser kennen* und findet sich in der Prüfung schneller zurecht.

- Manche Kommentatoren neigen dazu, ihre eigene Meinung in den Vordergrund zu stellen und nur ganz *versteckt* und ohne genauere Erklärung auf die herrschende Meinung und die Meinung des BGH hinzuweisen („a. A. h. M. und BGH"). Da die Klausuraufgaben in der Regel von Praktikern gestellt werden, die den Aufgaben meist die obergerichtliche Rechtsprechung zugrunde legen, käme man sozusagen in Teufels Küche, wenn man ohne Auseinandersetzung mit der Meinung der Rechtsprechung nur die Meinung des Kommentators abschreiben würde. Unterstreichungen und Hinweise auf die Meinung der Rechtsprechung in den Kommentaren vermeiden einen solchen Fehler.

- In den Kommentaren finden sich auch häufig (insbesondere in Vorbemerkungen) Zusammenstellungen von Tatbestandsvoraussetzungen oder Rechtsfolgen, die man durch geschickte Unterstreichung oder Kommentierung als *Checklisten* oder *Prüfungsschemata* verwenden kann (aber Vorsicht: manche Prüfungsämter verbieten „systematische" Kommentierungen!). Im 3. Teil dieses Buches („Klausurtips") wird auf besonders wichtige Fundstellen hingewiesen, z. B. auf die Zusammenstellung der Zulässigkeitsvoraussetzungen einer Klage bei *Thomas-Putzo*, vor § 253 ZPO, Rdnr. 15 ff.

Lesezeichen aus Karton dienen als Augenführung bei der Lektüre des Sachverhalts, um zu vermeiden, daß man wichtige Informationen im Aufgabentext überliest, außerdem als „Einmerker" für Fundstellen im Gesetz und in den Kommentaren. Man spart sich auf diese Weise das aufwendige Hin- und Herblättern zwischen zwei Fundstellen.

Zur ständigen Überprüfung, ob die eigene Zeitplanung noch eingehalten wird, ist eine *Uhr* unerläßlich.

Mit einem *roten Stift* oder mit einem *Textmarker* lassen sich besonders wichtige Notizen unübersehbar markieren, damit sie auf keinen Fall vergessen werden.

Kleine selbstklebende und *wieder ablösbare Zettel* eignen sich hervorragend zur chronologischen Zusammenstellung des Sachverhalts (siehe dazu unten im 2. Teil).

Durchsichtige Plastikhüllen (oben und an einer Seite offen) dienen dazu, die Blätter der Klausurlösung, die unter Umständen erst am Ende der Arbeitszeit numeriert werden können, den einzelnen Teilen der Klausur – Zulässigkeit, Begründetheit, Hilfsgutachten etc. – jeweils gesondert zuzuordnen. Dadurch wird ein Kuddelmuddel von Blättern und die Gefahr falscher Numerierung vermindert. Als Alternative zu Plastikhüllen können gegebenenfalls auch Büroklammern dienen.

Kalender sind unentbehrlich für die in Klausuren sehr beliebten *Fristenberechnungen*. Es wird erwartet, daß man bei diesen Berechnungen auch alle gesetzlichen Feiertage berücksichtigt.

Üblicherweise verlangen die Prüfungsämter, daß die Kandidaten zu den Klausuren die *Ladung* zur Prüfung und einen *Paß* oder Personalausweis als Identitätsnachweis mitbringen.

IV. Checkliste: Hilfsmittel in der Examensklausur

• Gesetzestexte
• Kommentare (soweit nach der jeweiligen Prüfungsordnung zulässig)
• Kalender (soweit nach der jeweiligen Prüfungsordnung zulässig)
• Ladung zur Prüfung
• Paß bzw. Personalausweis
• Lesezeichen
• Schreibgerät und Ersatzschreibgerät
• Textmarker bzw. roter Stift
• Durchsichtige Plastikhüllen, oben und an einer Seite offen (bzw. Büroklammern)
• Kleine wiederablösbare Klebezettel
• Uhr
• ggf. Proviant
• ggf. Lineal
• ggf. Leseständer (zur Verbesserung des Blickwinkels in Gesetzestexte oder Kommentare)
Hinweis: Das Prüfungsamt stellt in der Regel Papier, in manchen Bundesländern auch Gesetzestexte und Kommentare zur Verfügung.

2. Teil. Klausurtechnik

§ 3. 10 Regeln der Klausurtechnik

I. Überblick

In diesem Kapitel geht es um folgende Fragen:
- Wie gehe ich an eine Klausuraufgabe heran?
- Mit welcher Technik kann ich den *Sachverhalt* einer Klausuraufgabe am besten *erfassen*?
- Wie gehe ich bei der *Zeiteinteilung* vor?
- Was muß ich bei der *Niederschrift* der Klausurlösung beachten?
- Welche Arbeitsschritte werden nacheinander absolviert?

Um dieses Kapitel einprägsamer zu gestalten, sind die wichtigsten Informationen – chronologisch geordnet – in 10 Regeln zusammengefaßt, die jeweils genauer erläutert werden. Vorab ein Überblick über diese Regeln:

1. Regel: Für die Sachverhaltserfassung Notizblätter in größerer Anzahl verwenden!
2. Regel: Bearbeitervermerk zuallererst lesen!
3. Regel: Anträge genau lesen!
4. Regel: Prozessuale Situation erfassen!
5. Regel: Materiellrechtliche Situation exakt erfassen!
6. Regel: Probleme nach Bearbeitung sofort niederschreiben!
7. Regel: Viel Platz auf den beschriebenen Seiten lassen!
8. Regel: Zeit einteilen!
9. Regel: Zeitlimit bei schwierigen Problemen setzen!
10. Regel: Tenor sorgfältig formulieren!

Zum Erlernen der hier vorgeschlagenen Technik ist es erforderlich, sie über einen *längeren Zeitraum* hinweg – also nicht erst drei Tage vor dem Examen – einzuüben.

Einüben heißt, Originalexamensklausuren unter Anwendung der Vorschläge aus diesem Kapitel und *unter Prüfungsbedingungen* (Arbeitszeit, Hilfsmittel, Arbeitsbedingungen) zu schreiben. Um mit der hier empfohlenen Sachverhaltserfassungs-Technik vertraut zu werden, sollte man sie auch an allen *anderen* Übungsfällen, mit denen man sich in der Examensvorbereitung beschäftigt, ausprobieren. Nur so erwirbt man die erforderliche Routine, die einem in der Nervosität im Examen ein Stück Sicherheit geben kann.

Zu Übungszwecken stehen außerdem im 4. Teil dieses Buches zwei Übungsklausuren mit Lösung zur Verfügung.

II. Die 10 Regeln im einzelnen

1. Regel: Für die Sachverhaltserfassung Notizblätter in größerer Anzahl verwenden!

Den Aufgabentext, der im Assessorexamen durchaus bis zu 20 Seiten lang sein kann, liest man nicht nur durch, sondern *schreibt alles Wesentliche heraus.*

Vorteile:

- Geschriebenes merkt man sich besser. Bei der Fülle von Informationen im Aufgabentext ist es sonst praktisch unmöglich, alles im Kopf zu behalten.
- Ein Markieren von wichtigen Informationen im Text mithilfe eines der heute üblichen farbigen Textmarker – wie es viele Referendare praktizieren – hat demgegenüber den Nachteil, daß die Informationen im Text ungeordnet bleiben und dadurch schwerer im Gedächtnis zu behalten sind. Die Markierung im Text verstellt außerdem den Blick auf die nicht markierten Textteile, die möglicherweise erst später Bedeutung gewinnen.
- Beim Herausschreiben lernt man „aktiv" den Sachverhalt kennen (*Grundsatz des aktiven Lernens*[1]). Das Herausschreiben zwingt zu eigener Ordnungsarbeit und damit zu eigenständigem Erarbeiten des Falles.[2]
- Ein weiterer Vorteil besteht darin, daß nichts Wesentliches aus dem Sachverhalt verloren geht. Man kann in der Regel davon ausgehen, daß nach Meinung des Aufgabenstellers alle Informationen des Sachverhalts in irgendeiner Form – und zumeist in der Entscheidung selbst und nicht im Hilfsgutachten – verwertet werden sollen. Ziel der Bearbeitung ist eine knappe, aber möglichst *vollständige* Lösung des Falles!
- Wenn eine herausgeschriebene Information nicht in der Lösung verwertet werden kann, zeigt dies in der Regel, daß die Probleme der Klausur noch nicht vollständig erfaßt sind. Die Notizen sind daher eine Kontrolle, ob man sich noch auf dem richtigen Weg zur Lösung befindet.

Es kommt auch darauf an, *wie* man die Informationen herausschreibt:

Es wäre nicht sehr sinnvoll, alle Probleme, die man im Sachverhalt findet, kreuz und quer auf einem einzigen Zettel zu notieren. Dadurch würde nur das Durcheinander im Aufgabentext kopiert. Der Aufgabenlösung käme man damit kaum einen Schritt näher.

---

[1] Vgl. hierzu ausführlich *Haft*, Einführung, S. 4 ff.
[2] *Baumfalk*, JA Übungsblätter 1984, 72, 80.

Man ordnet daher besser die Informationen aus dem Sachverhalt bereits verschiedenen rechtlichen „Schubladen" auf *möglichst vielen Notizblättern* (je nach Klausur 10–20 Stück) zu.[3]
In der Klausurenpraxis haben sich hierfür Notizblätter in der Größe DIN A 5 Hochformat bewährt (DIN A 4 ist zu unförmig und zu groß (Papierverschwendung), DIN A 6 nicht groß genug). Da das Papier im Assessorexamen in der Regel vom Prüfungsamt gestellt wird (in DIN A 4), muß man die Blätter durch Halbieren auf das richtige Format bringen. Auf jedem Notizblatt wird – sobald möglich – als Überschrift die rechtliche „Schublade" notiert.

Beispiele:[4]

1. Bei Einlegung eines Einspruchs gegen ein Versäumnisurteil wird ein Notizblatt „Zulässigkeit des Einspruchs" mit den Punkten Statthaftigkeit, Form und Frist angelegt und das Einlegungsdatum dort vermerkt, eventuell mit dem Hinweis „verfristet?".
2. Das angegangene Gericht wird auf einem Notizblatt „Zulässigkeit der Klage" unter den Punkten „Sachliche Zuständigkeit" und „Örtliche Zuständigkeit" vermerkt, ebenso wie auftauchende Probleme des Rechtsschutzbedürfnisses.
3. Für jeden *Streitgegenstand* wird mindestens ein Notizblatt für die dadurch aufgeworfenen materiellen Rechtsprobleme erstellt. Darauf werden auch die im Sachverhalt erwähnten *Anspruchsgrundlagen* oder angesprochene Rechtsfragen notiert. Wenn die Probleme im Zusammenhang mit einem Streitgegenstand unübersichtlich erscheinen, teilt man diesen auf zwei oder mehrere Notizblätter auf.
4. Probleme im Hinblick auf eine *Aufrechnungsforderung* oder auf eine *Widerklage* werden ebenfalls gesondert gesammelt (mindestens Notizblätter für „Zulässigkeit der Widerklage", „Begründetheit der Widerklage" sowie „Begründetheit der Aufrechnungsforderung").
5. Bei einer Verwaltungsrechtsklausur wird je ein Notizblatt für die „Formelle Rechtmäßigkeit" eines Verwaltungsakts (Begründungsmängel, Anhörungsmängel, Zuständigkeit der Behörde etc.) und für die „Materielle Rechtmäßigkeit" (Rechtsgrundlage, Ermessensausübung etc.) erstellt.
6. *Nicht* ohne weiteres *zuzuordnende Fragen* und Informationen kommen auf ein Extrablatt und werden später richtig eingereiht.

---

[3] Vorschläge, welche Notizblätter in typischen Fällen erstellt werden sollten, enthalten die *Klausurtips* im 3. Teil dieses Buches, jeweils im Unterpunkt Sachverhaltserfassung.
[4] Bei einer der Übungsklausuren im 4. Teil des Buches sind auch die vorgeschlagenen Notizblätter und ihr Inhalt mit abgedruckt.

Zulässigkeit der Klage

Sachl. Zuständigkeit LG 23, 71 GVG?
Örtl. Zuständigkeit München 771 ZPO? 12, 13 ZPO?

Einseitige Erledigungserklärung
– Klageänderung in Feststellungsklage?
– eventuell verdeckte Klagerücknahme?

Prozeßführungsbefugnis trotz Zession, 265 ZPO?

Prozeßvollmacht über den Tod hinaus?

Vorteile:

- Bereits bei der Sachverhaltserfassung wird begonnen, eine *Hauptaufgabe* in Assessorklausuren zu bewältigen, nämlich die Rechtsprobleme (die in der Regel fast alle im Sachverhalt angesprochen sind) in die *logisch richtige Ordnung* zu bringen.

- Die Vielzahl der Notizblätter erleichtert es, den Aufbau und die Reihenfolge der Problembearbeitung je nach Bedarf zu ändern, weil die Blätter beweglich sind und eine zeitraubende Übertragung von Stichwörtern vermieden wird.

- Die Notizblätter bilden den Grundstock für die genaue *Gliederung* der ganzen Arbeit. Angesichts der typischen Zeitnot in Assessorklausuren könnte auf andere Art und Weise ein stichwortartiger Gliederungsentwurf praktisch nicht erstellt werden.

- Nach der Sachverhaltserfassung haben die einzelnen Notizblätter einen unterschiedliche Umfang, der die Schwerpunkte der Klausurlösung zumindest andeutet. Die Gefahr einer „Themaverfehlung" wird dadurch vermieden. Man kann als besonders wichtig erkannte Punkte in der Bearbeitung vorziehen (soweit möglich) und sie in einer Phase erledigen, wo die Zeitnot noch nicht so drückend erscheint.

- Die Notizblätter schaffen mehr *Übersicht*. Die einzelnen Problemkreise sind auf jeweils einem Blatt zusammengefaßt und können auf einen Blick erfaßt werden.

- Wenn die Notizblätter nach der Sachverhaltserfassung nacheinander „abgearbeitet" werden, hat man immer kleine Zwischenetappen der Klausurlösung erledigt. Die Freude darüber, daß wieder ein Teil geschafft ist und buchstäblich „abgehakt" werden kann (Erfolgserlebnis!), motiviert zur Weiterarbeit. Das große Endziel „fertige Klausurlösung" wird auf diese Weise in überschaubare Einzelziele zerlegt nach der Devise „Tausend Meilen beginnen mit einem Schritt".

- Die Notizblätter erleichtern auch die *Kontrolle der Zeiteinteilung* bei der Klausurbearbeitung: Der Umfang der auf den Notizblättern jeweils vermerkten Probleme steht in der Regel (grob gesehen) im Verhältnis zu der Zeit, die zur Bearbeitung erforderlich ist. Man hat daher ständig einen Überblick über das, was bereits geschafft wurde und das, was noch zu bewältigen ist. Die Gefahr, daß man sich zu sehr in ein Problem verbeißt, wird dadurch verringert.

Nachteile:

• Die Sachverhaltserfassung *dauert erheblich länger* als bei bloßem Durchlesen. Man muß bei üblichen Klausuren durchaus eine Stunde hierfür einplanen. In dieser Zeit wird aber erheblich mehr geleistet als die bloße Lektüre des Sachverhalts. Praktisch entsteht in der ersten Stunde ein stichwortartiger Gliederungsentwurf. Die hier aufgewendete Zeit ist die am besten investierte der ganzen Klausur. Der Nachteil wird durch die oben beschriebenen Vorteile also mehr als aufgewogen.

• Auf den ersten Blick mag es zu viel Schreibarbeit erscheinen, solche Notizblätter zu fertigen. Dabei ist jedoch folgendes zu berücksichtigen: Es ist jedem Kandidaten zu empfehlen, sich individuelle Abkürzungen für häufiger auftauchende Fragen zu entwickeln (Beispiel: „v. V." für vorläufige Vollstreckbarkeit, „KoE" für Kostenentscheidung etc.). Meist genügt es, zur Kennzeichnung eines Problems nur ein Wort, einen Paragraphen oder ein Kürzel hinzuschreiben, weil man sich anhand dessen bereits wieder an die Problematik im Sachverhalt erinnert. All das verkürzt die effektive Schreibarbeit enorm.

• Die Notizblattmethode bedarf einer gewissen *Übung und Routine*, sonst dauert die Sachverhaltserfassung zu lange. Dies ist im Rahmen einer längeren Examensvorbereitung aber kein Problem.

• Bei der Vielzahl von Notizblättern könnte es passieren, daß ein Kandidat den Überblick verliert und sich im wahrsten Sinne des Wortes „verzettelt". Andere Autoren[5] vertreten unter diesem Gesichtspunkt die Auffassung, man solle nur die Gedanken zum Sachverhalt und zur Rechtslage, die sich einem bei der Lektüre des Sachverhalts aufdrängen, auf einem „Ventilzettel" notieren und in einem späteren Stadium einen kurzen Aktenauszug anfertigen. Dieses Verfahren spart zwar Zeit, birgt aber die Gefahr, daß wesentliche Informationen bei der Lösung der Klausur übersehen und damit nicht berücksichtigt werden können. Wenn auf dem „Ventilzettel" sehr viele Probleme kreuz und quer notiert sind, wird er unübersichtlich. Im übrigen ist die Anzahl der Notizblätter bei jeder Klausur variabel und kann je nach persönlicher Erfahrung reduziert oder erweitert werden. Es besteht auch die Möglichkeit, größere Blätter zu verwenden, diese in vier Bereiche aufzuteilen und diese Teile jeweils sozusagen als Notizblätter zu verwenden. Nachteil dieser Abwandlung: Die einzel-

---

[5] *Puhle*, JuS 1987, 41, 42, 43.

nen Notizblätter können nicht mehr variabel in der Reihenfolge der Bearbeitung geordnet werden. Letztlich muß jeder Kandidat durch Ausprobieren im Rahmen der Übungsklausuren seinen eigenen Weg finden. Bei der oben beschriebenen „reinen" Notizblattmethode sollte man jedenfalls darauf achten, den Überblick zu behalten.

Ein sehr wichtiger Punkt: Bei der Sachverhaltserfassung sollte man *keinesfalls* versuchen, *Zeit zu sparen*. Nur wenn man den Sachverhalt genau und vollständig kennt, kann man die Klausur richtig lösen.

2. Regel: *Bearbeitervermerk zuallererst lesen!*

Die Arbeit am Sachverhalt zielt darauf ab, alle wesentlichen Informationen des zu bearbeitenden Falles vollständig, genau und richtig zu erfassen. Den Schlüssel für die Beurteilung, ob eine Information für die Lösung wesentlich ist, bildet der Bearbeitervermerk.

Er „regiert" die Klausurbearbeitung und muß daher, auch wenn er – wie meist – am Schluß des Aufgabentextes steht, *zuallererst gelesen* werden. Nur so kann der Sachverhalt auf den Bearbeitervermerk bezogen gelesen und verstanden werden. Der Bearbeitervermerk muß im übrigen mit größter Genauigkeit gelesen werden, um ihn richtig und vollständig zu verstehen. Fehler beim Verständnis des Bearbeitervermerks rächen sich oftmals bitter.[6]

Bei der Lektüre des Bearbeitervermerks achtet man besonders auf folgende Punkte:

1. Wird ein *Gutachten* oder eine *förmliche Entscheidung* verlangt?
2. Welche Teile der Entscheidung werden *erlassen* (Rubrum, Tatbestand, Rechtsbehelfsbelehrung etc.)?
3. Welche *ungewöhnlichen Hinweise* werden gegeben (Angaben zu Fundstellen besonderer Gesetze, Ausklammerung bestimmter Rechtsgebiete etc.)?
4. *Wieviele Entscheidungen* sind verlangt? Auf den Wortlaut „Entscheidung*en* des Gerichts" achten!

Zumindest die Besonderheiten des Bearbeitervermerks und die erlassenen Urteilsteile *schreibt* man auf jeden Fall *heraus* (eigenes Notizblatt „Bearbeitervermerk").

Soweit mehrere Urteilsteile erlassen sind, kann es auch sinnvoll sein, sich umgekehrt klar zu machen, welche zu fertigenden Teile noch übrigbleiben.

Alle Urteilsteile, die im Bearbeitervermerk erlassen wurden, werden durch Überschriften in der Ausarbeitung an der richtigen Stelle der Gliederung angedeutet, um dem Prüfer Kenntnisse vom richtigen Aufbau zu

---

[6] *Forster*, JuS 1992, 234, 236 mit anschaulichen Beispielen.

zeigen (Beispiel: „III. [Entscheidung über die vorläufige Vollstreckbarkeit, laut Bearbeitervermerk erlassen]").

Wenn aus dem Bearbeitervermerk ein Vorschlag für die Reihenfolge der Bearbeitung einzelner Fragen erkennbar wird, empfiehlt es sich, nicht ohne Not von diesem Vorschlag abzuweichen.

3. Regel: Anträge genau lesen!

Das nächste wichtige Element nach dem Bearbeitervermerk sind die *Anträge der Parteien im Prozeß bzw. im Verwaltungsverfahren*. Die Anträge sind das Spiegelbild dessen, was die Parteien begehren. Wenn man die Anträge nicht versteht, kann man den ganzen Sachvortrag nicht richtig würdigen. Die Anträge werden auf einem gesonderten Notizblatt in Stichpunkten herausgeschrieben.

Bei den Anträgen achtet man *genau auf den Wortlaut*. Folgende Gesichtspunkte sollte man dazu im Hinterkopf haben:

1. Um welche *Klageart* handelt es sich (Leistungs-, Feststellungs- oder Gestaltungsklage)?
Auftauchende Besonderheiten werden auf dem Notizblatt „Zulässigkeit der Klage" sofort notiert.

2. Ist der Antrag eindeutig oder bedarf er einer *Auslegung* (häufig bei nicht anwaltlich vertretenen Parteien und in FGG-Verfahren)?

Beispiel:

Bei Drittwiderspruchsklagen wird oft fälschlich ein Feststellungs- statt eines Gestaltungsantrags gestellt. Dieser Antrag wird in der Regel aber als Gestaltungsantrag ausgelegt (nach Wahrnehmung der richterlichen Aufklärungspflicht, § 139 ZPO, die in Klausuren meist nach dem Bearbeitervermerk unterstellt werden soll).

3. Handelt es sich um *mehrere Streitgegenstände* oder *mehrere Parteien*?
Auf dem Notizblatt „Zulässigkeit der Klage" wird *objektive* bzw. *subjektive Klagehäufung* vermerkt, eventuell mit Paragraphen (§§ 260, 59 ff. ZPO, 44, 64 VwGO). Im Verwaltungsprozeß ist eventuell auch an eine *notwendige Beiladung* (§ 65 II VwGO) zu denken.

4. Fallen *sonstige Besonderheiten* in der Fassung der Anträge auf?
Grundsätzlich geht man *immer vom zeitlich letzten* (meist in der mündlichen Verhandlung gestellten) *Antrag* jeder Partei aus. Mit diesem Antrag vergleicht man alle früher gestellten Anträge. Stellt man Änderungen fest, wird ein Notizblatt „Zulässigkeit der Klageänderung" (oder auch der Klagerücknahme) erstellt.

4. Regel: Prozessuale Situation erfassen!

Prinzipiell könnte man alle Informationen über prozessuale und materiellrechtliche Fragen auf einmal erfassen. Besser ist es aber, zuerst den *Sachverhalt* oberflächlich, aber *mit besonderem Augenmerk für prozessuale Probleme durchzuschauen.* Im zweiten, gründlicheren Lesedurchgang widmet man sich dann vorrangig den materiellen Problemen.

Vorteil:

- Der Zusammenhang zwischen den verschiedenen prozessualen Daten wird deutlicher (Fristlauf für Rechtsbehelfe etc.).
- Die flüchtige Lektüre des gesamten Sachverhalts verschafft einen ersten Eindruck von der materiellen Thematik des Falles, ohne daß man wegen der Vielzahl von Details den Überblick verliert[7] und den „Wald vor lauter Bäumen nicht mehr sieht".

Beim ersten Lesedurchgang werden vor allem die *prozessualen Daten* auf einem gesonderten Notizblatt erfaßt, d. h. Eingang der Klage bei Gericht, Frist für die Klageerwiderung, Eingang der weiteren Schriftsätze, mündliche Verhandlung, Versäumnisurteil und Einspruchseinlegung etc.

Vorteil:

- Die Zeittafel erleichtert die Berechnung, ob gesetzliche oder richterliche Fristen (Beispiele: Einspruchsfrist bzw. Klageerwiderungsfrist) eingehalten wurden.
- In der Ausarbeitung werden oft bestimmte Daten wieder gebraucht, die dann nicht erst langwierig im Aufgabentext gesucht werden müssen, sondern sofort zur Verfügung stehen. Um dies zu erleichtern, kann man in der Zeittafel besonders wichtige Daten noch durch Unterstreichen hervorheben.

Bei der Erstellung der Zeittafel *prüft* man möglichst gleich, ob *Fristen eingehalten* wurden oder Ansprüche *verjährt sind.*

Der erste Lesedurchgang dient auch dazu, *besondere prozessuale Situationen* zu erkennen und auf den Notizblättern umzusetzen.[8]

Beispiele:

- Wenn eine Widerklage erhoben wird, werden Notizblätter zur „Zulässigkeit der Widerklage" und zur „Begründetheit der Widerklage" erstellt. Sicherheitshalber vermerkt man auf ersterem gleich „§ 33 ZPO?".
- Ein Einspruch gegen ein Versäumnisurteil führt – wie oben bereits beschrieben – zu einem Notizblatt „Zulässigkeit des Einspruchs" (zusätzlich zu dem Notizblatt „Zulässigkeit der Klage"!).
- Entsprechendes gilt bei einem Prozeß in der Berufungsinstanz (gesondertes Notizblatt „Zulässigkeit der Berufung").

---

[7] So auch *Puhle*, a.a.O., S. 42.
[8] *Puhle*, a.a.O., S. 42.

Außerdem achtet man bei diesem Lesedurchgang auf alles, was *für die Zulässigkeitprüfung von Bedeutung* sein könnte. Das Notizblatt zur Zulässigkeit der Klage muß sich langsam füllen (soweit hier überhaupt Probleme der Arbeit liegen).

Beispiele:

- Stichwörter wie „Sachliche Zuständigkeit" bzw. „Örtliche Zuständigkeit", „Rechtsschutzbedürfnis trotz Möglichkeit zu Antrag an die Verwaltung?", „Prozeßführungsbefugnis des Gesellschafters", „Einseitige Erledigungserklärung", „Teilrücknahme" etc.

Sofern der Streitwert ohne weiteres erkennbar ist und unproblematisch beziffert werden kann, können in diesem Stadium bereits *Gerichtskosten und Rechtsanwaltsgebühren* herausgesucht werden. Später werden in Hektik und Zeitnot an dieser Stelle oft vermeidbare Fehler gemacht.

5. Regel: Materiellrechtliche Situation exakt erfassen!

Das nun folgende Stadium ist das wichtigste der Sachverhaltserfassung. In der Regel liegt der Schwerpunkt der Klausur im materiell-rechtlichen Bereich. Von einer exakten Sachverhaltserfassung hängt der Erfolg der Klausur hier ganz besonders ab, weil der Aufgabentext meist eine Fülle von Informationen in relativer Unordnung enthält.

Jedes Sachverhaltsdetail kann für die juristische Lösung des Falles von Bedeutung sein. Außerdem besteht die Gefahr, daß man Wichtiges überliest oder nicht verstanden hat und deshalb versehentlich einen *anderen Fall als den gestellten* bearbeitet. Bei einer solchen „Themaverfehlung" ist die Klausur in der Regel unrettbar verloren.

Beispiel:

- Man freut sich, daß man ein Problem und die dazugehörende Entscheidung des BGH wiedererkannt hat und übersieht dabei, daß der Sachverhalt in Details gegenüber der Originalentscheidung abgeändert wurde und daher die Lösung in eine andere Richtung geht.

Man kann nur dann wirklich alle Informationen des Aufgabentextes erfassen, wenn man den gesamten Text genauestens durchliest, am besten *Zeile für Zeile mit einem Lesezeichen als Augenführung,* um wirklich nichts zu übersehen.

Vorteile:

- Der Informationswust wird in leichter verdauliche „Häppchen" aufgeteilt.
- Jede Information kann einzeln leichter einem Notizblatt zugeordnet werden.

Die Lektüre schließt den *gesamten Sachverhalt* ein. Auch ein Rubrum oder Briefkopf liefert oft wichtige Informationen.[9]

Beispiele:

• Die Berufsbezeichnungen der Parteien im Rubrum läßt u. U. die *Kaufmannseigenschaft* erkennen, so daß möglicherweise das HGB zur Anwendung kommt (oder auch § 24 AGBG).

• Auch das *Alter* einer Partei kann große Bedeutung für die Beurteilung des Falles haben (wegen beschränkter Geschäftsfähigkeit etc.).

Formulierungen wie „insbesondere" oder „unter anderem" in einem Schriftsatz weisen darauf hin, daß außer den dort angesprochenen noch weitere Probleme in der Lösung zu erörtern sind.

Im Sachverhalt *abgedruckte Schriftstücke* geben in der Regel Anlaß zu genauer *Auslegung*.

Bei der Lektüre *notiert* man auch die *Gedankenblitze*, die einem bei bestimmten Stichwörtern kommen. Auch diese Assoziationen können ganz erheblich zur Lösung der Aufgabe beitragen, selbst wenn sie auf den ersten Blick abwegig erscheinen mögen.

Beispiel:

• Wenn es im Sachverhalt heißt „Die vom Kläger erhaltene Summe verwendete der Beklagte vollständig für seinen Lebensunterhalt", notiert man „§ 818 III BGB?" bei der Anspruchsgrundlage § 812 BGB.

Der Erfolg der Arbeit hängt mit davon ab, daß man beim Aufspüren der Probleme und möglichen Lösungsansätze juristische *Phantasie entwickelt*.

Tatsachen werden von *Rechtsfragen* strikt *getrennt*. Formal schlägt sich dieser elementare Grundsatz in der Trennung von Tatbestand und Entscheidungsgründen im Urteil nieder. Aber schon bei der Erstellung der Notizblätter muß die Trennung von Tatsachen und Rechtsfragen berücksichtigt werden.

Beispiel:

• Die Frage, ob der Anspruch verjährt ist, wird etwa auf dem Notizblatt „Begründetheit Antrag 1" notiert, das Datum des Kaufvertragsschlusses hingegen auf einem Notizblatt „Materielle Tatsachen".

Das Notizblatt „Materielle Tatsachen" wird von Anfang an *chronologisch geordnet*. Dies ist insbesondere dann wichtig, wenn der Bearbeitervermerk die Abfassung des Tatbestandes verlangt oder wenn der Sachverhalt verwirrend erscheint.

Bei zivilrechtlichen Klausuren ist es darüber hinaus erforderlich, den *Tatsachenvortrag* den jeweiligen *Parteien zuzuordnen*, um feststellen zu können, ob eine Tatsache *bestritten* oder *unstreitig* ist. Insoweit ist das

---

[9] *Baumfalk*, JA Übungsblätter 1984, 72, 74.

Notizblatt in zwei Spalten aufzuteilen (bei weiteren Parteien gegebenenfalls mehr).[10] Damit nicht durch die nachträgliche Einfügung einer früheren Tatsache
ein Kuddelmuddel auf dem Notizblatt entsteht, läßt man von vornherein
für solche Einfügungen *viel Zwischenraum frei.*
Noch besser ist es allerdings, für die materiellen Tatsachen mit wieder
ablösbaren *Klebezetteln* (für Klausurzwecke am besten in der Größe von
ca. 3 x 4 cm) zu arbeiten. Man schreibt dann je eine einzelne Tatsache auf
einen Klebezettel und klebt diese in chronologischer Reihenfolge auf das
Notizblatt. Dank des besonderen Klebstoffs kann man einen Zettel dann
ohne Probleme ablösen und weiter unten wieder aufkleben, wenn eine
Tatsache an dieser Stelle nachträglich eingefügt werden muß.
Im Sachverhalt *angegebene Daten* werden bei der jeweiligen Tatsache
mit notiert, so daß eine *Zeittafel* der materiellen Daten entsteht.[11]
Soweit ein Tatbestand zu fertigen ist, notiert man außerdem die *Fund-
stelle der jeweiligen Tatsache im Aufgabentext* auf dem Notizblatt. Der
Tatbestand läßt sich nämlich anhand des Aufgabentextes besser schreiben.
Es geht in der Regel schneller, alles aus dem Sachverhalt abzuschreiben als
darüber nachzudenken, wie man dies kürzer formulieren könnte.
Beim zweiten Durchgang sollte man die *prozessuale Lage* auch nicht
ganz vergessen und das Notizblatt „Zulässigkeit der Klage" ggf. *ergänzen.* Manche materiellen Tatsachen sind mit Zulässigkeitsvoraussetzungen verknüpft (Doppelrelevanz).

Beispiele:

- Die Abtretung der Klageforderung zieht u. U. den Verlust der Prozeßführungsbefugnis (Zulässigkeitsfrage) nach sich, nicht nur den Verlust
der Aktivlegitimation (Begründetheitsfrage).
- Die Eigenschaft, Arbeitnehmer zu sein, kann Voraussetzung für das
Bestehen von Forderungen sein, aber auch den Rechtsweg zu den Ar-
beitsgerichten (§§ 2 I, 5 ArbGG) begründen.

Bei mehr als 2 Beteiligten fertigt man außerdem am besten eine *Skizze*
über die Rechtsverhältnisse an, um sich den Sachverhalt auch optisch zu
vergegenwärtigen.[12] Eine anschauliche Skizze hilft oft sehr, einen unüber-
sichtlichen Sachverhalt mit einer Vielzahl von Rechtsverhältnissen nach-
zuvollziehen.

6. Regel: Probleme nach Bearbeitung sofort niederschreiben!

Nach der Sachverhaltserfassung hat man mit Hilfe der Notizblätter einen
Überblick über die Probleme der Arbeit.

---

[10] *Baumfalk*, a.a.O., S. 79 mit genaueren Erläuterungen.
[11] *Puhle*, a.a.O., S. 43; *Baumfalk*, a.a.O., S. 79 m.w.N.
[12] *Puhle*, a.a.O., S. 43.

Es gibt 2 Möglichkeiten, wie man nun weiter vorgeht:

• Entweder man löst mit Hilfe des Gesetzes und der Kommentare die wesentlichen Probleme der Arbeit und schreibt erst danach alles auf einmal nieder.

• Oder man löst jeweils ein Problem und schreibt die gefundene Lösung sofort nieder, geht dann zum nächsten Problem über und verfährt dort in gleicher Weise.

Die erste Methode wird von nahezu allen Kandidaten im Referendarexamen und auch häufig im Assessorexamen verwendet.

Vorteil:

• Der gesamte Lösungsweg steht beim Schreiben schon fest und man kann zügig alles zu Papier bringen.

Nachteil:

• Im Assessorexamen müssen in gleicher Zeit erheblich *mehr Rechtsprobleme* behandelt werden. Das Gedächtnis wird überfordert, wenn es sich alles auf einmal merken soll (auch anhand von Stichwörtern). Feinheiten in den Argumentationslinien bleiben u. U. auf der Strecke, weil man sie zwar bei der Gliederung bedacht, aber bei der Niederschrift schon wieder vergessen hat.

Ein ausführliches vorbereitendes Gutachten zur Lösung zu erstellen, wie dies gelegentlich vorgeschlagen wird[13], bleibt im Assessorexamen in der Regel keine Zeit.

Die zweite Methode dürfte daher zumindest für das Assessorexamen weitaus vorteilhafter sein.

Vorteile:

• Das Kurzzeitgedächtnis wird nicht überlastet, weil alles sofort niedergeschrieben wird.

• Jedes Rechtsproblem wird „in einem Rutsch" erledigt.

• Die Tatsache, daß man nach 2–3 Stunden bereits eine ganze Menge endgültig zu Papier gebracht hat, bereitet ein Erfolgserlebnis, das zur Weiterarbeit motiviert.

Nachteile:

• Bei Bearbeitung des einzelnen Problems weiß man u. U. noch nicht genau, wie der Fall letztlich zu entscheiden ist. Es kann sein, daß es in einem Urteil auf die Lösung dieses Problems nicht ankommt und die Frage dort nicht geklärt werden muß, sondern offengelassen werden kann. Dieser Nachteil ist jedoch nicht weiter schlimm, weil dann die Frage im Hilfsgutachten abgehandelt werden muß und daher die Arbeit nicht umsonst war. Es ändert sich nur der Platz, an dem die Frage behandelt

---

[13] *Puhle,* a.a.O., S. 44.

wird. Die entsprechenden Blätter werden am Schluß der Arbeit und nicht im Urteil eingereiht. Soweit ein Problem in den Entscheidungsgründen offengelassen wird und im Hilfsgutachten genauer behandelt wird, empfiehlt es sich im übrigen, in den Entscheidungsgründen durch eine kurze Fußnote *auf das Hilfsgutachten zu verweisen*.

• Wenn jedes Rechtsproblem einzeln gelöst und dann sofort niedergeschrieben wird, entsteht eine Klausurlösung in Form von einzelnen „Bausteinen", die erst allmählich zu einem Ganzen zusammengefügt werden (*„Baukastensystem"*). Dabei wird es schwieriger, den Überblick über die eigene Arbeit zu bewahren und am Ende eine in sich schlüssige Lösung abzugeben. Mit Routine kann man dies in der Regel in den Griff bekommen. Soweit ausnahmsweise die Schwierigkeiten bleiben, sollte man auf die herkömmliche Methode zurückgreifen.

Es kommt in Klausuren häufig vor, daß man bei fortgeschrittener Zeit merkt, daß die eigene Lösung wegen einer bestimmten *Weichenstellung in die falsche Richtung* geht. Eine Korrektur würde dazu führen, daß ein Großteil des bisher Geschriebenen auch geändert werden müßte. Diese Änderungen würden aber so viel Zeit kosten, daß man mit Sicherheit die Lösung in der Arbeitszeit nicht zu Ende führen könnte.

In dieser Situation, die einen Kandidaten zur Verzweiflung treiben kann, gibt es sinnvollerweise nur die eine Möglichkeit, die Änderungen *nicht* vorzunehmen und die Arbeit konsequent nach der falschen Weichenstellung bis zum Ende zu lösen. Eine grob unvollständige, aber richtige Klausur wird viel schlechter bewertet als eine weitgehend vollständige Klausur mit einem Fehler, der zu einer konsequenten Lösung geführt wird. Im übrigen besteht auch die Möglichkeit, in einer Anmerkung für den Korrektor am Ende der Arbeit darauf hinzuweisen, daß man die Problematik der falschen Weichenstellung erkannt hat, aber aus Zeitgründen die Lösung nicht mehr umschreiben konnte.

Um an ein unbekanntes Rechtsproblem heranzugehen, *liest* man *zuerst das Gesetz* und versucht, anhand von Wortlaut und Systematik eine Lösung zu finden. Erst wenn das Gesetz keine Lösung erkennen läßt, *konsultiert* man den einschlägigen *Kommentar*.[14]

Vorteil:

• Man vermeidet, daß man im Kommentar nach langem Suchen die Formulierung des Gesetzes findet.
• Mit Wortlaut und Systematik des Gesetzes kann man oft ohne größeren Aufwand zeigen, daß man eigenständig zu argumentieren versteht.

Insbesondere bei den *Schwerpunktproblemen* der Arbeit sollte man sich bemühen, *ausführlich* die verschiedenen *Auffassungen mit Argumenten*

---

[14] Dies gilt selbstverständlich nur, sofern im Examen Kommentare als Hilfsmittel zugelassen sind.

darzulegen und zu begründen, warum man die eine oder andere oder auch eine eigene dritte Meinung vertritt. Damit zeigt man, daß man die Technik juristischer Problemerörterung verstanden hat, und verdient sich wertvolle Pluspunkte.[15]

Um *versteckte Probleme* nicht zu übersehen, kann man in vielen Fällen auf „Checklisten" in den *Kommentaren* zurückgreifen.

Beispiel:

- Bei *Thomas-Putzo*, vor § 253 ZPO, Rdnr. 15 ff. findet sich eine Übersicht über alle gängigen Zulässigkeitsvoraussetzungen einer Klage. Diese schaut man immer sicherheitshalber durch.
- Der *„Palandt"* listet die einzelnen Anspruchsvoraussetzungen (auch die, die nicht im Gesetz stehen!) in der Regel vorbildlich auf, so daß man alle Voraussetzungen ohne weiteres in Gedanken kurz durchprüfen kann.

Soweit man ein Rechtsproblem einer gesetzlichen Vorschrift nicht zuordnen kann, hilft oft ein Blick in das *Stichwortverzeichnis* der Gesetzestexte bzw. Kommentare.

Nach der Sachverhaltserfassung ist man u. U. noch nicht „warmgeschrieben". Dann beginnt man am besten *„zum Einschreiben"* mit *Formalia*, d. h. Rubrum, Unterschrift des Richters o. ä.

Vorteil:

- Man macht in dieser Phase weniger Flüchtigkeitsfehler als in der Hektik am Schluß.

Nachteil:

- Oft wird für Formalia beim Einschreiben viel zuviel Zeit investiert, die dem Kandidaten später anderweitig fehlt. *Folge*: eine Arbeit mit wunderschön ausgearbeitetem Rubrum, aber nur halb fertiggestellten Gründen, die mit „ungenügend" bewertet wird.

Da das Rubrum nur sehr wenige Punkte einbringt, andererseits aber nicht zu unterschätzende Fehlermöglichkeiten birgt, gibt es auch Kandidaten, die auf das Rubrum und die damit verbundenen Punkte ganz verzichten und die Zeit für wichtigere Rechtsprobleme nutzen. Dies ist aber nur im Notfall zu empfehlen.

7. Regel: Viel Platz auf den beschriebenen Seiten lassen!

Für *jedes Rechtsproblem* verwendet man ein *eigenes Blatt.* Diese Arbeitsweise mag sehr papierverschwenderisch erscheinen. Dennoch ist sie sehr zu empfehlen.

---

[15] *Forster*, a.a.O., S. 239, 240.

Vorteil:

• Der Standort des Rechtsproblems ist leichter nachträglich zu ändern. Wenn man im Laufe der Klausur zu der Erkenntnis kommt, daß es auf diese Frage im Urteil nicht ankommt, wird das entsprechende Blatt einfach am Schluß als Hilfsgutachten eingereiht und umgekehrt. Wie in einem *Baukastensystem* entsteht so eine abgerundete und vollständige Arbeit.

Auch ansonsten sollte man *nicht Papier und Platz sparen*:

• Nach jedem Absatz wird eine *Zeile freigelassen*.

• Jeder *Absatz* soll *kurz* sein und nicht mehr als zwei bis drei Sätze umfassen.

• Bei größeren Abschnitten wird immer eine *neue Seite* angefangen.

• Auf dem Papier läßt man auf beiden Seiten einen *breiten Rand* frei.

Vorteile:

• Man kann nachträgliche Ergänzungen ohne unschöne Schmierereien auf dem vielen freien Platz unterbringen.

• Für den Leser wird die Lösung übersichtlicher. Sie läßt sich – in kleinere „Häppchen" zerlegt – leichter lesen und auch korrigieren. Das wirkt sich auch positiv auf die Bewertung der Arbeit aus.

• Vor allem die Gliederung und damit die juristische Struktur der Lösung kommt deutlicher zum Vorschein. Der Leser kann dem Gedankengang leichter folgen.

• Die breiten Ränder verkürzen die Zeilenlänge. Das liest sich leichter. Außerdem hat eine kurze Zeilenlänge erfahrungsgemäß psychologisch den Effekt, daß man *kürzere Sätze* formuliert, die leichter zu verstehen sind.

• Falls nachträglich einzelne Fragen aufgrund besserer Erkenntnis anders gelöst werden, kann die entsprechende Seite ohne allzugroße Schreibarbeit und damit schneller ausgetauscht werden.

Wichtig ist es, die eigene Gliederung durch großzügige Vergabe von *Gliederungspunkten* zu betonen.

Besser als die sogenannte Wittgensteingliederung (1, 1.2, 1.2.4, 1.2.4.3, 1.2.4.3.4 usw.), die zu unübersichtlich ist, eignet sich die herkömmliche Gliederungsmethode (1. Teil, A., I., 1.), a), aa), (1) usw.).

Vorteile:

• Durch die Gliederungspunkte wird der Aufbau der Lösung besser erkennbar. Der Leser kann sie leichter nachvollziehen.

• Gerade die Gliederung zeigt dem Korrektor, ob man es geschafft hat, den Sachverhalt in eine juristische Ordnung zu bringen.

Die Gliederung muß *aus sich heraus verständlich* sein. Erklärende Vorbemerkungen zur Gliederung sind überflüssig und fehl am Platz.

Der *Schreibstil* in der Arbeit muß *praxisorientiert* sein, d. h. knapp, dabei aber soweit möglich allgemeinverständlich. Urteile werden in der Regel für Laien gemacht, auch wenn dies gelegentlich in Vergessenheit gerät. Anhäufungen von Substantiven (*Nominalstil*) sollten *vermieden* werden.[16]

Kurze Sätze sind viel leichter verständlich und daher entschieden vorzuziehen (Leser können dem Gedankengang dann leichter folgen!). Insbesondere „Bandwurmsätze" sind strikt zu unterlassen, ebenso unnötige Wiederholungen des puren Gesetzestextes („Juristenbarock").[17]

Man achtet auch auf *korrekte Rechtschreibung*. Grobe Schnitzer in diesem Bereich entwerten eine Arbeit völlig unnötig. Korrektoren reagieren hier oft sehr penibel. Die Examensanforderungen orientieren sich insoweit an den Notwendigkeiten der juristischen Praxis. Aufgabe des Juristen ist es auch, Sachverhalte sprachlich „in Form" zu bringen.

Paragraphen werden *präzise* (nach Absatz, Satz, Halbsatz, Alternative) *zitiert*.

Vorteil:

• Man zeigt dem Korrektor dadurch Detailgenauigkeit und Sorgfalt in der Bearbeitung.

• Eine ähnlich genaue Formulierung *in Worten* würde in der Regel erheblich mehr Platz beanspruchen.

Jeder Absatz wird mit dem zu erörternden rechtlichen Gedanken – ähnlich einer *Überschrift* – eingeleitet[18] und dann näher begründet (sogenannter *Urteilsstil*[19]). Der Leser weiß so schon beim ersten Satz jedes Absatzes über das als nächstes zu behandelnde Thema Bescheid und kann dem Gedankengang leichter folgen.

Beispiel:

„*1. Zwischen den Parteien wurde ein Kaufvertrag im Sinne des § 433 BGB geschlossen.* Das Angebot des Klägers wurde vom Beklagten mit Schreiben vom 21.02.95 angenommen. Die Auslegung anhand aller Umstände ergibt, daß es sich nicht um einen Leasingvertrag, sondern um einen Kaufvertrag handeln sollte. (...)

2. Der Kaufvertrag wurde nicht wirksam angefochten. Zwar wurde vom Beklagten die Anfechtung erklärt. Ein Anfechtungsgrund ist jedoch nicht ersichtlich. (....)"

Zitate aus den Kommentaren („*Palandt-Heinrichs*, § 123 BGB, Rdnr. 5") *verwendet* man äußerst sparsam, am besten *gar nicht*. Sie ersetzen nie eine eigene Erörterung der Problematik mit Pro- und Contra-Argumenten und bringen daher keine Punkte ein.[20]

---

[16] Weitere Stilhinweise finden sich bei *Haft*, Einführung, Anhang S. 138 ff. (treffend formuliert und zudem amüsant zu lesen).

[17] *Forster*, a.a.O., S. 238.

[18] *Puhle*, a.a.O., S. 46.

[19] Näher hierzu *Schellhammer*, Rdnr. 380 ff.

[20] So eindringlich *Forster*, a.a.O., S. 239, 240.

8. Regel: Zeit einteilen!

5 Stunden sind in der Regel *zu kurz* bemessen, um eine wirklich perfekte Lösung einer typischen Examensaufgabe zu erarbeiten und niederzulegen. In dieser Situation hilft nichts anderes als eine möglichst geschickte „Verwaltung des Zeitmangels" durch *Einteilung der Zeit* und durch strikte Einhaltung des Zeitplans.[21]
Die Ausführungen im Aufgabentext und das Ergebnis der Sachverhaltserfassung in der oben beschriebenen Form geben in der Regel einen relativ guten Überblick über die Gewichtung der einzelnen Probleme. Man kann daraus erkennen, wo nach Auffassung des Aufgabenstellers die Schwerpunkte der Lösung liegen.

Beispiele:

- Aus den Formulierungen „ferner", „darüber hinaus", „außerdem" o. ä. im Aufgabentext läßt sich erkennen, daß das angesprochene Problem einer eingehenden Diskussion bedarf.
- Wenn das Notizblatt „Zulässigkeit der Klage" gerade 2 Stichpunkte enthält, die Notizblätter „Begründetheit des Antrags 1" und „Begründetheit des Antrags 2" hingegen je 8 Stichpunkte, das Notizblatt „Aufrechnungsforderung" 4 Stichpunkte, kann man relativ sicher sein, daß die Schwerpunkte bei den Klageforderungen zu Antrag 1 und 2 liegen und nur wenig Zeit für die Zulässigkeit verwendet werden sollte, etwas mehr hingegen für die Aufrechnungsforderung.

Generell kann man sagen, daß nur *in ganz seltenen Ausnahmefällen* der Schwerpunkt einer Arbeit im Bereich der Zulässigkeit liegen. Meist sind hier nur ein, zwei kleinere Fragen knapp zu erörtern.
Bei der *Zeiteinteilung* orientiert man sich unbedingt an den erkannten *Schwerpunkten.* Dort können verhältnismäßig viele Punkte erworben werden, so daß sich die eingesetzte Zeit ganz besonders lohnt.
Am Schluß herrscht fast immer Zeitnot. Es wäre daher fatal, wenn man erst in diesem Stadium mit Hauptproblemen beginnen würde und diese dann allenfalls stichpunktartig niederschreiben könnte. Dieser Mangel wird durch die perfektionistische Ausarbeitung der Zulässigkeitsprobleme keinesfalls kompensiert.
Nebensächliche Fragen, auf die es erkennbar nicht entscheidend ankommt, kann man sich u. U. für die hektische *Schlußphase aufsparen.*

9. Regel: Zeitlimit bei schwierigen Problemen setzen!

Es kommt immer wieder vor, daß man bei einem bestimmten Problem einfach nicht weiterkommt, sich „festbeißt", ohne eine zufriedenstellende Lösung zu finden.

---

[21] *Forster,* a.a.O., S. 237.

Nicht selten passiert dies gerade bei Fragen, von deren Beantwortung die gesamte weitere Klausurlösung entscheidend abhängt.

Es wäre hier völlig falsch, solange zu überlegen, bis man mit einer Lösung zufrieden ist. Dies kann sehr lange dauern. Unverhältnismäßig großer Zeitaufwand rächt sich aber bitter:

Die Punkte, die einem Kandidaten dadurch entgehen, daß er eine ganze Reihe anderer Probleme aus Zeitmangel überhaupt nicht oder völlig unzureichend bearbeitet, werden praktisch nie aufgewogen durch die Punkte, die er für die ausführliche Beantwortung einer entscheidenden Frage bekommt. Außerdem wird eine grob unvollständige Arbeit immer sehr negativ bewertet, auf jeden Fall schlechter als eine halbwegs vollständige Arbeit mit einzelnen Fehlern.

Daher gilt der bereits oben erwähnte Grundsatz: *Lieber eine falsche Entscheidung mit konsequenter Fortsetzung als eine grob lückenhafte Arbeit.*

Wenn man an einem Problem „hängenbleibt", geht man daher folgendermaßen vor:

1. Soweit möglich, *stellt* man die Bearbeitung dieser *Frage vorübergehend zurück* und wendet sich anderen Problemen zu. Später kommt man dann – womöglich mit neuen Erkenntnissen – auf die Frage zurück.
2. Soweit eine Zurückstellung nicht möglich erscheint, muß man sich ein *Zeitlimit von maximal ca. 10 Minuten* zur Lösung des Problems setzen. Nach Ablauf dieser Zeit muß die Frage im einen oder anderen Sinn geklärt werden, auch wenn dies nur dürftig begründet werden kann. Das ist immer noch besser als gar nichts.

10. Regel: Tenor sorgfältig formulieren!

Unter den verschiedenen Teilen einer Klausurlösung nimmt der *Tenor* eines Urteils den *wichtigsten Rang* ein. Der Tenor ist die Quintessenz der Lösung, das Ergebnis der Arbeit. Selbst wenn im Bearbeitervermerk nur ein Gutachten verlangt ist, schließt dies praktisch immer (auch stillschweigend) einen Entscheidungsvorschlag mit ein.

In der Regel wird der Korrektor den Tenor auch als erstes lesen. Es ist daher wichtig, dem *Tenor ein besonderes Augenmerk zu widmen.*

Keinesfalls darf man den Tenor in Zeitnot „hinhudeln", sonst entstehen leicht grobe Flüchtigkeitsfehler. Solche Fehler entwerten die Arbeit enorm, gerade weil sie den ersten Eindruck des Korrektors von der Arbeit prägen.

Grobe Fehler zeugen auch von Praxisferne. Der Prüfer, der als Praktiker die Tenorierung „im Schlaf" beherrscht, wird dadurch gleich zu Beginn seiner Lektüre wie „vor den Kopf gestoßen" und ärgert sich über das „dilettantische" Vorgehen.

Ganz besonders wichtig ist es, daß *zwischen dem Tenor und den Ent-*

scheidungsgründen keine Diskrepanz besteht. Dies gilt generell als schwerer Fehler.

Am besten fertigt man bereits in einem frühen Stadium einen ersten stichwortartigen *Entwurf des Tenors* auf einem Notizblatt an, den man dann immer wieder entsprechend dem Stand der Arbeit ergänzt und verändert.

Sicherheitshalber vermerkt man auf dem Notizblatt „Tenor" bei Beginn der Arbeit noch als Gedächtnisstütze „Klageabweisung im übrigen?". Eine solche Klageabweisung wird leider relativ häufig übersehen (z. B. bei unbegründeten Zinsansprüchen o. ä.) und läßt sich mit der Merkhilfe vermeiden. Auch besondere Situationen für die *Kostenentscheidung* und die *vorläufige Vollstreckbarkeit* werden hier notiert (z. B. Teilrücknahme der Klage).

Der endgültige *Tenor* und auch die einleitenden Sätze in den Entscheidungsgründen („Die Klage ist zulässig, aber unbegründet") werden erst *kurz vor Abgabe formuliert.* Man muß aber auch dafür *ausreichend Zeit* einplanen.

Für die *letzten Minuten der Arbeitszeit* ist noch folgendes zu beachten:

„In letzter Minute" sollten *keine gravierenden Änderungen* in der Arbeit mehr vorgenommen werden. In der hektischen Schlußphase entsteht oft der Wunsch, eine früher geschriebene Passage – die man jetzt für falsch hält – ganz herauszunehmen und neu zu schreiben. In den meisten Fällen ist die frühere Passage aber tatsächlich richtig (was man in der Hektik leicht übersieht), außerdem stimmt die nachträgliche Änderung der Arbeit mit dem Rest der Gründe nicht überein und führt zu einer inkonsequenten Lösung. Eine Änderung in letzter Minute kann die Arbeit also überflüssigerweise vollständig entwerten und lohnt sich daher grundsätzlich nicht.

Soweit Zeit bleibt, liest man die Arbeit noch einmal durch, auch wenn man dazu regelmäßig wenig motiviert ist. Dabei werden auch eventuelle sprachliche Unebenheiten geglättet und – womöglich sinnentstellend – fehlende Wörter ergänzt. Die zur Verfügung stehende Arbeitszeit sollte man vollständig ausnutzen. Es gibt immer noch etwas zu verbessern![22]

Vor der Abgabe sind die *Seiten* der Arbeit zu *numerieren.* Dabei wird auch kontrolliert, ob sich die Blätter in der *richtigen Reihenfolge* befinden, ob *kein Blatt fehlt* und ob kein Schmierzettel o. ä. versehentlich beigefügt wurde.

Bei der Abgabe achtet man darauf, daß die *Arbeit vollständig* an die Aufsichtsperson übergeben wird und nicht etwa versehentlich Teile davon in die eigene Mappe gesteckt wurden.

---

[22] *Baumfalk,* Assessorklausur, S. 186.

3. Teil. Klausurtips[1]

1. Abschnitt. Zivilrecht[2]

§ 4. Zivilrecht im engeren Sinne

I. Sachverhaltserfassung[3]

- Angegebene Rechtsansichten auf darin *versteckte Willenserklärungen* oder sonstige Tatsachenbehauptungen überprüfen; Beispiele:
  - Schriftsätze können konkludente *Anfechtungserklärungen* oder *Kündigungserklärungen* enthalten
  - Im Vorwurf einer arglistigen Täuschung kann der Vortrag, der Kläger habe *vorsätzlich* gehandelt, zu sehen sein
  - Die Behauptung, daß das Verhalten des Klägers rechtmäßig war, kann dazu führen, daß der Vorsatz für die Rechtsgutsverletzung entfällt
- In der *Klageerhebung* als solcher kann z. B. eine Kündigungserklärung für ein Mietverhältnis oder ein Darlehen liegen
- Inhaltliches Kriterium für einen richtigen *Beweisantrag*: Ist der Inhalt so, wie er formuliert ist, dem Beweis zugänglich? (unzulässiger Ausforschungsbeweis ist an der Frage „zum Beweis, *ob*" statt der Feststellung „zum Beweis, *daß*" erkennbar)
- Sich in den Sachverhalt auch *gefühlsmäßig hineinversetzen*, um die prozessuale Lage besser zu erfassen (dies ist insbesondere bei Rechtsanwalts-Klausuren besonders wichtig)

---

[1] Vor der Lektüre der *Klausurtips* sollten unbedingt die Ausführungen in der Einleitung (§ 1 II) gelesen werden, wo Sinn und Zweck der Tips und ihre Verwendung erklärt werden.

[2] Zur Examensvorbereitung im Zivilrecht besonders geeignete Literatur: *Knöringer*, Die Assessorklausur im Zivilprozeß; *Anders-Gehle*, Das Assessorexamen im Zivilrecht; *Schmitz-Ernemann-Frisch*, Die Station in Zivilsachen; *Pukall*, Prüferratschläge für die zivilrechtliche Assessorklausur; *Furtner*, Das Urteil im Zivilprozeß; *Sattelmacher-Sirp*, Bericht, Gutachten und Urteil; *Schneider*, Der Zivilrechtsfall in Prüfung und Praxis; *Schellhammer*, Die Arbeitsmethode des Zivilrichters; *Becht*, Prüfungsschwerpunkte im Zivilprozeß; *Baumfalk*, Die zivilgerichtliche Assessorklausur; *Wenz*, Zwangsvollstreckung, Examenskurs für Rechtsreferendare; *Oberheim*, Zivilprozeßrecht für Rechtsreferendare; *Proppe-Solbach*, Fallen – Fehler – Formulierungen. Zur Klausurtechnik bei Zivilrechtsklausuren eingehend *Puhle*, JuS 1989, 203 und *derselbe*, JuS 1987, 41.

[3] Mit der Sachverhaltserfassung allgemein beschäftigen sich ausführlich *Tettinger*, JuS 1982, 272; 357 und *Baumfalk*, JA Übungsblätter 1984, 72.

- *Sachverhaltslücken* tauchen in der Regel nur bei einem vom Verfasser nicht vorgesehenen (möglicherweise aber durchaus vertretbaren) Lösungsweg auf; in diesem Fall ist der wahrscheinliche Lebenssachverhalt zu unterstellen; auf keinen Fall die Lücke zum „Töten der Arbeit" benutzen!
- Soweit der *Sachverhalt* ausgelegt bzw. *ergänzt* wird, unbedingt in der Ausarbeitung angeben, warum dies geschieht
- Bei Erfassung der Anträge auf *subjektive* und *objektive Klagehäufung* achten und auf jeden Fall Ausführungen dazu machen, insbesondere bei Einhaltung einer Frist nur durch einen Streitgenossen (§ 62 ZPO!)
- Möglicherweise *verspätetes Vorbringen* (§§ 295, 296, 296 a, 527, 528, 529 ZPO) im Tatsachenblatt kennzeichnen (insbesondere dann darauf achten, wenn Fristsetzung durch den Richter im Sachverhalt genau geschildert ist), ebenso möglicherweise *unbeachtliches Bestreiten* (§ 138 IV ZPO) und den Widerruf von Tatsachenbehauptungen (da möglicherweise unzulässiger *Widerruf eines Geständnisses*, §§ 288, 290 ZPO)
- Beim materiellen Sachverhaltsblatt das Vorbringen von *mehreren Klägern, Beklagten* bzw. Nebenintervenienten (in verschiedenen Spalten) trennen
- Der *Termin für die Urteilsverkündung* darf nicht länger als 3 Wochen nach der mündlichen Verhandlung liegen (§ 310 I ZPO); zwar sanktionslos, aber im Hilfsgutachten erwähnen
- Einfluß der *Gerichtsferien* auf *Fristen* beachten, insbesondere bei Nicht-Notfristen wie der Berufungs*begründungs*frist (im Gegensatz zur Berufungsfrist, §§ 223 II, 516 ZPO)
- Bei *Geburtsdatumsangaben* im Sachverhalt an Minderjährige denken
- Bei *Prozeßaufrechnung* an § 19 III GKG, § 322 II ZPO denken
- Bei *Hilfsantrag* an die Kostenregelung des § 19 I 2, 3 GKG denken
- Bei *Widerklage* an die Kostenregelung des § 19 I 1, 3 GKG und die Möglichkeit nachträglicher sachlicher Unzuständigkeit des Amtsgerichts (§ 506 ZPO, über 10.000 DM Streitwert, § 23 Nr. 1 GVG) denken
- Bei *Klageerweiterung* ebenfalls an § 506 ZPO denken
- Prüfen, ob die *Klageschrift unterschrieben* ist, insbesondere bei nicht anwaltlich vertretener Partei
- Prüfen, ob *Protokolle* ordnungsgemäß *unterschrieben* sind

II. Technik und Vorgehensweise

- *Ausgangsfrage* nach der Sachverhaltserfassung: In welcher Prozeßsituation befindet sich der Fall (Rechtskraft durch Versäumnisurteil o. ä., Entscheidungsreife des Falles, keine Unterbrechung des Prozesses)?
- Im Bearbeitervermerk gefordertes „*Gutachten* über die *Rechtslage*" erfordert auch Behandlung der weiteren Schritte (z. B. weitere mögliche Rechtsbehelfe o. ä.)
- Nach der Sachverhaltserfassung prüfen, was *streitig* und was unstreitig ist
- K 1, K 2 etc. bzw. B 1, B 2 etc auf den Notizblättern als *Abkürzungen für Kläger bzw. Beklagte zu 1), 2)* etc. verwenden
- Auf die *richtige Bezeichnung* der Parteien achten: je nach Verfahren „Kläger" und „Beklagter", „Antragsteller" und „Antragsgegner", „Gläubiger" und „Schuldner"
- Wenn im Bearbeitervermerk ein *Gutachten* verlangt wird, kein gesondertes Hilfsgutachten erstellen, sondern im Rahmen des Gutachtens alles abhandeln
- *Notizblätter* z. B. für folgende Abschnitte anfertigen:
  – Bearbeitervermerk
  – Prozessuale Daten
  – Materielle Daten
  – Skizze der Rechtsverhältnisse
  – Auslegung des Rechtsschutzziels
  – Zulässigkeit des Einspruchs
  – Zulässigkeit des Rechtsmittels
  – Zulässigkeit der Klage
  – Zulässigkeit der Klagehäufung
  – Anträge der Parteien
  – Begründetheit der Klage allgemein
  – Einzelne Anspruchsgrundlagen
  – Verspätetes Vorbringen
  – Aufrechnungsforderung
  – Zulässigkeit der Widerklage
  – Begründetheit der Widerklage
  – Nebenentscheidungen
  – Tenor
  – Weitere Maßnahmen des Rechtsanwalts/Gerichts
  – Beweismittelliste (bei einer Rechtsanwaltsklausur[4])

---

[4] Unter einer Rechtsanwaltsklausur wird in diesem Buch eine Aufgabe verstanden, in der ein Fall aus der Sicht eines Rechtsanwalts zu lösen ist, sei es durch Erstellung einer Klageschrift oder eines rechtsberatenden Gutachtens oder eines Vertragsentwurfs.

III. Rubrum

- Auf korrekte *Bezeichnung der Parteien* achten, insbesondere bei Vertretungsverhältnissen
- Darauf achten, daß die Parteien zur Zeit der letzten mündlichen Verhandlung erfaßt werden (bei *Parteiwechsel* bzw. *Parteiänderung*); Formulierung: „nunmehr"
- *Widerkläger* und *-beklagten* nicht vergessen
- Auf das richtige *Aktenzeichen* achten, vor allem bei Verweisung an ein anderes Gericht
- Auf *Richterwechsel* im Prozeß achten (letzte mündliche Verhandlung entscheidend)
- Nur das *Datum der letzten mündlichen Verhandlung* erwähnen (nur dieses hat Bedeutung für die Präklusion nach § 767 II ZPO)

IV. Tenor

1. Hauptsache

- Für mögliche *Entscheidungsformen Thomas-Putzo*, vor § 300 ZPO, Rdnr. 4 ff. konsultieren
- Tenor muß aus sich heraus *verständlich* sein
- Gedanklicher *Test*: Kann Zwangsvollstreckung aus diesem Tenor durchgeführt werden?
- Im Zweifel *am Gesetzeswortlaut*, der die Rechtsfolge enthält, *orientieren*
- *Formulierung*: „Auf die *Widerklage* wird der Kläger zur Zahlung von 40.000 DM verurteilt."
- *Zinsen* nicht vergessen (richtiges Verzugsdatum prüfen; soweit auch nur teilweise nicht zugesprochen, muß die Klage im übrigen abgewiesen werden)
- *Versäumnisurteil*, *Vollstreckungsbescheid* bzw. vorhergehendes *Urteil aufrechterhalten* (eventuell „mit der Maßgabe ...") bzw. aufheben
- Auf *Klageabweisung* und *Zurückweisung der Berufung bzw. Revision* „*im übrigen*" achten; aber keine Abweisung von Prozeßanträgen (z. B. Anträgen auf Einspruchsverwerfung)
- Bei einer *Mehrheit von Beklagten* das Haftungsverhältnis angeben („schulden samtverbindlich")

2. Kosten

- § 91 I und § 92 I ZPO nicht nebeneinander, sondern jeweils allein zitieren, da beide Normen nur alternativ anwendbar sind
- Bei einer *Mehrheit von Kostenschuldnern* das Haftungsverhältnis angeben; Ausnahme: § 100 IV ZPO, falls in der Hauptsache gleiches Haftungsverhältnis

- *Baumbach'sche Formel* bei Mehrheit von Beklagten:
  - *Trennung* von *gerichtlichen* und *außergerichtlichen* Kosten
  - *Fiktiven Streitwert* ermitteln aus der Summe der Forderungen des Klägers gegen jeden Beklagten
  - *Quote* des *Verlustes* jedes Beteiligten im Verhältnis zum fiktiven Streitwert ermitteln
  - *Gerichtskosten*: bei *Gesamtschuldnern* kleinste gemeinsame Haftungsquote berechnen, im übrigen fiktive Streitwertanteile ansetzen
  - *Außergerichtliche Kosten*: beim Kläger identisch mit seinem Gerichtskostenanteil, für die Beklagten jeweils Gegenüberstellung von Gewinn und Verlust im Verhältnis Kläger – einzelner Beklagter
  - „Im übrigen trägt jeder seine außergerichtlichen Kosten selbst"
- Bei einer *Mehrheit von Anträgen* darauf achten, daß alle Anträge wertmäßig erfaßt werden
- Bei *Verweisung* die Kostenregelung in § 281 III ZPO beachten
- Bei einem *Vollstreckungsbescheid* §§ 700 I, 344 ZPO beachten
- Bei *Wiedereinsetzung* in den vorigen Stand § 238 IV ZPO beachten
- Bei *Teilrücknahme* § 269 III 2 ZPO beachten
- Bei *Rechtsbehelfen* immer Kostenregelung des § 97 ZPO prüfen
- Auf *Einheit der Kostenentscheidung* achten, insbesondere bei Teilurteil („die Kostenentscheidung bleibt dem Schlußurteil vorbehalten"), Teilrücknahme, teilweiser Zurückverweisung nach § 539 ZPO o. ä.

3. Vorläufige Vollstreckbarkeit

- Bei Entscheidung über die *Vollstreckbarkeit* genau beachten, *wer was* gegen *wen* vollstreckt, insbesondere bei Klagehäufung und teilweisem Obsiegen (nicht mehrere Personen zusammenrechnen!)
- Schema zur Entscheidung über die *vorläufige Vollstreckbarkeit*:
  - Überhaupt *Entscheidung nötig*? (nicht bei Beschlüssen, Urteilen in Ehe- und Kindschaftssachen wegen § 704 II ZPO (!), Zwischenurteilen, rechtskräftigen Urteilen u. a., aber schon bei Nichterreichen der Rechtsmittelsumme)
  - Wer vollstreckt gegen wen? (*Aufspaltung in Zwei-Personen-Verhältnisse*)
  - *Ohne Sicherheitsleistung* bei §§ 708 Nr. 1–3, 713 ZPO
  - Wer muß *Sicherheit* leisten: Gläubiger nach § 709 ZPO oder Schuldner nach §§ 708 Nr. 4–11, 711 ZPO?
  - *Was* wird vollstreckt?
    (a) *Streitwertberechnung* durchführen
    (b) *Hauptsache*
    - *Nicht* bei Urteil auf Abgabe einer Willenserklärung, § 894 ZPO, mit Ausnahme von § 895 ZPO;
    - *Nicht* bei Feststellungsklage und Gestaltungsklage

- *Schon* bei Vollstreckungsabwehrklage, weil sonst Zwangsvollstreckung nicht nach § 775 Nr. 1 ZPO eingestellt werden könnte
  (c) *Zinsen* (vor allem bei längerem Zeitraum bzw. großer Forderungshöhe von erheblichem Einfluß auf die Sicherheitsleistung)
  (d) *Kosten des Rechtsanwalts* außer bei Kostenaufhebung (bei geringen Gebühren aufpassen, weil pauschalierte Auslagen dann unter 40 DM festzusetzen); auf Säumniskosten achten
  (e) Vorgeschossene *Gerichtskosten* abzüglich des vom Vollstreckungsgläubiger selbst zu tragenden Anteils (gilt nur bei Vollstreckung durch den Kläger)
- *Korrektur* des Ergebnisses aufgrund eines *Vollstreckungsschutzantrags* (§§ 710, 714 ZPO beim Gläubiger, §§ 712, 714 ZPO beim Schuldner; dabei insbesondere auf die – häufig fehlende – Glaubhaftmachung (§ 714 II ZPO) achten; nicht verwechseln mit Antrag nach § 765 a ZPO!)

4. Streitwertfestsetzung

- Immer überlegen, ob *Streitwertfestsetzung* notwendig ist; im Zweifel ja, es sei denn, der Wert würde sich völlig eindeutig aus dem Vortrag ergeben und hätte sich im Laufe des Verfahrens nicht verändert
- Bei Streitwertfestsetzung darauf achten, ob eine im Prozeß erklärte *Aufrechnung* nur *hilfsweise* erfolgte; dann und nur dann Verdoppelung des Streitwerts (§ 19 III GKG)
- Bei *Widerklage* § 19 I 1, 3 GKG beachten
- Bei *Hilfsantrag* § 19 I 2, 3 GKG beachten

V. Tatbestand[5]

- Ein Schema zum *Tatbestandsaufbau* findet sich bei *Thomas-Putzo*, § 313 ZPO, Rdnr. 15 ff. und bei *Böhme-Fleck-Bayerlein*, Formularsammlung, Nr. 12
- Niederschrift nicht mit dem Tatbestand beginnen, erst *am Schluß* abhandeln
- Falls die Zeit nicht reicht, zumindest den *Aufbau* des Tatbestandes *andeuten* (Unstreitiges, Streitiges, Anträge, Prozeßgeschichte)
- Zu verwendende *Zeitstufen*: Imperfekt für den Parteivortrag, Perfekt für die Prozeßgeschichte
- Nur einen kurzen *Einführungssatz* als Einleitung (Beispiel: „Die Par-

---

[5] Zum Tatbestand allgemein: *Baumfalk*, JA Übungsblätter 1984, 152 ff; *Schellhammer*, Rdnr. 365 ff; Einzelne Landesjustizprüfungsämter haben zur Abfassung des Tatbestands in Assessorklausuren amtliche Hinweise herausgegeben (abgedruckt bei Baumfalk, Die zivilgerichtliche Assessorklausur, S. 214 ff).

teien streiten um ..." oder: „Der Kläger verlangt Schadensersatz für
...")

- Neue Tatsachen, die sich bei einer *Beweisaufnahme* herausstellen,
macht sich eine Partei in der Regel dann zu eigen, wenn sie die Aussage
als glaubhaft bezeichnet, im Zweifel auch dann, wenn sie für sie günstig
ist, sonst nicht
- Erklärungen einer Partei bei *Parteianhörung* bzw. *Parteivernehmung*
gehen entgegenstehenden Erklärungen des Prozeßbevollmächtigten
vor
- Die Verwendung von *Rechtsbegriffen* kann nur dann als *Tatsachenbe-
hauptung* angesehen werden, wenn der Rechtsbegriff einfach und eindeutig ist (Rechtsbegriff des täglichen Lebens) und beide Parteien den
zugrundeliegenden Vorgang übereinstimmend so verstehen
- In der Klausur (im Gegensatz zur Praxis!) zur besseren Übersicht den
Tatbestand *untergliedern*
- *Anträge* der Parteien (nur die zuletzt gestellten!) einrücken
- Einen in der mündlichen Verhandlung gestellten *„Antrag aus dem
Mahnbescheid"* nach dem Inhalt des Mahnbescheidsantrags ausformu-
lieren („zur Zahlung von DM ... zu verurteilen")
- *Anträge* für die *Kostenentscheidung* in der Regel nicht erwähnen; Aus-
nahme bei Teilerledigung (§ 91 a ZPO) und Teilrücknahme (§ 269 III
ZPO)
- *Vollstreckungsschutzanträge* erwähnen
- In der Regel *Wortlaut des Sachverhalts* ungekürzt abschreiben (lange
Überlegungen, wie man den Wortlaut kürzen könnte, kosten in der
Regel mehr Zeit als eine vollständige Niederschrift)
- *Streitiges* und *Nichtstreitiges* strikt trennen
- *Vortrag* des *Nebenintervenienten* bzw. nur eines von mehreren *Klägern*
bzw. *Beklagten* besonders kennzeichnen
- Falls praktisch nichts *streitig* ist, ist zumindest durch einen Satz vor den
Anträgen anzudeuten, daß an dieser Stelle streitiger Sachverhalt zu be-
handeln wäre (z. B. durch Darstellung der Rechtsmeinung des Klä-
gers); dem Prüfer zeigt man so Kenntnisse vom grundsätzlichen
Aufbau eines Tatbestands
- Die Formulierung *„behaupten"* nur für streitigen Tatsachenvortrag ver-
wenden, nicht für Rechtsmeinungen
- *Streitige Behauptung* bei der Partei erwähnen, die *beweisbelastet* ist
- Bei streitigem Sachverhalt auch *unerledigte Beweisangebote* erwähnen
- Formulierungen, die nach *rechtlicher Wertung* klingen, *vermeiden*
- *Verweis auf Schriftsätze und Protokoll* ist möglich und sinnvoll (§ 313 II
2 ZPO), soweit konkret bezeichnet (mit Angabe der Daten und der
Blattzahlen der Akten), insbesondere bei AGB-Klauseln, Schadensauf-
stellungen etc.; eine pauschale Bezugnahme auf die gewechselten
Schriftsätze ist aber unzulässig

- Längere Texte in wörtlicher Fassung können durch *technische Verweisung* ersetzt werden, um Schreibarbeit zu sparen; die ersten und letzten Wörter sollten aber tatsächlich hingeschrieben werden; Beispiel: „Der Zeuge X. hat ausgesagt, er habe den Kläger ... [einsetzen Aussage des Zeugen, S. 4, 3. Absatz des Sachverhalts] ... so sei es zum Unfall gekommen."
- Formulierung für die *Widerklage*: „Der Beklagte erhebt Widerklage:" (von der Klage abgesetzt behandeln)
- Bei der *Prozeßgeschichte* auch erwähnen:
  - Schon *vor den Anträgen*, da diese sonst unverständlich wären:
    - Inhalt eines ergangenen Versäumnisurteils
    - Eingang des Einspruchs bzw. Rechtsmittels bei Gericht
    - Klageänderung
  - *Nach den streitigen Behauptungen* des Beklagten:
    - Verweisung
    - Teilrücknahme
    - Daten nachgereichter Schriftsätze
    - Tatsachen zum Wiedereinsetzungsantrag
    - Tatsachen zur Begründung einer Zurückweisung verspäteten Vorbringens nach §§ 296, 296 a ZPO (Zurückweisung selbst erst in den Gründen)
    - *Nicht*: Übertragung auf den Einzelrichter, Streitverkündung ohne Beitritt
- *Formulierung*: „Das Gericht hat Beweis erhoben durch Vernehmung der Zeugen A, B, und C. Wegen des Ergebnisses der Beweisaufnahme wird auf die Sitzungsniederschrift (Bl. ... d. A.) Bezug genommen."

VI. Entscheidungsgründe allgemein[6]

- Ein Schema zum *Aufbau* der Entscheidungsgründe enthält *Thomas-Putzo*, § 313 ZPO, Rdnr. 27 ff.
- Jeden *Absatz wie in einer Überschrift* mit dem im folgenden zu erörternden rechtlichen Gedanken *einleiten*
- Bei einem schwierigen Sachverhalt in den Entscheidungsgründen am Anfang *Inhalt in Kurzform* angeben; Beispiel: Klage unbegründet, weil Anspruch I nicht besteht (2 a), Anspruch II die Einwendung der Aufrechnung entgegensteht (2b), und im übrigen Verjährung durchgreift (2c)
- Rechtsprobleme, die für die Fallösung nicht entschieden werden müs-

---

[6] Einzelne Landesjustizprüfungsämter haben zur Abfassung der Entscheidungsgründe in Assessorklausuren amtliche Hinweise herausgegeben (abgedruckt bei Baumfalk, Die zivilgerichtliche Assessorklausur, S. 214 ff).

sen, im Urteil *dahinstehen lassen*, aber im Hilfsgutachten Lösung ausführen *oder zwar --- aber ---*

- *Doppelrelevante Tatsachen* (sowohl für die Zulässigkeit als auch für die
  Begründetheit relevant) im Zweifel erst in der Begründetheit prüfen
- *Formulierung* für die *Beweiswürdigung* eines *Sachverständigengutach-
  tens*: „Das Gericht hat keine Veranlassung, dem überzeugend begründeten, im Anhörungstermin nachvollziehbar erläuterten und letztlich
  auch von den Parteien nicht mehr beanstandeten Gutachten des Sachverständigen nicht zu folgen."
- Bei einem *Prozeßvergleich* sind die materielle und die formelle Kompo-
  nente desselben jeweils gesondert zu berücksichtigen, insbesondere ist
  an den Vergleich als Anspruchsgrundlage zu denken (Umdeutung eines
  unwirksamen Prozeßvergleichs in einen wirksamen außergerichtlichen
  Vergleich ist u. U. möglich)
- *Terminologie*: Der „Widerkläger" ist nur im Rubrum als solcher zu
  bezeichnen, nicht in den Entscheidungsgründen

VII. Zulässigkeit der Klage allgemein

- Zuallererst *Klärung des Rechtsschutzziels* vornehmen; dabei ggf. darauf
  hinweisen, daß eine falsche Bezeichnung des Begehrens nicht schadet
- Vor der allgemeinen Zulässigkeitsprüfung zuerst die *Entscheidungsreife*
  des Falles prüfen, z. B.:
  – Kein Wiedereintritt in die mündliche Verhandlung, *§ 156 ZPO*
  – Keine *Rechtskraft*
  – Wirksamer Widerruf des vorher geschlossenen *Prozeßvergleichs*
- Bei *Zulässigkeitsprüfung* immer Checkliste der Zulässigkeitsvorausset-
  zungen bei *Thomas-Putzo*, vor § 253 ZPO, Rdnr. 15 ff, durchgehen
- Immer *zumindest einige Punkte* kurz *anreißen*, insbesondere die Zu-
  ständigkeit
- Immer an *Besonderheiten des amtsgerichtlichen Verfahrens* (§§ 495 ff.
  ZPO) denken, insbesondere an die Belehrung vor rügeloser Einlassung,
  § 504 ZPO
- Bei der Zuständigkeit immer an *§ 281 II 5 ZPO* (bindende Verweisung),
  § 39 ZPO (rügelose Einlassung) und *ausschließliche Zuständigkeiten*
  (Liste bei *Thomas-Putzo*, vor § 1 ZPO, Rdnr. 10) denken
- Bei der *sachlichen Zuständigkeit* in der Regel auch §§ 3 ff. ZPO mitzi-
  tieren
- *Funktionelle Zuständigkeit* einer Kammer für Handelssachen (§§ 93 ff.
  GVG) immer prüfen, wenn ein Kaufmann am Rechtsstreit beteiligt
  ist
- In Gedanken immer zumindest auch an *Rechtsschutzbedürfnis* und
  Prozeßführungsbefugnis sowie an Zulässigkeitsfragen, die sich aus dem
  Prozeßverlauf ergeben, denken

- *Praktikernahe Begründungen* bevorzugen, z. B.:
  - Rügelose Einlassung (§§ 39, 267 ZPO)
  - Perpetuatio fori (§ 261 III ZPO) ✗
  - Heilung von Zulässigkeitsmängeln nach § 295 ZPO
  - Prozessuale Überholung
- Aus dem angegebenen *Aktenzeichen* kann man u. U. die Klageart bzw. die Art des Rechtsbehelfs herausfinden (vgl. Verzeichnis der Registerzeichen bei *Böhme-Fleck-Bayerlein*, Formularsammlung, S. 144), insbesondere bei Zwangsvollstreckungs-Rechtsbehelfen, wo die Abgrenzung zwischen § 766 ZPO und §§ 767, 771 ZPO etc. oft unklar ist; der Aufgabensteller hat für das Aktenzeichen wohl die von ihm gewünschte Lösung gewählt
- Bei *Hilfsanträgen* immer klarstellen, daß eine solche innerprozessuale ✗ Rechtsbedingung zulässig ist
- Bei *Klagehäufung* (Extraprüfungspunkt zwischen Zulässigkeit und Begründetheit) darauf achten, daß jede einzelne Klage zulässig ist ✗
- Aufbau bei *Klageänderung*: ✗
  - Zulässigkeit der Klageänderung
  - Zulässigkeit der Klage
- Zulässigkeit der *Widerklage* gesondert nach der Begründetheit der ✗ Klage prüfen (dabei immer an § 33 ZPO denken)
- Bei *Prozeßvergleich* auf die Formulierung „v.u.g." (vorgelesen und genehmigt) im Protokoll achten (sonst ist der Vergleich unwirksam) ✗
- Bei *Fristberechnung* auf feste Feiertage wie z. B. 01.11. bzw. 26.12. achten, im Zweifel immer einen Kalender konsultieren
- Bei Notfristen auf *wirksame Zustellung* der die Frist in Lauf setzenden ✗ Entscheidung achten (§ 187 Satz 2 ZPO)
- Ein *Wiedereinsetzungsantrag* muß auch dann verbeschieden werden, wenn die vermeintlich versäumte Frist tatsächlich eingehalten wurde ✗ und der Antrag daher überflüssig war (dann Zurückweisung als unzulässig)
- Bei privat vereinbarten *Fristen* (z. B. bei einem Vergleich) für den Fristlauf auf §§ 222 ZPO, 187 ff. BGB in analoger Anwendung zurückgrei- ✗ fen, soweit nichts anderes vereinbart

VIII. Besonderheiten beim Einspruch gegen ein Versäumnisurteil

- *Tenor* in der Hauptsache: *Aufrechterhaltung* oder *Aufhebung* des Ver- ✗ säumnisurteils nicht vergessen (Überblick über die Tenorierung bei *Böhme-Fleck-Bayerlein*, Formularsammlung, Nr. 12, Anm. 2 b, c)
- *Kosten*:
  - § 97 ZPO bei Verwerfung des Einspruchs
  - § 344 ZPO bei erfolgreichem Einspruch und in gesetzlicher Weise

ergangenem Versäumnisurteil (bei teilweiser Unzulässigkeit des Versäumnisurteils quoteln)
- bei voller Aufrechterhaltung des Versäumnisurteils werden nur die „weiteren Kosten" auferlegt
- *Vorläufige Vollstreckbarkeit*:
  - § 709 S. 2 ZPO neben S. 1 beachten (in der Praxis nur *eine* Sicherheitsleistung für 2 Urteile)
  - § 709 S. 2 ZPO gilt aber nicht bei § 708 Nr. 11 ZPO oder wenn kein vollstreckbarer Tenor aufrechterhalten wird
- *Rechtsanwaltsgebühren*: §§ 33 I, 38 II BRAGO, bei Vollstreckungsbescheid § 43 I Nr. 3 BRAGO
- *Prüfungsreihenfolge*:
  - Zulässigkeit des Einspruchs, § 341 I ZPO (Schema bei *Thomas-Putzo*, § 341 ZPO, Rdnr. 1)
    - Statthaftigkeit, § 338 ZPO
    - Frist, § 339 ZPO
    - Form, § 340 ZPO
  - Zulässigkeit der Klage
  - Begründetheit der Klage
- *Keine Prüfung der Begründetheit* des Einspruchs wegen § 342 ZPO (dies wäre ein grober Fehler!)
- Bei der Statthaftigkeit des Einspruchs immer die *Meistbegünstigungstheorie* (*Thomas-Putzo*, vor § 511 ZPO, Rdnr. 6 ff) erwähnen, soweit nicht völlig selbstverständlich
- Bei der Prüfung der Zulässigkeit des Einspruchs immer erwähnen, daß *§ 340 III ZPO* keine Zulässigkeitsvoraussetzung ist, sondern zur Anwendung der Verspätungsvorschriften führt (§ 340 III ZPO gilt nicht bei Vollstreckungsbescheid, § 700 III 3 ZPO)
- *Rechtsfehler* bei Entstehung eines Versäumnisurteils sind nur insoweit zu prüfen, als das zu einem rechtlich *nicht existenten Versäumnisurteil* führt
- *Sonstige Fehler* bei der Entstehung eines Versäumnisurteils nur bei der *Kostenentscheidung* (§ 344 ZPO) und bei *§ 719 I 2 ZPO* prüfen bzw. im Hilfsgutachten; typische Fälle:
  - *Unzuständigkeit des Gerichts* ohne rügelose Einlassung vor dem Versäumnisurteil
  - *Unzulässigkeit eines Versäumnisurteils* nach § 335 ZPO, insbesondere Nichteinhaltung der Einlassungsfrist (§ 274 III ZPO) oder der Ladungsfrist (§ 217 ZPO)

IX. Besonderheiten bei Zwangsvollstreckungsrechtsklausuren

- Überblick über die *Rechtsbehelfe* bei *Thomas-Putzo*, vor § 704 ZPO, Rdnr. 53 ff.
- *Terminologie*: „Gläubiger" bzw. „Schuldner" im Zwangsvollstreckungsverfahren
- Immer die *Beschwerde* nach § 793 ZPO und die *Rechtspflegererinnerung* (§ 11 RPflG) von der *Erinnerung* nach § 766 ZPO abgrenzen
- Grundsätzlich auch an die Möglichkeit *einstweiligen Rechtsschutzes* in der Zwangsvollstreckung denken (z. B. § 769 ZPO)
- Bei jedem Rechtsbehelf klarstellen, welcher *Prüfungsmaßstab* an die zu beurteilende Vollstreckungsmaßnahme angelegt wird (*formelle Prüfung* der Maßnahme oder *inhaltliche Prüfung* des zu vollstreckenden Urteils etc.)
- *Ausschließliche Zuständigkeit* nach § 802 ZPO beachten
- Ein *Rechtsschutzbedürfnis* ist bereits gegeben, wenn Zwangsvollstreckung droht, und solange, bis sie beendet ist
- Bei *Vollstreckungsgegenklage* (§ 767 II ZPO) immer fragen: gibt es ein Verfahren, in dem das Gegenrecht vorher erfolgreich hätte geltend gemacht werden können? (also nicht nur an eine frühere Klage denken)
- Die *Drittwiderspruchsklage* (§ 771 ZPO) ist eine Gestaltungsklage (h. M.); soweit Feststellungsantrag gestellt wurde, muß er als Gestaltungsantrag ausgelegt werden (für einen Feststellungsantrag fehlt das Rechtsschutzbedürfnis)
- Allgemeine Zulässigkeitsvoraussetzungen der Zwangsvollstreckung prüfen (*Titel, Klausel, Zustellung*)
- U.U. ist eine *Wartefrist* zwischen Zustellung und Zwangsvollstreckung zu beachten, §§ 750 III, 798 ZPO (Sicherungsvollstreckung bzw. vollstreckbare Urkunden)
- Bei *Abhängigkeit* der Zwangsvollstreckung von einer *Bedingung* (häufig bei vollstreckbaren Urkunden) § 726 I ZPO beachten (Nachweis nur durch öffentliche Urkunden)
- *Pfändungspfandrechtstheorien* immer erwähnen, in der Regel kann aber wegen gleicher Ergebnisse die Entscheidung für eine Theorie offengelassen werden
- An *dingliche Surrogation* (§ 1247 S. 2 BGB analog) denken
- *§ 865 ZPO* bei Pfändung und Hypothek beachten
- *Standardargumente* im Zwangsvollstreckungsverfahren:
  - Formalisierung des Verfahrens
  - Der Gerichtsvollzieher darf nicht mit Prüfungspflichten überfordert werden
- *Materiell-rechtlichen Erstattungsanspruch* aus §§ 717 II, 945 ZPO beachten
- Bei einem *Konkurs* beachten (Kommentierung zum Teil bei *Palandt*, § 929 BGB, Rdnr. 57 ff, § 930 BGB, Rdnr. 24, 25):

– Aussonderungs- und Absonderungsrechte, §§ 43 ff. KO
– Konkursaufrechnung, §§ 53 ff. KO
– Konkursanfechtung, §§ 29 ff. KO

X. Besonderheiten beim einstweiligen Rechtsschutz

- *Terminologie*: *ohne* mündliche Verhandlung „Antragsteller" und „Antragsgegner", *mit* mündlicher Verhandlung „Arrestkläger" und „Arrestbeklagter" bzw. „Verfügungskläger" und „Verfügungsbeklagter"
- *Tenor* enthält bei stattgebender Entscheidung über einen Arrest:
  – Arrestbefehl nach Grund und Betrag
  – Angabe der Art des Arrestes (dinglich/persönlich)
  – Festsetzung der Lösungssumme, § 923 ZPO (*nicht* bei einstweiliger Verfügung, § 939 ZPO)
- Eine Entscheidung über die *vorläufige Vollstreckbarkeit* ergeht nur bei ablehnendem Urteil, und zwar nach § 708 Nr. 6 ZPO, nicht dagegen bei einem Beschluß oder stattgebenden Urteil (Argument: das Wesen des einstweiligen Rechtsschutzes erfordert die Vollstreckbarkeit)
- Einer *Begründung* bedarf die Entscheidung nicht bei stattgebendem Beschluß, sonst schon (in der Klausur ist dann ein Hilfsgutachten erforderlich)
- Bei einstweiliger Verfügung ist eine *Streitwertfestsetzung* erforderlich (im Beschluß, bei Entscheidung durch Urteil in einem zusätzlichen Beschluß), § 25 GKG
- Ausschließliche *Zuständigkeit* des Gerichts der Hauptsache, § 919 bzw. § 937 i.V.m. §§ 943, 802 ZPO, soweit die Hauptsache bereits anhängig ist (in dringenden Fällen ausnahmsweise § 942 I ZPO)
- Es fällt kein *Prozeßkostenvorschuß* an (§ 65 GKG), so daß bei der Berechnung der Sicherheitsleistung Gerichtskosten nicht zu berücksichtigen sind
- Immer bei gleichzeitiger Hauptsacheklage erwähnen, daß diese keine entgegenstehende *Rechtshängigkeit* begründet (Argument: Streitgegenstand ist die Sicherung des Hauptanspruchs)
- Das *Rechtsschutzbedürfnis* fehlt, wenn der Antragsteller wirtschaftlich gesichert ist, insbesondere durch einen vorläufig vollstreckbaren Titel, Ausnahme: sehr hohe Sicherheitsleistung
- Eine einstweilige Verfügung soll grundsätzlich nur zur *vorläufigen Regelung* bzw. zur *Sicherung* des Gläubigers führen, Ausnahme: teilweise Befriedigung bei der *Leistungsverfügung*, die aber gerade in Klausuren nicht selten anzunehmen ist (Kommentierung bei *Thomas-Putzo*, § 940 ZPO, Rdnr. 6 ff)
- Kein *Anwaltszwang* für die Antragstellung (§§ 920 III, 78 III ZPO), aber nach allgemeinen Regeln (§ 78 I ZPO) für das sich anschließende Verfahren und die mündliche Verhandlung

- Die *Ladungsfrist* (§ 217 ZPO) ist einzuhalten, nicht aber die *Einlassungsfrist* (§ 274 III ZPO)
- Für die Zulässigkeit reicht es aus, daß Verfügungsgrund bzw. Arrestgrund und Verfügungsanspruch bzw. Arrestanspruch *behauptet* werden, erst für die Begründetheit kommt es auf die *Glaubhaftmachung* derselben an
- *Glaubhaftmachung* nicht mehr extra prüfen, soweit Verfügungsgrund bereits im Gesetz genannt wird (Beispiele: bei Vormerkung § 885 I 2 BGB, bei Widerspruch § 899 II 2 BGB)
- *Klageverbindung* von einstweiliger Verfügung bzw. Arrest und Hauptsacheverfahren ist unzulässig (§ 260 ZPO), da unterschiedliche Verfahrensart
- *Verfügungsverbot* im Grundbuchrecht ist ein relatives Verfügungsverbot im Sinne des § 136 BGB
- Materiellrechtlicher *Schadensersatzanspruch* des Antragsgegners bei späterer Aufhebung des Arrestbefehls bzw. der einstweiligen Verfügung (§ 945 ZPO, lex specialis zu § 717 II ZPO)
- *Monatsfrist* für die Zwangsvollstreckung beachten, § 929 II ZPO
- *Vollstreckungsgegenklage* ist durch Aufhebungsantrag nach § 927 ZPO ersetzt und daher unstatthaft

XI. Besonderheiten bei Rechtsmitteln

- In der Regel *Aufhebung der Kostenentscheidung* des Ersturteils nicht vergessen
- *Kosten*: § 97 ZPO beachten (§ 97 I ZPO bei mindestens teilweiser Zurückweisung, § 97 II ZPO bei Sieg aufgrund neuen Vorbringens)
- Bei den *Kosten* Trennung der 1. und 2. Instanz, nicht dagegen Trennung der Berufung und der Anschlußberufung
- *Vorläufige Vollstreckbarkeit*: beim Landgericht als Rechtsmittelinstanz nicht mehr erforderlich, da das Urteil rechtskräftig ist, beim OLG § 708 Nr. 10 ZPO (ohne Sicherheitsleistung)
- Auf das Erreichen der *Berufungssumme* (§ 511 a ZPO, 1500 DM) achten
- Bei OLG-Urteilen ist eine Entscheidung über die Höhe der *Beschwer* erforderlich, § 546 II ZPO
- Außerdem ist bei OLG-Urteilen eine Entscheidung über die *Zulassung der Revision* nötig, § 546 I ZPO, Ausnahme: über der Streitwertgrenze bzw. bei Verwerfung der Berufung als unzulässig
- *Gebühren*: § 11 I 4 BRAGO, Erhöhung der Gebühren auf jeweils 13/10 im Berufungsverfahren
- In der zweiten Instanz *Prüfungsreihenfolge*:
  (1) Zulässigkeit des Rechtsmittels

(2) Begründetheit des Rechtsmittels
    (a) Zulässigkeit der Klage
    (b) Begründetheit der Klage

- *Terminologie*: Berufung ist „anhängig", nicht rechtshängig
- *Gegenstand des Rechtsmittels* prüfen, insbesondere auf Beschränkungen achten
- Bei der Statthaftigkeit des Rechtsmittels die *Meistbegünstigungstheorie* (*Thomas-Putzo*, vor § 511 ZPO, Rdnr. 6 ff) erwähnen, soweit nicht völlig selbstverständlich
- Beachte, daß auch in erster Instanz unerledigt gebliebene *Hilfsanträge* Gegenstand des Berufungsverfahrens sind, § 537 ZPO
- *Örtliche Zuständigkeit* des Rechtsmittelgerichts (bei der Form des Rechtsmittels prüfen) richtet sich allein nach dem Rechtsmittelzug (vgl. z. B. das Gesetz über die Organisation der ordentlichen Gerichte im Freistaat Bayern[7])
- Einhaltung der *Rechtsmittelbegründungsfrist* ist Zulässigkeitsvoraussetzung für das Rechtsmittel (formelhafte Bezugnahme auf erstinstanzielle Schriftsätze reicht nicht aus, sondern führt zur Unzulässigkeit des Rechtsmittels)
- Eine *Änderung des Rechtsmittels* ist keine Klageänderung, sondern eine Rücknahme verbunden mit einer Neueinlegung des Rechtsmittels
- Unterscheide: *Rechtsmittelverzicht* und *Rücknahme* des Rechtsmittels (nur im letzteren Fall nochmalige Einlegung möglich)
- In der zweiten Instanz ist die *örtliche Zuständigkeit* in Vermögenssachen nicht mehr zu prüfen, § 512 a ZPO
- *Sachliche Zuständigkeit* ist nicht mehr zu prüfen, wenn erste Instanz das Landgericht war, § 10 ZPO
- § 529 ZPO beachten, d. h. keine Prüfung *verzichtbarer Zulässigkeitsrügen*, keine Prüfung von Amts wegen, ob *Familiensache* vorliegt
- Verbot der *reformatio in peius*, § 536 ZPO, beachten
- *Verspätungsvorschriften*:
  - § 528 I – III ZPO für Vorbringen, das bereits in ersten Instanz hätte vorgebracht werden können
  - § 527 ZPO bzw. §§ 523, 296 ZPO für Vorbringen, das in der Berufungserwiderungsschrift nicht erfolgte

XII. Begründetheit der Klage allgemein

- *Einleitung* der Begründetheitsprüfung: „Der Kläger kann vom Beklagten DM ... aus § ... BGB verlangen."; *nicht*: „Der Anspruch ergibt sich aus ..."

---

[7] *Ziegler-Tremel*, Bayerische Verwaltungsgesetze, Nr. 296.

- *Praktikernahe Begründung* bzgl. des Parteivortrags in Erwägung ziehen:
  - Fehlende *Substantiierung des Vortrags*
  - Fehlender *Beweisantritt* (insbesondere bei entscheidungserheblichem, streitigem Sachverhalt ohne Beweisaufnahme prüfen); beachte: der Beweispflichtige muß Beweis angeboten haben (z. B. muß Urkunde vorgelegt werden, nicht ausreichend ist ein verbales Angebot) ✗
  - Fehlende *Beweiserheblichkeit*
  - *Verspätetes Vorbringen* (§§ 296 ff. ZPO)
  - *Unzulässiges Bestreiten* im Sinne des § 138 IV ZPO
- Bei fehlendem Vortrag an *konkludenten Parteivortrag* denken; dafür ist aber ein Anhaltspunkt im Sachverhalt nötig, wofür die Praxis hohe Anforderungen stellt, wenn die nicht vorgetragene Tatsache formeller Natur ist (z. B. Formvorschriften, Fristsetzung mit Ablehnungsandrohung)
- Immer an die *Verspätungsvorschriften* denken, auch an § 296 a ZPO für ✗ nicht nachgelassene Schriftsätze
- *§ 296 II ZPO* ist *Auffangtatbestand* auch bei fehlerhaft gesetzter ✗ Frist
- Ein *richterlicher Hinweis auf §§ 296 ff.* ZPO ist in der Regel als erfolgt zu unterstellen, wenn der Bearbeitervermerk den Satz „Formalia sind in Ordnung" enthält
- Soweit ein *richterlicher Hinweis* erforderlich war, sollte man ihn im Urteil erwähnen und in einer Fußnote unter Bezugnahme auf den Bearbeitervermerk darauf hinweisen, daß der Hinweis unterstellt wird
- *§ 138 IV ZPO* bei bestrittenen Tatsachen beachten; auch sonst ist nicht jedes Bestreiten erheblich, u. U. muß substantiiertes Bestreiten verlangt werden
- Eine Zurückweisung *verspäteten Vorbringens* erfolgt jeweils an der entscheidungserheblichen Stelle in den Entscheidungsgründen (nur wenn bestritten und erheblich) ✗
- Eine *Änderung des Sachvortrags* durch die Partei ist zwar grundsätzlich zulässig, aber nicht, wenn vorheriger Vortrag Geständnis enthielt (§§ 288, 290 ZPO) oder wenn Vortrag verspätet ist
- Die *Beweiswürdigung* nicht zu knapp darlegen; dabei auf Zeugenaussagen durch technische Verweisung Bezug nehmen
- *Schriftliche Zeugenaussagen* sind nur eingeschränkt zulässig, § 377 III ZPO
- In den Gründen erwähnen, warum ein *angebotener Beweis* nicht erhoben wurde
- Die *ökonomische Dimension* bei der Behandlung von Ansprüchen berücksichtigen, d. h. wirtschaftlich interessantere (durchsetzbarere) Ansprüche vor anderen Ansprüchen prüfen

- Zur *Auslegung von Willenserklärungen* immer möglichst viele Auslegungsalternativen suchen
- *Innen- und Außenverhältnis* grundsätzlich strikt *trennen*
- Bei gesetzlichen Verboten und unabdingbaren Regelungen an *Umgehungsgeschäfte* denken (vgl. § 18 S. 2 Verbraucherkreditgesetz)
- Bei *mehreren Wirksamkeitshindernissen* für ein Rechtsgeschäft alle zumindest gedanklich durchprüfen, weil ein jedes einzelne auf nachfolgende Rechtsgeschäfte Auswirkungen haben kann (z. B. hindert die Kenntnis *eines* Mangels bereits einen gutgläubigen Erwerb)
- An *Anscheinsvollmacht* und *Rechtsscheinhaftung* denken
- Vor *Unmöglichkeit* immer erst an Erfüllung denken (zu fragen ist: Was ist geschuldet? Ist diese Leistungspflicht bereits erfüllt worden?)
- Vor *pVV* immer erst *Unmöglichkeit* und *Verzug* prüfen
- Beachte: nur §§ 270 I, 300 II BGB regeln die Leistungsgefahr (Befreiung von der Primärpflicht), hingegen regeln die anderen *Gefahrtragungsnormen* (§§ 323, 324 II, 446, 447, 615, 616, 644, 2380 BGB, 56 ZVG) nur die Preisgefahr (Befreiung von der Vergütungspflicht)
- Bei Gewährleistungsproblemen auf *Gattungs- und Stückschuld* achten (z. B. wegen § 480 BGB)
- Bei *Formfehlerprüfung* immer auf die Möglichkeit einer Heilung (z. B. § 313 S. 2 BGB) achten
- An *§ 139 BGB* denken, wenn eine *Vertragsklausel unwirksam* ist
- Bei *Abtretungen* aufpassen, ob für bestimmte Voraussetzungen auf den Zedenten oder auf den Zessionar abzustellen ist
- Bei einer *AGB-Klausel* immer prüfen, ob sie überhaupt den im Fall vorliegenden Sachverhalt erfaßt
- Verschiedene *AGB* (z. B. der Banken) sind bei *Baumbach-Duden-Hopt*, HGB kommentiert
- Ansprüche aus *Geschäftsführung ohne Auftrag* nicht übersehen
- *Verhältnis* zwischen *mehreren Gläubigern* klären: Gesamtschuld, Teilschuld etc.
- Begründung für *Nebenentscheidungen* nicht vergessen:
  - Bei *Zinsen* prüfen, ob überhaupt Verzug vorliegt (z. B. kein Verzug bei nicht nachvollziehbarer Abrechnung) und ob Verzugsbeginn richtig beurteilt wird; wenn nicht, Klageabweisung im übrigen und ggf. Kosten nach § 92 II ZPO
  - *Kosten*
  - *vorläufige Vollstreckbarkeit*
- *Vollstreckungsschutz-Anträge* nicht übersehen (Ablehnung in der Regel in den Gründen, u. U. aber auch eigener Beschluß mit Begründung)

XIII. Mietrecht

- *Tenor* bei Räumungsurteil: „Der Bekl. wird verurteilt, die Wohnung . . .   ✗
  zu räumen und an den Kläger herauszugeben"; Räumungsschutzfrist in
  einem gesonderten Punkt bestimmen
- Bei *Kostenentscheidung* auf § 93 b ZPO achten, wenn der Mieter Fort-   ✗
  setzung des Mietverhältnisses nach §§ 556 a, 556 b BGB beansprucht
  hat
- *Vorläufige Vollstreckbarkeit*: § 708 Nr. 7 ZPO bei Räumungsurteilen;   ✗
  Höhe der Sicherheitsleistung insoweit *nicht* der Wert der Wohnung,
  sondern nur die Verfahrenskosten und eventuelle Verspätungsschäden
  des Vermieters, bei zahlungsunfähigen Mietern zuzüglich der Mietbe-
  träge bis zu einer mutmaßlichen Entscheidung in der 2. Instanz (zur
  Verhinderung einer Prozeßverschleppung)
- Ausschließliche *sachliche Zuständigkeit* des Amtsgerichts bei Wohn-
  raummietverhältnissen, § 23 Nr. 2 a GVG   ✗
- Ausschließliche *örtliche Zuständigkeit* bei Wohn- und anderen Räumen, § 29 a I ZPO
- *Rechtsentscheid* möglich bei Rechtsfragen von grundsätzlicher Bedeutung, die sich aus einem Wohnraummietvertragsverhältnis ergeben,
  § 541 ZPO
- Bei Klage auf *Räumung in der Zukunft* muß § 257 ZPO bei Geschäftsraum, § 259 ZPO bei Wohnraum berücksichtigt werden (Nichtauszug   ✗
  auf eine unwirksame frühere Kündigung hin reicht nicht aus); entscheidend für §§ 257 ff. ZPO ist aber der Zeitpunkt der letzten mündlichen
  Verhandlung
- Gewährung einer *Räumungsfrist* ist nach § 721 ZPO von Amts wegen   ✗
  zu prüfen (bei Räumungsvergleich: § 794 a ZPO)
- Grundsätzlich bei jeder *Norm* darauf achten, ob sie für *Wohnraum* oder
  Geschäftsraum anwendbar ist und ob der zu beurteilende Sachverhalt
  darunter fällt
- Bei Wohnraum und anderen Räumen § *580 BGB* anwenden, soweit die   ✗
  angewandte Norm nur von Grundstücken spricht
- Auf die *anderen Vertragsbeendigungsmöglichkeiten* neben der Kündi-
  gung achten:
  - Anfechtung
  - Aufhebungsvertrag (hohe Anforderungen an das Zustandekommen   ✗
    eines solchen Vertrags)
  - Fristablauf
- Jede *Erklärung* der Vertragsparteien überprüfen, ob sie als Kündigung
  ausgelegt werden kann, insbesondere die Räumungsklageschrift (Problem: Form zwar erfüllt, auch durch bloße Beglaubigung der Unterschrift auf dem Exemplar für den Beklagten, aber Kündigungswille
  muß erkennbar sein)

- Eine ordentliche Kündigung ist bei *befristetem Mietverhältnis* nicht möglich
- Bei *Kündigung eines unbefristeten Mietvertrags* § 564 b vor § 556 a BGB prüfen, bei Fortsetzungsverlangen des Mieters für einen befristeten Mietvertrag § 564 c vor § 556 b BGB
- Eine Kündigung kann ausnahmsweise *nachträglich unwirksam* werden (§ 554 II BGB) oder durch *Pflicht zum Neuabschluß* bei nachträglich weggefallenem Eigenbedarf überholt werden
- Auf die Möglichkeit zur *Umdeutung* einer außerordentlichen in eine ordentliche Kündigung achten; auch umgekehrt Umdeutung einer ordentlichen in eine außerordentliche (unter Einräumung einer Frist!) möglich (interessant wegen des nur bei außerordentlicher Kündigung zulässigen Nachschiebens von Gründen)
- *Geschäftsraum* kann ohne Angabe von Gründen und auch zum Zwecke der Mieterhöhung gekündigt werden
- *Mängel* der Wohnung *bei Rückgabe* durch den Mieter sind differenziert zu behandeln: *Schönheitsreparaturen* trägt der Mieter nur bei wirksamer Übernahme im Vertrag (dann aber Schadensersatzpflicht aus § 326 BGB), im übrigen haftet der Mieter nur für schuldhaften und vertragswidrigen Gebrauch, § 548 BGB
- Kurze *Verjährung* für Beschädigungen der Mietsache nach § 558 BGB (6 Monate); für Mietzins und Nebenkosten gilt § 197 BGB (bei letzteren u. U. auch *Verwirkung* möglich); bei Aufrechnung daher § 390 BGB zu beachten

XIV. Gesellschaftsrecht

- Immer an *fehlerhafte Gesellschaft* und *actio pro socio* denken
- Verträge *genau auslegen*
- Immer die *Vereinbarkeit* der Vertragsklausel mit der *gesetzlichen Regelung* prüfen
- Die gesetzliche Vermutung des *§ 139 BGB* gilt grundsätzlich nicht
- *AGBG* gilt nicht, § 23 I AGBG

XV. Bereicherungsrecht

- Bei *Leistungsbeziehungen im Dreipersonenverhältnis* zur Veranschaulichung eine Skizze anfertigen
- An die *Einrede der Bereicherung*, § 821 BGB, denken
- An den Ausschluß von Bereicherungsansprüchen durch § 817 S. 2 BGB (*sittenwidrige Leistung*) denken
- Die *Saldotheorie* nicht vergessen

XVI. Besonderheiten bei Verkehrsunfallsachen / Schadensrecht

- Im Tenor auf *Gesamtschuldnerschaft* achten
- *Örtliche Zuständigkeit* gemäß §§ 20 StVG, 32 ZPO nicht übersehen   X
  (gilt auch für Ansprüche aus § 3 Nr. 1 PflichtversicherungsG)
- *Anspruchsgrundlagen* für *Verkehrsunfallsachen*:
  - § 7 I StVG *(Halterhaftung)*
  - § 18 I StVG *(Fahrerhaftung)*
  - § 3 Nr. 1 *PflichtversicherungsG* i.V.m. Anspruchsgrundlage
  - § 823 I BGB
  - § 823 II BGB i.V.m. *Vorschriften der StVO* (als Schutzgesetze, z. B.   X
    auch § 14 II StVO für Unfälle des Autodiebes)
  - § 831 BGB
  - §§ 843 ff. BGB
  - § 847 BGB (§§ 7, 18 StVG schließen Schmerzensgeld nicht ein)
  - *pVV des Beförderungsvertrags*
  - § 12 PflichtversicherungsG *(Entschädigungsfonds* bei unbekanntem
    Täter)
- *Ansprüche gegen den Fahrer* sind auch dann interessant, wenn dieser
  illiquide ist, weil er bei einer auch gegen ihn gerichteten Klage nicht   X
  mehr als Zeuge im Prozeß gegen den Halter auftreten kann (in Anwaltsklausuren zu beachten)
- Immer die verletzten *Vorschriften der StVO* genau prüfen (wegen § 823
  II BGB)
- *Gefährdungshaftung vor Deliktshaftung* prüfen, da geringere Anforderungen, d. h. z. B. § 7 StVG vor § 823 BGB (beide nebeneinander
  möglich, vgl. § 16 StVG)
- § 249 BGB zitieren beim *Schadensumfang*
- *Normative Eingrenzung des Schadens* beachten (Schutzzweck, Risiko-
  zurechnung)
- *Erleichterungen* bei der *Beweisführung (Palandt,* vor § 249 BGB, Rdnr.
  162 ff.):
  - § 287 ZPO
  - prima facie-Beweis
- Zwischen einzelnen *Schadensposten* trennen und – zumindest in Gedanken – alle Anspruchsgrundlagen jeweils für alle Posten durchprüfen (insbesondere bei Schmerzensgeld aufpassen, da teilweise nicht erfaßt)
- An *Vorteilsausgleich* denken   X
- *Gesetzlichen Forderungsübergang* prüfen: X
  - § 116 SGB X (bei Palandt, vor § 249 BGB, Rdnr. 148 ff. kommen-
    tiert)
  - § 6 EFZG
  - § 67 VVG (bei Erwähnung von *Versicherungen* im Sachverhalt immer
    überprüfen)

● *Prüfungsschema für §§ 7ff. StVG:*

A. *Anspruchsgrundlage* § 7 I StVG

1. Neben §§ 823 ff. BGB *anwendbar,* § 16 StVG
2. *Sachbeschädigung, Körperverletzung* oder *Tötung* eines Menschen
3. *Beim Betrieb des Kfz* (in § 1 II StVG definiert), d. h. in zeitlichem und örtlichem Zusammenhang mit dem Betriebsvorgang (Berührung der Kfz nicht erforderlich!)
4. *Halter* ist der, der tatsächliche Verfügungsmacht hat und auf dessen Rechnung und in dessen Interesse das Kfz – auf Dauer angelegt – betrieben wird (Leasingnehmer, Eigentumsvorbehaltskäufer, Sicherungsgeber bei Sicherungseigentum)
5. Haftung aus § 7 StVG *auch bei vorsätzlichem Handeln* des Fahrers (Auto als Waffe benutzt)
6. *Ausschluß* des Anspruchs:
   a) Unabwendbares Ereignis, § 7 II StVG
   b) Unerlaubte Fahrt eines Dritten ohne Verschulden des Halters, § 7 III StVG
   c) Kein Anspruch Fahrer gegen Halter, § 8 StVG
   d) Kein Anspruch der Insassen bei nicht geschäftsmäßiger Beförderung, § 8 a StVG
7. *Verwirkung* bei Nichtanzeige innerhalb 2 Monaten, § 15 StVG
8. Einrede der *Verjährung,* §§ 14 StVG i.V.m. 852 BGB
9. *Haftungsumfang*
   a) grundsätzlich §§ 9 ff. StVG, subsidiär §§ 249 ff. BGB
   b) bei *Tötung* §§ 10, 13 StVG
   c) bei *Körperverletzung* §§ 11, 13 StVG
10. *Haftungsbeschränkung*
    a) § 17 I StVG lex specialis zu § 254 BGB für das Innenverhältnis bei *Beteiligung mehrerer Kfz;* berücksichtigt wird:
    – Allgemeine Betriebsgefahr
    – Erhöhte Betriebsgefahr durch Fahrfehler oder Mängel des Kfz
    – Verschulden
    – *nicht* unbewiesene Umstände
    b) Zurechnung von *Mitverschulden unbeteiligter Verletzter,* §§ 9 StVG i.V.m. 254 BGB, auch *Zurechnung von Fahrerverschulden* (beachte: auch Mitverursachung durch den Fahrer reicht aus, nicht aber bei unabwendbarem Ereignis im Sinne von § 7 II StVG)
    c) Beachte: auch ohne Unabwendbarkeit kann eine Mitverursachung so gering sein, daß die Mithaftung entfällt
    d) *Haftungshöchstbeträge,* § 12 StVG

B.Anspruchsgrundlage § 18 I 1 StVG
1. *Ausschluß* bei fehlendem Verschulden des Fahrers, § 18 I 2 StVG
2. *§ 17 StVG analog*, § 18 III StVG

XVII. Sachenrecht

• Bei dinglichen Geschäften zur *Auslegung* das zugrundeliegende schuldrechtliche Geschäft berücksichtigen
• *Verfügungsverbote* sind grundsätzlich nicht dinglich wirksam, § 137 BGB
• Bei *Anwartschaftsrecht* immer einen Vergleich mit der Rechtsposition des Vollrechtsinhabers vornehmen
• Ansprüche aus dem *Eigentümer-Besitzer-Verhältnis* (§§ 987 ff. BGB) nicht übersehen (sperren in der Regel §§ 823 ff. BGB)
• Bei *mehraktigem Rechtserwerb* genau aufpassen, auf welchen *Zeitpunkt* es z. B. für die Bösgläubigkeit ankommt
• Bei *Erwerb vom Nichtberechtigten* auf § 185 I, II BGB achten (Genehmigung kann z. B. in der Auflassung durch den Voreigentümer liegen)
• Darauf achten, ob das *Grundbuch* tatsächlich im *relevanten Zeitpunkt* unrichtig ist (z. B. bei Weiterverkauf durch Vormerkungsberechtigten); nur dann ist eine Gutglaubensprüfung notwendig
• Bei *Grundbuchberichtigungsklagen* immer prüfen, ob nicht das Rechtsschutzbedürfnis wegen der Möglichkeit von §§ 22, 29 GBO entfallen ist (entfällt nur, falls Nachweis völlig unproblematisch)
• *GBO* nicht im Rahmen des § 873 BGB prüfen, da grundsätzlich keine Auswirkungen der formellen Abwicklung auf das materielle Recht
• *§ 894 BGB* vor *Herausgabeansprüchen* bzgl. eines Grundstücks prüfen
• In der Regel *§ 861 BGB vor § 985 BGB vor § 1007 BGB* prüfen
• An *gesetzliche Erwerbstatbestände* wie §§ 946 ff. BGB denken
• Bei *Hypothek* immer zuerst schuldrechtliche Ansprüche prüfen wegen der Akzessorietät der Hypothek

XVIII. Sonstige Formalia

• *Unterschriften* der Richter nicht vergessen am Ende des Urteils (bei fehlenden Namen andeuten, wieviele Richter entscheiden)

XIX. Besonderheiten bei der Anwaltsklausur[8, 9]

- *Zugunsten* des Mandanten ruhig auch *abwegige Meinungen* vertreten, aber im Hilfsgutachten klarstellen, daß die Frage strittig ist
- *Nie zu Lasten des Mandanten* argumentieren
- Grundsätzlich das *materielle* Recht *vor den prozessualen Fragen* prüfen
- An Anträge auf *einstweiligen Rechtsschutz* bzw. *Vollstreckungsschutz* denken
- *Zinsen* bei Geldschulden mit einklagen, zumindest ab Rechtshängigkeit
- Ist *Teilklage* erhoben, immer an *negative Feststellungswiderklage* denken (nicht dagegen bei Leistungsklage in voller Höhe, weil hier die anderweitige Rechtshängigkeit entgegensteht)
- Soweit eine *Zwangsvollstreckung nicht erforderlich* ist, statt Leistungsklage Feststellungsklage anraten
- An ein *Mahnverfahren* statt Klage denken (billiger und schneller, soweit kein Streit zu erwarten), aber Zulässigkeit des Mahnverfahrens prüfen
- Bei Bedürftigkeit des Mandanten an einen *Prozeßkostenhilfeantrag* denken, aber in der Klausur erst nach der Zulässigkeit und Begründetheit prüfen, da Prozeßkostenhilfe hinreichende Erfolgsaussichten der Klage voraussetzt
- An besondere Verfahrensanträge (Zuweisung zum *Einzelrichter*, § 348 ZPO, oder zur *Kammer für Handelssachen*, §§ 93 ff. GVG) denken
- An Antrag auf *Wiedereinsetzung in den vorigen Stand* denken, um die formelle Rechtskraft einer Entscheidung zu beseitigen
- Angabe des *Streitwertes* nicht vergessen
- *Beweisangebote* nicht vergessen (u. U. „unter Protest gegen die Beweislast")
- Bei strittigen Fragen *Handlungsalternativen* für beide Lösungsmöglichkeiten entwickeln, dabei eigene Meinung andeuten (Formulierung: „nach meiner Überzeugung ...")
- Für den Mandanten ein *Anschreiben* und (gesondert) ein *Rechtsgutachten* erstellen; dabei darauf hinweisen, daß noch bestimmte Informationen für eine anschließende Beurteilung des Sachverhalts fehlen
- Für Laien *ungewöhnliche Rechtsbegriffe erklären*
- Auf zu beachtende *Formerfordernisse* eingehen
- Bei Unklarheit über die Person des Gläubigers an eine *Hinterlegung* denken

---

[8] Im 4. Teil, § 23, ist eine strafrechtliche Übungsklausur mit Lösung abgedruckt, deren Aufgabenstellung sich auf die Tätigkeit des Anwalts bezieht.

[9] Zur Vorbereitung auf Anwaltsklausuren im Examen besonders geeignete Literatur:
Mürbe-Geiger-Wenz, Die Anwaltsklausur in der Assessorprüfung.

- *Vollmacht* beilegen bei Schreiben an Dritte wegen § 174 BGB, z. B. bei Kündigungen
- *Prozeßtaktische Überlegungen* besonders berücksichtigen
- *Behauptungen bestreiten*, soweit noch kein Beweis erbracht ist (u. U. mit Nichtwissen, soweit zulässig)
- Auf *Beweisrisiken* hinweisen
- Bei *Kündigung eines Mietverhältnisses* darauf achten, daß in jedem Schriftsatz hilfsweise eine neue Kündigung ausgesprochen wird
- Vorsorglich in der Klageerwiderung erneut die *Aufrechnung erklären*
- An die Erhebung von *Einreden* denken (Verjährung o. ä.)
- *Vorprozessuale Maßnahmen* bedenken und erwähnen, z. B. eine Freigabeerklärung bei Zwangsvollstreckung in eine schuldnerfremde Sache, die die Erhebung einer Drittwiderspruchsklage überflüssig macht

XX. Vertragsgestaltung[10]

- Grundsätzliches Schema für die Vorgehensweise:
  - Ermittlung des *Regelungsziels* (was ist gewollt?)
  - Vergleich mit dem *gesetzlichen Regelstatut* (vertragliche Regelung überhaupt erforderlich?)
  - Sammlung der verschiedenen rechtlichen *Gestaltungsmöglichkeiten*
  - Ausscheiden rechtlich *unzulässiger* oder von vornherein *unzweckmäßiger* Gestaltungen
  - *Abwägen der Vor- und Nachteile* der verbleibenden Gestaltungen
  - *Formulierungsvorschlag*
- Als Ausgangspunkt jeder Vertragsgestaltung zunächst das *gesetzliche Regelstatut* darlegen (Rechtslage nach dem Gesetz); dabei klären, ob die Regelung zwingend oder dispositiv ist
- Eine *Stoffsammlung* der zu regelnden Fragen (auch anhand der gesetzlichen Regelung) anfertigen
- An *typischerweise* zu regelnde *Fragen* denken:
  - Vertragszweck (als Auslegungshilfe)
  - Hauptleistungspflicht
  - Gegenleistung (eventuell mit Berechnungsmethoden zur Ermittlung der Höhe)
  - Fälligkeit von Ansprüchen
  - Nebenpflichten (auch nachvertragliche)

---

[10] Zur Vorbereitung auf Vertragsgestaltungsklausuren im Examen besonders geeignete Literatur:
Rehbinder, Vertragsgestaltung; *Langenfeld*, Vertragsgestaltung; *Brambring*, Einführung in die Vertragsgestaltung, JuS 1985, 380; *Rieger-Friedrich*, Die Aufstellung von Allgemeinen Geschäftsbedingungen in der wirtschaftsrechtlichen Praxis, JuS 1986, S. 787, 976; JuS 1987, 118; *Weber*, Methodenlehre der Rechtsgestaltung, JuS 1989, 636, 818.

- Beginn, Dauer und Beendigung des Verhältnisses (Kündigungsregelung)
- Zeitpunkt der Vertragswirkung
- Regelung des Innen- und Außenverhältnisses
- Gesamtgläubigerschaft/Gesamtschuldnerschaft
- Leistungsstörungen
- Haftungsbeschränkungen
- Vertragsanpassung an die Inflation (Wertsicherungsklausel)
- Anträge zum Vollzug des Vertrags (Grundbucheintragung, Genehmigungen, Unbedenklichkeitsbescheinigungen o. ä.), im Zweifel dem Notar überlassen
- Vertragskostentragung (vgl. § 449 BGB)

- Bei Testamenten oder Erbverträgen an *Ersatzerben* und die Anordnung einer *Testamentsvollstreckung* denken
- An *salvatorische Klausel, Schiedsklausel, Schriftformklausel* und *Gerichtsstandsklausel* denken
- *Vertragsparteien* klären (z. B. Einbeziehung von Erben in den Vertrag)
- Ausdrücklich die *Annahme von Vertragsangeboten* erwähnen
- Prüfen, *wer Erklärungen abgibt* (z. B. gesetzliche oder organschaftliche Vertreter; Ergänzungspfleger im Falle von Interessenkollisionen wegen §§ 181, 1629 II, 1795, 1909 BGB); bei rechtsgeschäftlichen Vertretern Wirksamkeit der Vollmacht prüfen
- Ausdrücklich die *Annahme von Vertragsangeboten* erwähnen
- *Formerfordernisse* klären; soweit privatschriftliche Form ausreicht (etwa für Teilabreden), Notarmehrkosten berechnen und die Parteien entsprechend belehren; beachte: ein notarielles Testament kann trotzdem kostengünstiger als ein privatschriftliches sein, soweit hernach eine Grundbucheintragung erforderlich ist, weil die notarielle Urkunde weitgehend den Erbschein ersetzt (§ 35 I 2 GBO)
- Die *Reichweite des Formzwangs* (Erstreckung auf Nebenabreden oder mit dem Vertrag zusammenhängende weitere Rechtsgeschäfte) berücksichtigen
- Prüfen, ob *Genehmigungen* zur Wirksamkeit des Vertrags erforderlich sind (z. B. vormundschaftsgerichtliche Genehmigung, §§ 1643, 1645, 1821, 1822, 1915 BGB), und im Vertrag festhalten, wer die Genehmigung einholt
- *Rechtsnatur* des Vertrags klären (z. B. an § 493 BGB für kaufähnliche Verträge und an eine gemischte Schenkung denken)
- *Juristische Kreativität* entwickeln: möglichst *viele verschiedene Gestaltungsmöglichkeiten* aufzeigen (an Bedingungen und Gestaltungsrechte wie z. B. Rücktrittsvorbehalte denken)
- Zunächst rechtlich *unzulässige Gestaltungen* ausscheiden (z. B. wegen zwingender gesetzlicher Regelung, Sittenwidrigkeit, gesetzlichem Verbot)

- *Vor- und Nachteile* der verschiedenen rechtlich zulässigen Gestaltungs-
  möglichkeiten genau prüfen und zwischen ihnen *abwägen*; dabei sind
  insbesondere zu berücksichtigen:
  - Die möglicherweise *divergierenden Interessen* der am Vertrag Betei-
    ligten
  - *Steuerliche Konsequenzen* der Vereinbarung (zur Erbschaftssteuer
    Kommentierung bei *Palandt*, Einleitung vor § 1922 BGB, Rdnr.
    13 ff.)
  - *Wirtschaftliche Folgen* für die Beteiligten
  - Im Zweifel *einfache* vor komplizierten Möglichkeiten bevorzugen
    (da die Vereinbarung für Laien erstellt wird)
- Bei alternativ möglichen Gestaltungsmöglichkeiten einen *Entscheidungsvorschlag* geben
- Oberstes Ziel der Vertragsgestaltung ist es, *Streit zu vermeiden*; daher
  ist das *Prinzip des sichersten Weges* zu berücksichtigen: im Zweifel ist
  diejenige Regelung zu wählen, die die Interessen der Parteien am sichersten wahrt und sie den geringsten Risiken aussetzt (keine vermeid-
  baren unbestimmten Rechtsbegriffe, nicht unnötig dogmatisch unge-
  klärte Streitfragen aufwerfen)
- An *Hinweis- und Belehrungspflichten* des Notars bzw. Rechtsanwalts
  denken, z. B. über Risiken aus dem Vertrag, Pflichtteilsrechte
- *Formalia* einer notariellen Urkunde ergeben sich aus dem BeurkG
  (kommentiert im *Palandt*), insbesondere sind zu erwähnen:
  - Nummer der Urkundenrolle
  - Bezeichnung der Parteien (mit Adresse) und des Notars, § 9 I Be-
    urkG
  - Angabe von Ort und Tag der Verhandlung, § 9 II BeurkG
  - Wahrnehmungen des Notars über die Geschäftsfähigkeit eines Erb-
    lassers (§ 28 BeurkG)
  - „Vorgelesen, genehmigt und unterschrieben"
  - Siegel des Notars
- Klauseln *klar* und *unzweideutig* formulieren (§ 17 I BeurkG) sowie
  möglichst *allgemeinverständlich*
- *Aufbau* einer Vertragsurkunde (dabei vom Wichtigen zum Unwichtigen
  bzw. chronologisch vorgehen):
  - Inhaltsverzeichnis
  - Erfüllungsplanung (Beschreibung der korrekten Vertragserfüllung)
  - Risikoplanung (Regelungen für den Fall von Leistungsstörungen)

§ 5. Familienrecht[1]

I. Allgemeines

- Untersuchen, ob es sich bei der jeweiligen Sache um eine nach *FGG* oder nach *ZPO* zu behandelnde Sache handelt (soweit *Mischverfahren* durchgeführt wird, findet sich bei *Thomas-Putzo*, § 621 a ZPO, Rdnr. 9 ff. eine Zusammenstellung der anwendbaren ZPO-Normen)
- Immer zuerst genau prüfen, ob *Ehesache, Familiensache* oder sonstige Sache vorliegt, da jeweils unterschiedliche Verfahrensregeln gelten
- *Systematik* der §§ 606 ff. ZPO:
  - §§ 606–620 g ZPO gelten für alle *Ehesachen*; für Kindschaftssachen und Vormundschaftssachen subsidiär
  - §§ 621–621 f ZPO gelten für *andere Familiensachen* als Ehesachen
  - §§ 622–630 ZPO gelten für *Scheidungs- und Folgesachen*, subsidiär ist auf §§ 606–620 g ZPO, teilweise auch auf §§ 621–621 f ZPO zurückzugreifen
- *Tatbestand* und *Entscheidungsgründe* sind für jede Scheidungsfolgesache *gesondert* zu erstellen (eigene Seite jeweils, damit Abschriften jeweils nur für die Betroffenen gefertigt werden können, vgl. § 624 IV 1 ZPO)
- *Terminologie*: beim Scheidungsverbund „Antragsteller" und „Antragsgegner"

II. Tenor

- *Unterhaltsansprüche getrennt* nach Personen aufführen (Ehegatte bzw. Kinder)
- *Halbes Kindergeld* ist im Tenor gesondert abzuziehen bzw. hinzuzurechnen
- *Kosten*: im Verbund in der Regel Kostenaufhebung, § 93 a I 1 ZPO
- *Kosten* einer *einstweiligen Anordnung* gelten als Kosten des Rechtsstreits, § 620 g ZPO
- In der Regel *keine* Entscheidung über die *vorläufige Vollstreckbarkeit*, da Scheidung und Folgesachen erst mit Rechtskraft wirksam werden, §§ 704 II, 629 d ZPO
- Auch *keine vorläufige Vollstreckbarkeit in Kindschaftssachen*, § 704 II ZPO
- Entscheidung über *vorläufige Vollstreckbarkeit* aber *bei selbständigen*

---

[1] Zur Examensvorbereitung im Familienrecht besonders geeignete Literatur: *Seidl*, Familienrecht, Examenskurs für Rechtsreferendare; *von Heintschel=Heinegg*, Das Verfahren in Familiensachen; *von Heintschel=Heinegg-Gerhardt*, Materielles Scheidungsrecht.

Familiensachen erforderlich; Sonderregel für *Unterhaltssachen*: § 708
Nr. 8 ZPO
- *Abwendungsbefugnis* im Sinne des § 711 ZPO beim Unterhalt „in ✗
  Höhe des jeweils fälligen Unterhalts"
- *Streitwertfestsetzung* in gesondertem Beschluß nötig (§§ 25 GKG, 10
  BRAGO):
  - Der Scheidungsverbund gilt als ein Verfahren mit zusammengerech-
    netem Streitwert, § 19 a GKG
  - Scheidung, § 12 II 2, 4 GKG
  - Unterhalt, § 17 GKG
  - Sorgerecht, § 12 II 3 GKG
  - Versorgungsausgleich, § 17 a GKG
  - Einstweilige Anordnungen, § 20 II GKG

III. Zulässigkeitsprobleme

- *Palandt*, BGB kommentiert auch das *Verfahrensrecht*
- *Abgrenzung* § 323 ZPO – § 767 ZPO – § 620 b – § 620 f I 2 ZPO sehr
  genau beachten
- *Sachliche Zuständigkeit* des Amtsgerichts:
  - § 23 a Nr. 4 GVG für Ehesachen
  - § 621 I ZPO für Folgesachen
  - § 64 I FGG in FGG-Sachen
  - § 11 I HausratsVO
- *Örtliche Zuständigkeit*:
  - § 606 ZPO für Ehesachen
  - § 621 II 1 ZPO für Folgesachen im Verbund
  - Im übrigen §§ 621 II 2 ZPO i.V.m. 12 ff. ZPO (*besondere Gerichts-
    stände* für Unterhaltsprozesse, §§ 23 a, 35 a ZPO, und für FGG-
    Sachen, §§ 64 III 2, 43 I, 36 I, II FGG)
  - § 11 I, II HausratsVO
- *Funktionelle Zuständigkeit* des Familiengerichts:
  - § 23 b Nr. 1 GVG für Ehesachen
  - § 23 b Nr. 2–11 GVG für Folgesachen (von der sachlichen Zuständig-
    keit zu trennen)
- *Internationale Zuständigkeit*, § 606 a ZPO
- *Verbundverfahren*, § 623 ZPO, mit Verbindungszwang, § 621 III
  ZPO
- Neben dem Verbund kann eine *isolierte Familiensache* anhängig ge-
  macht werden, wenn sie sich nicht auf den Zeitraum nach Rechtskraft
  der Scheidung bezieht (Beispiel: *Getrenntlebensunterhalt*, § 1361
  BGB)
- Besondere Anforderungen an die *Scheidungsantragsschrift* beachten,
  §§ 622, 630 ZPO

- *Prozeßführungsbefugnis* für Antrag auf Zahlung von *Kindesunterhalt* hat ein Elternteil u. U. allein, § 1629 II 2, III 1 BGB
- § 258 ZPO bei Klage auf *zukünftigen Unterhalt* beachten
- Grundsätzlich gilt der *Rechtsanwaltszwang*, § 78 II ZPO, ausnahmsweise aber nicht, soweit Erklärung zu Protokoll zugelassen ist, § 78 III ZPO
- *Beiordnung* eines *Rechtsanwalts* ist möglich, § 625 ZPO
- Sonderregeln für die *Prozeßvollmacht*, §§ 609, 624 ZPO, beachten
- *Kein Versäumnisurteil* in Ehesachen (ebenso in FGG-Sachen), § 612 IV ZPO, es ergeht streitiges Endurteil auch bei Säumnis, Versäumnisurteil in Folgesachen wird mit dem Endurteil verbunden, § 629 II ZPO (kein Teilversäumnisurteil!)
- In Ehesachen ergeht *kein Anerkenntnisurteil*, § 617 ZPO
- *Klageverbindung* und *Widerklage* sind nur eingeschränkt möglich, §§ 610, 633 ZPO
- Ein Ehegatte hat *keinen Prozeßkostenhilfeanspruch*, wenn ihm ein Anspruch auf *Prozeßkostenvorschuß* zusteht, § 1360 a IV BGB

IV. Einstweiliger Rechtsschutz

- Grundsätzlich gelten §§ *620 ff.* ZPO als abschließende Sonderregelung bei anhängigen Ehesachen, *nicht* in isolierten Familiensachen (Vorteil: kein Schadensersatzanspruch nach § 945 ZPO, keine zeitliche und höhenmäßige Begrenzung auf den Notunterhalt für 6 Monate wie bei § 940 ZPO)
- Im übrigen sind anwendbar:
  - §§ *935, 940 ZPO* für ZPO-Familiensachen (falls Ehesache anhängig wird, Umdeutung in einen Antrag nach §§ 620 ff. ZPO, str.)
  - § *127 a ZPO* für Prozeßkostenvorschuß, aber nur soweit eine isolierte Hauptsache anhängig ist
  - Anordnungen nach §§ *24 III, 50 d, 53 a III FGG, 13 IV HausratsVO* für FGG-Familiensachen (auch über gesetzlich geregelte Fälle hinaus im FGG gewohnheitsrechtlich anerkannt), aber nur soweit eine isolierte Hauptsache anhängig ist
- *Terminologie:* „einstweilige Anordnung"
- *Einstweilige Anordnung* für *Getrenntlebensunterhalt* nach § 620 ZPO wandelt sich bei Rechtskraft der Scheidung u. U. in einstweilige Anordnung auf nacheheliche Unterhalt um (*nicht* dagegen bei einem Hauptsacheurteil insoweit)

V. Rechtsmittel

- U.U. unterschiedliche *Rechtsbehelfe* je nachdem, ob nur einzelne Teile des Urteils oder der ganze Verbund angefochten werden (Rechtsmittel teilweise Beschwerde, teilweise Berufung)
- Die funktionelle *Zuständigkeit* für die *Berufung* liegt beim OLG, § 119 I Nr. 1 GVG
- *Revision* ist teilweise nur bei Zulassung zulässig, es gibt keine Streitwertrevision, § 621 d ZPO
- Im Falle des § 621 d ZPO gibt es keine Entscheidung über die *vorläufige Vollstreckbarkeit* bei OLG-Entscheidungen über Berufung oder Beschwerde, soweit *nicht Revision oder weitere Beschwerde zugelassen* wurde, da die Entscheidungen sofort rechtskräftig sind (Nichtzulassungsbeschwerde nicht möglich)

VI. Begründetheit allgemein

- *Ausschluß verspäteten Vorbringens* in Ehesachen nur nach § 615 ZPO   ✗ möglich, nicht nach § 296 I ZPO (vgl. § 611 II ZPO)

VII. Sorgerecht und Umgangsrecht

- *Anzuhören* sind die Eltern (§ 50 a FGG), das Kind (§ 50 b FGG) und das Jugendamt (§ 49 a FGG); vgl. Kommentierung bei *Palandt*, vor § 1626 BGB, Rdnr. 9 ff.

VIII. Unterhalt

- *Prüfungsschema* (vgl. *Palandt*, § 1569 BGB, Rdnr. 4 ff):
  - *Anspruchsgrundlagen* § 1601 BGB für Kinder, § 1360 BGB für Ehegatten, § 1361 BGB für Getrenntlebende, §§ 1569 ff. BGB für Geschiedene
  - *Passivlegitimation*, § 1606 III BGB (grundsätzlich anteilige Haftung der Eltern)
  - *Bedürftigkeit*, §§ 1602, 1577 BGB
  - *Leistungsfähigkeit*, §§ 1603, 1581 BGB
  - *Umfang*, § 1610 BGB bzw. § 1578 BGB (eheliche Lebensverhältnisse)
  - Bereinigtes *Nettoeinkommen* bilden
  - Kontrollrechnung: *Selbstbehalt* (Beträge vgl. *Palandt*, § 1610 BGB, Rdnr. 10)
  - *Rangfolge* bei Mangelfall beachten, §§ 1609, 1582 BGB (Anteilsermittlung: Einkommen abzüglich Selbstbehalt, dann Aufteilung des Restes)

– Beschränkung des Unterhalts, §§ 1611, 1579 BGB
- *Sorgerecht* vorab bestimmen, dann *Kindesunterhalt* vor *Ehegattenunterhalt* berechnen
- Die *Verjährung* ist nach § 204 S. 1 BGB *gehemmt*, es ist aber *Verwirkung* möglich, u. U. auch vor Ablauf von 4 Jahren (§ 197 BGB)

IX. Zugewinnausgleich

- Auf *Indexierung* achten (*Palandt*, § 1376 BGB, Rdnr. 11 ff)

X. Versorgungsausgleich

- *Prüfungsschema*:
  – *Gesetzliche Rentenversicherung*, § 1587 b I BGB
  – *Quasisplitting*, § 1587 b II BGB
  – *Realteilung*, § 1 II VAHRG
  – *Analoge* Anwendung des *Quasisplittings*, §§ 1 III VAHRG i.V.m. 1587 b II BGB
  – *Schuldrechtlicher Versorgungsausgleich*, § 2 VAHRG
  – *Supersplitting*, § 3 b VAHRG
  – *Ausschluß* des Versorgungsausgleichs, §§ 1408 II, 1587 c, 1587 o BGB

2. Abschnitt. Freiwillige Gerichtsbarkeit[1]

§ 6. Erbscheinsverfahren

I. Allgemeines

- *Kommentierung* bei *Palandt*, § 2353 BGB heranziehen

II. Tenor

- *Formulierungen* des Tenors:
  – „Die Beschwerde des Beteiligten Meier gegen den Beschluß des AG München vom 12.01.96 wird (als unzulässig) verworfen"
  – „Die Beschwerde des Beteiligten Meier gegen den Beschluß des AG München vom 12.01.96 wird (als unbegründet) zurückgewiesen"

---

[1] Zur Examensvorbereitung für das Recht der freiwilligen Gerichtsbarkeit besonders geeignete Literatur: *Knöringer*, Freiwillige Gerichtsbarkeit; *Zimmermann*, Praktikum der freiwilligen Gerichtsbarkeit; *Brehm*, Freiwillige Gerichtsbarkeit; *Krug*, Erbrecht.

– „Auf die Beschwerde des ... wird der Beschluß des AG ... vom ...
aufgehoben. Das AG wird *angewiesen*, dem Beschwerdeführer den
folgenden Erbschein zu erteilen: Es wird bezeugt, ... "
– Bei *vollzogener Erteilungsanordnung* bzw. *Einziehungsanordnung*
wird diese Entscheidung des Gerichts nicht mehr aufgehoben (da
Außenwirkung nicht mehr zu beseitigen)
– *Zwischenverfügung*: „Dem Antragsteller wird anheimgegeben
(*nicht*: aufgegeben!), binnen einer Frist von ..."
• *Zurückverweisung* im Beschwerdeverfahren nur bei:
– schwerem Verfahrensmangel
– unzureichender Sachverhaltsaufklärung
– falls noch kein ordnungsgemäßer Antrag vorliegt
• Eine Kostenentscheidung über *Gerichtskosten* ist überflüssig, dies wird ✗
im Kostenfestsetzungsverfahren geklärt (allenfalls in den Gründen
Hinweis aufnehmen, daß sich die Kosten aus dem Gesetz ergeben,
§§ 107, 108, 131 KostO)
• In der Regel gibt es *keine Erstattung außergerichtlicher Kosten*, ganz ✗
ausnahmsweise über § 13 a FGG, insbesondere bei:
– entgegengesetzten Anträgen mehrerer Beteiligter
– gänzlich unzulässigem oder unbegründetem Rechtsmittel
– falschem Vortrag eines Beteiligten
• Im Tenor erscheint nur eine zusprechende Entscheidung über *außergerichtliche Kosten* (Formulierung: „Der Beschwerdeführer hat die dem
Beschwerdegegner entstandenen Auslagen zu tragen.")
• Bei einer *Zwischenverfügung* ist keine Kostenentscheidung zu treffen

III. Zulässigkeit der Beschwerde

• Zuallererst *Auslegung des Rechtsschutzziels* vornehmen, im Zweifel
eher mehr als weniger Anträge annehmen
• Mehrheit von Beschwerden führt zu zulässiger *Beschwerdehäufung*
• In der Regel enthält die Bewilligung eines Erbscheins konkludent die ✗
Ablehnung abweichender Anträge; gegen diese Ablehnung ist eine selbständige Beschwerde statthaft, eine ausdrückliche Entscheidung
braucht nicht abgewartet zu werden (dies gilt auch sonst, wenn Anträge
nicht verbeschieden werden)
• *Statthaftigkeit* der Beschwerde nur gegen abschließende Verfügungen
des Richters 1. Instanz mit Außenwirkung, § 19 I FGG:
– auch gegen *Vorbescheid*
– *nicht* gegen den *Vollzug* selbst (Erteilung, Einziehung)
– *nicht* gegen *Kraftloserklärung* im Sinne des § 2361 II BGB, wie § 84
FGG ausdrücklich klarstellt
– *nicht* gegen Entscheidung eines *Rechtspflegers*, gegen die *Durchgriffserinnerung* nach § 11 RPflG möglich ist (abgrenzen!); beachte:

Nach Erteilung des Erbscheins oder sonstigem Vollzug ist die Entscheidung des Rechtspflegers ausdrücklich unanfechtbar nach § 11 V RPflG

- *Zuständigkeit* des Landgerichts, §§ 19 II, 30 FGG
- *Form*, § 21 I, II FGG, insbesondere ist Unterschrift für die Beschwerdeschrift nicht erforderlich
- Kein *Rechtsanwaltszwang* bei einfacher Beschwerde (argumentum e contrario § 29 I FGG), aber Vertretung zulässig, § 13 FGG
- *Keine Frist* im Erbscheinsverfahren, § 22 FGG ist hier unanwendbar
- *Rechtsschutzbedürfnis* für die Beschwerde fehlt, wenn die Verfügung des Richters durch Erteilung bzw. Einziehung des Erbscheins *vollzogen* ist
- In diesem Falle aber *Umdeutung* in Antrag auf Einziehung bzw. auf Neuvornahme; aus prozeßökonomischen Gründen wird insoweit die (fehlende) Entscheidung erster Instanz fingiert bzw. durch die Nichtabhilfeentscheidung ersetzt (Ausnahme: keine Fiktion, falls anderer Antrag als in der 1. Instanz gestellt, so daß der Vorderrichter zu der Rechtslage insoweit noch nicht Stellung nehmen konnte)
- *Formulierung* für diese Fallkonstellation: „Aus Gründen der Prozeßökonomie kann dem Beschwerdeführer nicht zugemutet werden, nochmals den Antrag in der 1. Instanz zu stellen, weil sich das Gericht durch die Erteilung des Erbscheins mit dem abweichenden Inhalt bereits eindeutig über seine Meinung zur Rechtslage geäußert hat. Es wäre reiner Formalismus, wenn man von dem Beschwerdeführer verlangen würde, zuerst die ablehnende Entscheidung des Erstgerichts erwirken zu müssen."
- Die Nichteinhaltung einer in einem Vorbescheid gesetzten *Einwendungsfrist* ist prozessual irrelevant
- Für die *materielle Beschwerdeberechtigung* im Sinne des § 20 I FGG reicht im Erbscheinsverfahren – anders als sonst im FGG – die schlüssige Behauptung einer Rechtsverletzung aus, weil sonst die Begründetheitsprüfung vorweggenommen werden würde
- *Rechtsverletzung* liegt auch dann vor, wenn dem Erben zuviel oder das Beantragte zugesprochen wird, sofern er nur vorträgt, daß dies nicht der tatsächlichen erbrechtlichen Lage entspricht
- § 20 II FGG ist keine lex specialis zu § 20 I FGG, sondern muß kumulativ erfüllt sein
- Für die *formelle Beschwerdeberechtigung* im Sinne des § 20 II FGG reicht im Erbscheinsverfahren die Antragsberechtigung aus, tatsächliche Antragstellung ist nicht erforderlich (entgegen dem Wortlaut des § 20 II FGG aus prozeßökonomischen Gründen)
- § 20 II FGG ist *unanwendbar* (da kein Antragsverfahren) bei Beschwerden gegen die:
  – Erteilungsanordnung mit dem Ziel der Aufhebung

- Einziehungsanordnung
- Ablehnung der Einziehung
- *Nacherben* sind *antragsberechtigt* nur beim Nacherbfall und soweit ihre Nacherbenstellung im Erbschein unrichtig beschrieben ist

IV. Besonderheiten der weiteren Beschwerde

- Auch hier unbedingt *Auslegung des Rechtsschutzziels* vornehmen
- Bereits bei der Statthaftigkeit (§ 27 I FGG) ist zu prüfen, ob eine *Gesetzesverletzung* gerügt wird; hier reicht es aber bereits aus, daß sich der Beschwerdeführer gegen eine Entscheidung des LG wendet, ohne daß er bestimmte verletzte Vorschriften vortragen müßte
- *Anwaltszwang* für die Einlegung der weiteren Beschwerde, § 29 I FGG
- *Zuständig* ist das *OLG*, § 28 FGG, in Bayern das BayObLG, §§ 28 I, 199 FGG, Art. 11 III Nr. 1 BayAGGVG
- Keine *Frist*, da §§ 29 II, IV, 22 FGG im Erbscheinsverfahren unanwendbar ist
- *Beschwerdeberechtigung* sowohl für die Zulässigkeit der weiteren Beschwerde (§§ 29 IV, 20 FGG) als auch für die Zulässigkeit der Beschwerde (§ 20 FGG) prüfen
- *Beschwerdeberechtigung* für die weitere Beschwerde hängt von der Beschwer durch die Beschwerdeentscheidung ab
- *Beschwerdeberechtigt* für die weitere Beschwerde ist auch ein Erbe, der gar nicht selbst Beschwerde beim LG eingelegt hatte (§ 20 II FGG setzt nur Antragsberechtigung voraus)
- *Formelle Beschwer* nur für Antragsverfahren nötig, bei Verfahren von Amts wegen nicht
- Im Rahmen der Begründetheit prüft das Gericht die Rechtslage umfassend nach; der *Prüfungsumfang* ist nicht auf die Beschwer des Antragstellers begrenzt (Amtsermittlungsgrundsatz)
- Das Verbot der *reformatio in peius* (entsprechend § 536 ZPO) gilt auch hier

V. Formelle Begründetheit der Beschwerde

- Die *Prüfungsbefugnis* des Beschwerdegerichts ist nicht durch die behauptete Rechtsbeeinträchtigung des Beschwerdeführers begrenzt, d. h. das Gericht kann z. B. auch dann einziehen, wenn der vom Beschwerdeführer geltend gemachte Fehler gar nicht vorliegt, sondern ein anderer (str., Beispiel: gesetzlicher Erbe verlangt Einziehung mit der Begründung, das Testament sei nichtig; LG kann auch aus anderen Gründen einziehen lassen)
- Bei Anfechtung einer *Zwischenverfügung* kann das LG aber nur über die dort zu behandelnden Fragen entscheiden, *nicht* aber den Fall end-

gültig *entscheiden*; aber: Hinweise auf die weitere rechtliche Beurteilung sind in den Gründen zulässig (sogenannte „wegweisende Verfügung")

- § 2353 bzw. § 2361 BGB erwähnen als Grundlage des Verfahrens
- *Vorbescheid* ist verfahrensmäßig nur zulässig, wenn es sich um einen streitigen Erbrechtsfall handelt, bei dem mit einer *Anfechtung* des Bescheids zu rechnen ist; unzulässig ist aber die Ankündigung der bloßen Ablehnung des Erbscheinsantrags (keine Gefahr eines falschen Rechtsscheins)
- Eine *Zwischenverfügung* ist zulässig bei *behebbaren Mängeln* sowie zur Anheimgabe der Änderung bzw. Rücknahme des Antrags
- Ein *Antrag* für den erteilten Erbschein muß vorliegen; beachte: *Heilung* durch Entgegennahme des Erbscheins ist möglich; fehlender Antrag führt sonst trotz materieller Richtigkeit zur Einziehung des Erbscheins
- Der (formfreie, § 11 FGG) *Antrag* auf Erbscheinserteilung muß den *Inhalt* des Erbscheins genau bestimmen
- Der Antrag muß von einem *Antragsberechtigten* gestellt sein (auch der Gläubiger, §§ 792, 896 ZPO)
- *Sachliche Zuständigkeit* des Amtsgerichts, § 72 FGG
- *Örtliche Zuständigkeit*, § 73 I FGG
- *Funktionell zuständiges Organ*: Richter bei Verfügungen von Todes wegen (§ 16 I Nr. 6 RPflG), sonst der Rechtspfleger (§ 3 Nr. 2 c RPflG); beachte: wenn trotz Testaments gesetzliche Erbfolge eintritt, ist *Rückübertragung* auf den Rechtspfleger möglich, aber nicht zwingend
- Entscheidung des *Richters* an Stelle des *Rechtspflegers* ist unschädlich, § 8 I RPflG
- Die *Beteiligung aller materiell Betroffenen* am Verfahren und ihre Anhörung (§ 2360 BGB) sind erforderlich
- Nachteilige Feststellungen sind immer nur nach *Anhörung* verwertbar, Art. 103 I GG
- *Angaben* nach §§ 2354, 2355 BGB und ihre *Glaubhaftmachung* (§ 2356 BGB) sind erforderlich
- Bei mehreren Anträgen in zeitlichem Abstand ist eine *erneute Erklärung* über die Anhängigkeit eines Rechtsstreits erforderlich, § 2354 I Nr. 5 BGB
- Falls Angaben oder Beweismittel fehlen bzw. sonst behebbare Hindernisse einer positiven Entscheidung entgegenstehen, ist eine *Zwischenverfügung* des Beschwerdegerichts möglich
- Gericht darf aber Antrag wegen fehlender Angaben und Beweismittel *endgültig zurückweisen*, wenn der Antragsteller zur Beibringung imstande war und sie trotzdem nicht beibrachte (Argument: zwar Aufklärungspflicht des Gerichts, § 12 FGG, aber auch Mitwirkungspflicht der Beteiligten)

- Sonstiger *schwerer Verfahrensmangel* führt zur Zurückverweisung der Sache an das Amtsgericht

VI. Materielle Begründetheit der Beschwerde

- *Materielle Erbrechtslage* klären:
  - *Formgültigkeit* des Testaments
  - *Testierfähigkeit* des Erblassers
  - *Inhalt* des Testaments nach dem Willen des Erblassers
- *Prüfungsreihenfolge* für die *Auslegung*:
  - Grundsätze der Auslegung kurz darlegen (vgl. *Palandt*, § 2084 BGB, Rdnr. 1)
  - Auslegungsalternativen suchen
  - Auslegungsregeln anwenden (beachte: § 133 geht § 2084 BGB vor)
  - Andeutungstheorie beachten
- Jede *Verfügung* im Testament *gesondert* auslegen, zumindest jeden Absatz
- Bei der Auslegung den Grundsatz des *favor testamenti* berücksichtigen (§§ 2084, 2085 statt § 139 BGB)
- *Auslegung* geht vor *Anfechtung*
- Im Erbschein *notwendige Angaben*:
  - Person der Erben (genau bestimmt)
  - Erbquoten
  - Anordnung der Nacherbschaft und ihr Umfang (auch das Vorausvermächtnis erwähnen, weil sich das Recht des Nacherben hierauf nicht erstreckt) einschließlich der Vererblichkeit des Nacherbenrechts und der Ersatznacherbfolge (§ 2363 BGB)
  - Anordnung der Testamentsvollstreckung (§ 2364 BGB)
- Im Erbschein *unzulässige Angaben*:
  - Einzelheiten der Testamentsvollstreckung, die ins Testamentsvollstreckerzeugnis gehören (z. B. die Person des Testamentsvollstreckers)
  - Vermächtnisse ≠ *Vorausvermächtnis*
  - Auflagen
  - Teilungsanordnungen
  - Pflichtteile
  - Erbersatzansprüche
  - Nachlaßverwaltung
- Auch die Angabe eines *falschen Berufungsgrundes* führt zur Aufhebung der Erbscheinserteilung
- Darauf achten, daß *nichts* für den Erbschein *Irrelevantes* in der Beschwerdeentscheidung *behandelt* wird; Vermächtnis etc. grundsätzlich nur im Gutachten behandeln, es sei denn, es ist für die Auslegung des Testaments in Bezug auf den Erbschein entscheidend oder es ist von der Erbeinsetzung abzugrenzen

VII. Wichtige Auslegungsregeln

- Zuwendung von Vermögen bzw. Bruchteil davon ist *Erbeinsetzung*, § 2087 I BGB
- Zuwendung einzelner Gegenstände ist *Vermächtnis*, § 2087 II BGB
- *Abkömmlinge* des Erblassers werden bei Vorversterben durch ihre Abkömmlinge als *Ersatzerben* ersetzt, § 2069 BGB
- Bei *Wegfall eines Erben* erbt der Ersatzerbe, §§ 2096, 2099 BGB, z. B. der Abkömmling, § 2069 BGB, oder der Vorerbe wird Vollerbe, § 2142 II BGB, hilfsweise tritt Anwachsung ein, § 2094 BGB

VIII. Besonderheiten des Verfahrens

- *Amtsermittlungsgrundsatz*, § 12 FGG
- Grundsatz der *Parteiöffentlichkeit*; bei Verstoß gegen die Nichtöffentlichkeit liegt aber mangels ausdrücklicher Vorschrift keine Gesetzesverletzung vor
- Es besteht die Möglichkeit, eine *Zwischenverfügung* zu erlassen (§ 18 GBO analog), soweit nur behebbare Mängel vorliegen; Inhalt: sämtliche Mängel und alle Mittel, um sie zu beheben
- *Strengbeweis* ist nur auf besondere Anordnung hin möglich (für wichtige Feststellungen oder wenn formlose Ermittlungen erfolglos blieben), im übrigen gilt das Freibeweisverfahren, §§ 15, 12 FGG
- *Objektive Feststellungslast* statt Beweislast
- Einziehung des Erbscheins und sonstige Änderungen der Entscheidungen sind *von Amts wegen* jederzeit möglich
- *Terminologie*: „Beteiligtenfähigkeit", „Verfahrensfähigkeit" statt Partei- bzw. Prozeßfähigkeit; „Verfahrensbevollmächtigter" statt Prozeßvertreter

§ 7. Grundbuchverfahren

I. Allgemeines

- Grundsätzliche *Differenzierung*: Rechtsändernde und berichtigende Eintragungen
- *Typische Argumente*:
  - Numerus clausus der Sachenrechte
  - Bestimmtheitsgrundsatz
  - Spezialitätsgrundsatz
  - Publizitätsprinzip

II. Tenor

- Bei *Zwischenverfügung*: Aufhebung und Anweisung an das Grundbuchamt, anderweitig zu entscheiden (oder: von erhobenen Bedenken abzusehen)
- In der Regel *keine Kostenentscheidung*; Ausnahme: § 13 a FGG

III. Zulässigkeit der Beschwerde

- *Terminologie*: „Beschwerde" auch bei Durchgriffserinnerung im Sinne des § 11 II 5 RPflG
- *Auslegung des Beschwerdeziels* zuerst prüfen
- *Sachliche Zuständigkeit* des Landgerichts, §§ 11 II 4, 5 RPflG, 72, 81 I GBO
- *Örtliche Zuständigkeit*, § 72 GBO
- *Statthaftigkeit* der Beschwerde:
  - §§ 11 I, II 4, 5 RPflG, 71 I GBO grundsätzlich *unbeschränkte Beschwerde* als Durchgriffserinnerung
  - Ausnahme: bei *Eintragungsverfügung* keine Erinnerung, §§ 71 II GBO, 11 V RPflG, nur *beschränkte Beschwerde* mit Ziel Amtswiderspruch, § 53 GBO, insoweit Umdeutung möglich
  - Gegenausnahme: *unbeschränkte Beschwerde* gegen Eintragungsverfügung, falls diese *keinen Gutglaubenserwerb* ermöglicht, z. B. bei Pfändungsvermerk, Widerspruch, Verfügungsverbot, unübertragbarem Recht
- *Neuer Eintragungsantrag* in der Beschwerdeinstanz nicht möglich (Abhilfeentscheidung des Grundbuchamtes ist – anders als im Erbscheinsverfahren – nicht ausreichend)
- *Ausschluß der Anfechtbarkeit* bei Löschung gegenstandsloser Eintragung (§ 85 II GBO) bzw. Klarstellung der Rangverhältnisse (§ 91 I 3 GBO)
- Bei *unbeschränkter* Beschwerde ist ein *Abhilfeverfahren* durch den Rechtspfleger und den Richter am Amtsgericht durchzuführen, § 11 II 1, 4 RPflG, bei *beschränkter* Beschwerde nur durch den Richter, § 75 GBO
- *Form*, § 73 GBO (Begründung nicht erforderlich)
- Mit Ausnahme der §§ 89, 110 GBO ist *keine Frist* einzuhalten (die in einer Zwischenverfügung gesetzte Frist ist insoweit irrelevant)
- Für die *Vollmacht* des Notars gilt § 15 GBO analog im Beschwerdeverfahren
- Für das Antragsverfahren ist *Beschwerdeberechtigung* analog § 13 I 2 GBO erforderlich (jeder Antragsberechtigte unabhängig von eigener Antragstellung), im übrigen ist Rechtsbeeinträchtigung für den Fall, daß die Entscheidung des GBA unrichtig ist, nötig (§ 20 FGG gilt nicht)

- *Rechtsschutzbedürfnis* bei einer Beschwerde gegen eine *Zwischenverfügung* besteht, solange der Antrag nicht endgültig zurückgewiesen wurde (unabhängig von einer dort gesetzten Frist)

IV. Begründetheit allgemein

- *Prüfungsmaßstab* bei einer Beschwerde gegen eine Zwischenverfügung sind nur die dort aufgeführten *Eintragungshindernisse,* andere Hindernisse dürfen allerdings in den Gründen aufgezeigt werden („wegweisende Verfügung")
- grundsätzliche *Prüfungsreihenfolge* (vereinfachte Merkregel: „1 x 3, 3 x 9" = §§ 13, 19, 29, 39 GBO):
  - §§ 13, 14, 15 GBO
  - §§ 19 bzw. 20 bzw. 22 GBO
  - §§ 29 ff. GBO
  - §§ 39 ff. GBO
- *Ersuchen einer Behörde,* § 38 GBO, ersetzt Antrag, Eintragungsbewilligung, Zustimmung Dritter und Unrichtigkeitsnachweis, nicht jedoch eine Voreintragung (Form: § 29 III GBO)

V. Zulässigkeit des Antrags im Antragsverfahren

- *Sachliche* und *örtliche Zuständigkeit* des Amtsgerichts, § 1 I GBO
- *Funktionelle Zuständigkeit* des Rechtspflegers, § 3 Nr. 1 h RPflG
- *Antrag,* § 13 I GBO, grundsätzlich formlos (Ausnahme § 30 GBO)
- Antrag muß Grundstück und Begehren *genau bezeichnen* (§ 28 GBO) und mit Eintragungsbewilligung bzw. Auflassung *übereinstimmen*
- Antrag ist *bedingungsfeindlich* (§ 16 I GBO), darf *ausgelegt,* nicht aber umgedeutet werden (wegen des Rangprinzips)
- *Rücknahme des Antrags* ist zulässig bis zur Eintragung oder deren Ablehnung (§ 31 GBO), aber *Anfechtung unzulässig* (Verfahrenshandlung)
- *Antragsberechtigt* im Sinne des § 13 I 2 GBO ist jeder nach materiellem Recht unmittelbar Begünstigte oder Betroffene
- *Antragsberechtigung* für Gläubiger aus § 14 GBO ist nur bei Titel gegen alle Voreinzutragenden gegeben
- § 15 GBO gibt dem *Notar* kein eigenes Antragsrecht, sondern *nur Vertretungsrecht* für den Antrag ohne Nachweis in der Form des § 29 GBO; gilt nicht für die Bewilligung (Rücknahme des Antrags durch den Notar ist zulässig, § 24 III BNotO)
- *Eintragungsfähigkeit* des Rechts (z. B. auch Rechtshängigkeitsvermerk, Pfändungsvermerk), vgl. Liste bei *Palandt,* vor § 873 BGB, Rdnr. 8, 9

VI. Begründetheit des Antrags im Antragsverfahren

- *Eintragungsbewilligung* (verfahrensrechtliche Erklärung mit materiell-rechtlicher Wirkung)
  - ist *bedingungsfeindlich* (§ 16 I GBO analog)
  - muß inhaltlich *genau bestimmt* sein (§ 28 GBO)
  - kann bis zum Zugang beim Grundbuchamt *widerrufen* werden (§ 130 BGB analog)
- Bei § 19 GBO erfolgt *keine Überprüfung des zugrundeliegenden materiellen Rechtsgeschäfts*, sondern nur der Verfügungsbefugnis und der Rechtsinhaberschaft; Ausnahme: wenn Grundbuchamt sehenden Auges das Grundbuch unrichtig machen würde (materielle Prüfung außerdem bei der Auflassung, *§ 20 GBO*, aber nicht bezüglich des schuldrechtlichen Kausalgeschäfts)
- *Betroffener* im Sinne des § 19 GBO ist
  - bei *konstitutiven Eintragungen* der materiell Berechtigte
  - bei *deklaratorischen Eintragungen* der Buchberechtigte
  - bei *nicht richtig verzeichneten Eintragungen* der materiell Berechtigte
- Die *Eintragungsbewilligung* wird durch einen Zwangsvollstreckungstitel ersetzt
- Bei *Auflassung*, § 20 GBO, ist *keine Eintragungsbewilligung* mehr erforderlich, da § 19 GBO durch § 20 GBO als lex specialis verdrängt wird
- *Erwerbsfähigkeit* bei *Personengemeinschaften* (z. B. nichteingetragener Verein, Erbengemeinschaft) prüfen
- Bei *Veräußerung* durch einen *Minderjährigen* ist in der Regel eine vormundschaftsgerichtliche Genehmigung erforderlich, §§ 1643, 1821 BGB
- *U. U. Zustimmung Dritter* nötig: § 27 GBO, auch bei Beeinträchtigung des Ranges von gleichrangig oder nachrangig Eingetragenen
- Bei *Ehegatten* an die *Einschränkung der Verfügungsmacht* (§ 1365 BGB) denken
- Darauf achten, ob der vorgelegte *Nachweis* (§§ 29 ff. GBO) ausreicht, z. B. genügt ein älteres Testamentsvollstreckerzeugnis nicht zum Beweis der noch bestehenden Testamentsvollstreckung, da der Testamentsvollstrecker inzwischen sein Amt – auch ohne Rückgabe des Zeugnisses – wirksam niedergelegt haben könnte, vgl. § 2368 III BGB
- *Nachweis des gesetzlichen Vertreters* in der Form des § 29 I 2 GBO erforderlich (Sonderregel für Handelsgesellschaften §§ 32, 34 GBO)
- *Voreintragung* (§§ 39 ff. GBO) prüfen
- *Briefvorlage* bei Hypotheken bzw. Grundschulden erforderlich, §§ 41, 42 GBO

- *Behördliche Genehmigungen* bzw. *Vorkaufsrechtszeugnis* (§ 28 BauGB) sind nachzuweisen (Liste bei *Palandt*, vor § 873 BGB, Rdnr. 17 ff)
- Auf *Rechtsschutzbedürfnis* für den Antrag achten

VII. Amtsverfahren

- *Prüfschema* für einen *Amtswiderspruch*, § 53 I 1 GBO:
  - Eintragung unter *öffentlichem Glauben* (Amtswiderspruch wird nicht eingetragen, wenn sich daran ein gutgläubiger Erwerb nicht anschließen kann)
  - Verletzung einer *gesetzlichen Vorschrift* (in der Klausur benennen)
  - Grundbuch *noch unrichtig* zur Zeit der Eintragung
- *Amtslöschung*, 53 I 2 GBO, zulässig nur in folgenden Fällen:
  - Inhaltlich unzulässige Eintragung
  - Eintragung ohne den gesetzlich gebotenen Inhalt
  - Eintragung mit gesetzlich unzulässigem Inhalt
  - Unklare Eintragung

VIII. Verfahrensgrundsätze

- Im Antragsverfahren gibt es *keine Amtsermittlungen*, insoweit gilt § 12 FGG nicht
- § 17 GBO beachten (*Eintragungsreihenfolge*)
- *Zwischenverfügung* (§ 18 I GBO) nur bei *ex tunc* heilbaren Mängeln zulässig
- Ein *Vorbescheid* ist in Grundbuchsachen *unzulässig*
- *Rechtliches Gehör* beim Grundbuchamt ist in der Regel durch materielles Zustimmungserfordernis bereits sichergestellt, in der Beschwerdeinstanz aber u. U. neu zu gewähren

3. Abschnitt. Arbeitsrecht[1]

§ 8. Arbeitsrecht

I. Allgemeines

- *Kommentierung* bei *Baumbach-Duden-Hopt*, §§ 59 ff. HGB konsultieren, soweit *Palandt*, §§ 611 ff. BGB nicht weiterhilft
- Für die Argumentation immer eine substantiierte *Interessenabwägung* zwischen Arbeitgeber und Arbeitnehmer durchführen

---

[1] Zur Examensvorbereitung im Arbeitsrecht besonders geeignete Literatur: *Helml*, Arbeitsrecht, Examenskurs für Rechtsreferendare.

II. Tenor und Formalia

- *Formulierung* für die *Zeugniserteilung* (vgl. *Palandt*, § 630 BGB, Rdnr. 4): „Der Beklagte wird verurteilt, dem Kläger ein Zeugnis zu erteilen, das sich auf Führung und Leistung im Arbeitsverhältnis erstreckt"
- *Formulierung* für die *Auflösung des Arbeitsverhältnisses* im Kündigungsschutzverfahren:
  „1. Es wird festgestellt, daß das Arbeitsverhältnis durch die Kündigung vom ... nicht aufgelöst wurde.
  2. *Auf den Antrag des Klägers* wird das Arbeitsverhältnis gegen Zahlung einer Abfindung gemäß §§ 9, 10 KSchG i.V.m. § 3 Nr. 9 EStG in Höhe von ... zum ... aufgelöst."
- *Formulierung* für *unbegründeten Auflösungsantrag*: „Es wird festgestellt, daß das Arbeitsverhältnis durch die Kündigung vom ... nicht aufgelöst wird. Im übrigen wird die Klage abgewiesen."
- Formulierung bei *unwirksamer Befristung*: „Es wird festgestellt, daß das Arbeitsverhältnis über den 30.06.96 hinaus fortbesteht"
- Auf die Möglichkeit, bei einer Verurteilung zu einer Handlung (auch Arbeitsleistung trotz § 888 II ZPO) zugleich für die Nichterfüllung zu einer *Entschädigung* zu verurteilen, achten (§ 61 II ArbGG); Formulierung: „Für den Fall, daß der Beklagte dieser Verpflichtung nicht binnen ... seit *Rechtskraft des Urteils* nachkommt, wird er zur Zahlung einer Entschädigung in Höhe von ... verurteilt."
- Darauf achten, daß bei *erfolgloser Klage keine Feststellung* (z. B. über die Auflösung bzw. Nichtauflösung des Arbeitsverhältnisses durch eine Kündigung) im Tenor erfolgt, sondern nur eine Klageabweisung
- *Kosten*: §§ 46 II ArbGG, 495, 91 ff. ZPO; beachte: grundsätzlich keine außergerichtliche Kostenerstattung in erster Instanz, § 12 a I ArbGG; Ausnahme: Fahrtkosten
- Keine Entscheidung über die *vorläufige Vollstreckbarkeit*, § 62 I 1 ArbGG; beachte: Verstoß wird als schwerer Fehler gewertet
- Die Zurückweisung von *Vollstreckungsschutzanträgen* (Sonderregelung in § 62 I 2 ArbGG) erfolgt nicht im Tenor, sondern nur in den Gründen (str.)
- *Streitwertfestsetzung* (für Rechtsmittel- und Gebührenstreitwert) im Urteil erforderlich, § 61 I ArbGG, für die Höhe vgl. § 12 VII ArbGG (Streitwert einer Kündigungsschutzklage liegt bei höchstens drei Monatslöhnen, selbst bei mehreren Kündigungen und zusätzlicher Lohnzahlungsklage für die Zeit nach der Kündigung, sofern sie drei Monatslöhne nicht übersteigt, str.)
- Praxisnahe *Streitwerte*:
  - bei *Kündigung* nach weniger als 6 Monaten Arbeit: 1 Monatslohn
  - bei *Kündigung* nach weniger als 12 Monaten Arbeit: 2 Monatslöhne

– *Zeugnis*: 1 Monatslohn
- *Rechtsmittelbelehrung* erforderlich, dabei auch das Erreichen der *Berufungssumme* (§ 64 II ArbGG) berücksichtigen; Belehrung muß noch vor der Unterschrift erfolgen
- Urteil *unterschreibt* in der 1. Instanz nur der Vorsitzende, § 60 IV ArbGG, in der 2. Instanz dagegen jedes Mitglied der Kammer, § 69 I ArbGG (3 Unterschriften)

III. Zulässigkeit der Klage

- Für die *Verweisung* in die ZPO immer genau zitieren: §§ 46 II ArbGG i.V.m. *495* (!), 253 ZPO
- *Ordnungsgemäße Klageerhebung*, §§ 253, 495, 496 ZPO
  – unbestimmter Zahlungsantrag bei Auflösungsantrag nach §§ 9, 10 KSchG ist zulässig
  – in der Regel wird der Bruttolohn im Zahlungsantrag angegeben (Ausnahme: Nettolohn vereinbart)
- Richtige *Verfahrensart*:
  – Urteilsverfahren, § 2 V ArbGG oder
  – Beschlußverfahren, § 2 a II ArbGG
- *Rechtsweg* (von Amts wegen zu prüfen):
  – grundsätzlich §§ 2, 3 i.V.m. 5 ArbGG (*Arbeitnehmerbegriff*); beachte: unmittelbarer wirtschaftlicher Zusammenhang mit dem Arbeitsverhältnis reicht aus, § 2 I Nr. 4 a ArbGG
  – bei *Verweisung* durch die ordentlichen Gerichte §§ 48 I ArbGG i.V.m. 17 a II 3 GVG
  – § 5 ArbGG erfaßt auch *faktische Arbeitsverhältnisse*
  – Zuständigkeit des Arbeitsgerichts erfaßt auch *Rechtsnachfolger* (§§ 3 i.V.m. 2 ArbGG), insbesondere Lohnpfändungsgläubiger, auch wenn die Forderung nur zur Einziehung überwiesen wurde
  – Außerdem kann über § 2 III ArbGG im Wege der *Zusammenhangsklage* auch Nichtarbeitsrechtliches vom ArbG entschieden werden (sog. erweiterte Zuständigkeit)
  – Fakultative Zuständigkeit für Geschäftsführer einer GmbH u. ä. nur durch *Prorogation* (§ 2 IV ArbGG)
  – Bei *Rückforderungen* des Staates gegen *Arbeiter* und *Angestellte* im öffentlichen Dienst ist das ArbG zuständig, § 13 Hs. 2 ErstattungsG (soweit im jeweiligen Bundesland anwendbar)
- *Örtliche Zuständigkeit* neben §§ 12 ff. ZPO:
  – § 48 II ArbGG (Prorogation durch Tarifvertrag)
  – *Rügelose* Einlassung (§ 39 ZPO) nur nach Belehrung (§ 504 ZPO), jedoch nicht in der Güteverhandlung, § 54 II 3 ArbGG
  – Ort der Arbeitsstätte als *Erfüllungsort* für alle Ansprüche aus dem Arbeitsverhältnis, §§ 46 I ArbGG, 29 ZPO, 269 BGB

- *Instanzielle Zuständigkeit,* § 8 I ArbGG
- *Feststellungsinteresse* im Sinne des § 256 I ZPO folgt bei Kündigungsschutzklagen aus §§ 4, 7 KSchG (soweit anwendbar), im übrigen aus dem Dauerschuldcharakter des Arbeitsverhältnisses, das keine Unsicherheit verträgt
- Die *3-Wochen-Frist* der §§ 4, 7, 13 I 2 KSchG ist keine Zulässigkeitsvoraussetzung, sondern eine Frage der Begründetheit
- Bei *Auszubildenden* ist statt des Güteverfahrens eine Verhandlung vor ✗ einem *Ausschuß nach § 111 II ArbGG* Zulässigkeitsvoraussetzung, soweit dieser von der zuständigen Innung etc. gebildet wurde (Nachholung bis zur mündlichen Verhandlung möglich)
- Ausschluß der Arbeitsgerichtsbarkeit durch tarifvertragliche *Schiedsvereinbarung,* §§ 4, 101 ff. ArbGG
- *Parteifähig* sind auch Gewerkschaften, Arbeitgeberverbände und ihre Zusammenschlüsse, § 10 ArbGG
- *Prozeßfähig* sind u. U. auch *Minderjährige,* §§ 112, 113 BGB
- *Postulationsfähig* sind neben § 157 ZPO auch Verbandsvertreter, § 11 ArbGG, aber nur für Mitglieder
- Der *Vertretungszwang* gilt erst ab der 2. Instanz, § 11 II ArbGG
- Eine *Güteverhandlung* ist erforderlich, § 54 ArbGG
- Die *Einspruchsfrist* gegen ein *Versäumnisurteil* beträgt nur *eine* Woche, § 59 Satz 1 ArbGG
- Die *Widerspruchsfrist* bei einem *Mahnbescheid* beträgt ebenfalls nur *eine* Woche, § 46 a III ArbGG
- Die *Einlassungsfrist* beträgt eine Woche; es gibt keine Aufforderung zur ✗ *Erwiderung* auf die Klage, § 47 I, II ArbGG
- Eine *Erledigungserklärung* kann u. U. wegen § 12 a I ArbGG und wegen der Gerichtskostenfreiheit einer Klagerücknahme ungünstiger sein als eine Rücknahme der Klage
- In bestimmten Fällen *entscheidet* der *Vorsitzende* allein, § 55 ArbGG
- Für Kündigungsschutzklagen gilt der *punktuelle Streitgegenstandsbegriff,* d. h. jede Kündigungserklärung bildet einen eigenen Streitgegenstand (mit allen Kündigungsgründen); erfaßt wird aber auch *jeder Beendigungsgrund,* der vor oder spätestens gleichzeitig mit der Beendigung durch die Kündigung wirksam wird (BAG)
- Bei einem Streit über die *Befristung* eines Arbeitsverhältnisses (und Fortbestand desselben) werden auch spätere Beendigungsgründe erfaßt
- Es besteht eine besondere *Prozeßförderungspflicht* im *Kündigungsschutzprozeß,* § 61 a ArbGG
- *Verspätungsregel* § 56 II ArbGG; dafür ist § 296 ZPO wegen § 46 II 2 ArbGG nicht anwendbar, soweit auf §§ 275 ff. ZPO bezogen
- Es gibt *keinen Gerichtskostenvorschuß,* § 12 IV ArbGG
- Immer an *Klagehäufung* denken, § 260 ZPO

IV. Begründetheit allgemein

• Auf *Wirksamkeit des Arbeitsverhältnisses* achten, dabei an §§ 112, 113 BGB für *Minderjährige* denken

• Bei Unwirksamkeit des Arbeitsverhältnisses liegt *faktisches Arbeitsverhältnis* vor, das jederzeit ohne Einhaltung von Fristen durch einseitige, empfangsbedürftige Willenserklärung beendet werden kann

• Die gesetzliche Vermutung des § *139 BGB* gilt im Arbeitsrecht grundsätzlich nicht

• Bei Abgrenzung von *Arbeitern* und *Angestellten* im Zweifel auf die Aufstellung in § 133 SGB VI zurückgreifen

• An arbeitsrechtliche Vorschriften für kaufmännische Angestellte in §§ *59 ff.* HGB und für technische Angestellte in §§ *105 ff.* GewO denken (Kommentierung bei *Baumbach-Duden-Hopt*, §§ 59 ff. HGB)

• Das *AGBG* gilt nicht im Arbeitsrecht, § 23 I AGBG

• Auf Vorliegen besonderer Arbeitsverhältnisse aufpassen (Kommentierung bei *Palandt*, vor § 611 BGB, Rdnr. 29 ff), insbesondere:
   – Gruppenarbeitsverhältnis, bei dem eine Kündigung alle Mitglieder der Gruppe erfaßt
   – Mittelbares Arbeitsverhältnis
   – Kettenarbeitsverhältnis
   – Probearbeitsverhältnis
   – Leiharbeitsverhältnis

• An *Gleichbehandlungsgrundsatz*, *betriebliche Übung* und *Direktionsrecht* denken

• Eine *Teilkündigung* einzelner Abreden ist grundsätzlich unzulässig, soweit nicht Widerruflichkeit vereinbart ist

• Bei einer *Änderungskündigung* immer auf die Abgrenzung zur Teilkündigung (Kündigung einzelner Vertragsabreden allein) achten

V. Begründetheit bei ordentlicher Kündigung

• *Terminologie*: „Rechtsunwirksamkeit" im Sinne des KSchG ist von der „Nichtigkeit" der Kündigung zu unterscheiden

• *Abgrenzung* der Kündigung von der Beendigung des Arbeitsverhältnisses durch (Liste bei *Palandt*, vor § 620 BGB, Rdnr. 1 ff):
   – Befristung (nur bei sachlichem Grund; Ausnahme: §§ 1 BeschäftigungsförderungsG, 21 BErzGG); bei mehrfacher Befristung nur letztes Befristungsverhältnis prüfen
   – Auflösende Bedingung
   – Anfechtung (Anfechtungsfrist verkürzt auf 2 Wochen, § 626 BGB analog; Wirkung der Anfechtung ex nunc, falls das Arbeitsverhältnis bereits in Vollzug gesetzt worden war)
   – Aufhebungsvertrag (in der Regel nicht anzunehmen wegen der vom

Arbeitsamt verhängten Sperrzeit für das Arbeitslosengeld nach § 119 AFG)
- Lösende Aussperrung
- Suspendierende Aussperrung
- In der Regel keine Beendigung durch Tod des Arbeitgebers
- Keine automatische Beendigung durch Konkurs, § 22 KO
- Klären, ob *ordentliche* Kündigung oder *außerordentliche Kündigung* mit sozialer Auslauffrist gewollt ist
- *Kündigung* kann auch *durch Klage bzw. Klageerwiderung* erklärt werden oder durch sonstige Schreiben (immer genau auslegen!); beachte: Rechtsanwalt ist in der Regel nicht Empfangsbote des Arbeitnehmers, sondern nur Erklärungsbote (str., Argument: Empfangsbefugnis nicht von der Prozeßvollmacht umfaßt)
- *Verzicht* auf den Kündigungsschutz nach dem KSchG ist grundsätzlich möglich (wie die Verfristungsmöglichkeit des § 7 KSchG zeigt), jedoch nicht ohne weiteres (z. B. bei *Ausgleichsquittungen*) anzunehmen
- Kündigung geht ins Leere, wenn das Arbeitsverhältnis *nie wirksam* geschlossen oder bereits *vorher beendet* wurde; dies ist vorab zu prüfen und führt zur Unbegründetheit der Kündigungsschutzklage
- *Checkliste der Kündigungsbeschränkungen* und *-verbote* bei *Palandt*, vor § 620 BGB, Rdnr. 46 ff, 61 ff, insbesondere:
  - § 102 BetrVG (Anhörung des Betriebsrats)
  - §§ 79, 108 II BPersVG (Anhörung des Personalrats)
  - §§ 9 MuSchG *i. V. m. 134 BGB* (Mutterschutz)
  - §§ 15 SchwbG *i. V. m. 134 BGB* (Schwerbehinderte)
  - §§ 2 ArbPlSchG *i. V. m. 134 BGB* (Wehrpflichtige)
  - § 17 KSchG (Massenentlassung)
  - §§ 15 KSchG (Betriebsrat) *i. V. m. 134 BGB*
  - §§ 613 a IV BGB (Betriebsübergang) *i. V. m. 134 BGB*
  - § 612 a BGB (Maßregelungsverbot bei zulässiger Rechtsausübung durch den Arbeitnehmer)
  - Art. 1 § 9 Nr. 3 AÜG (Arbeitnehmerüberlassung)
  - durch Tarifvertrag
  - durch Betriebsvereinbarung
- An die *allgemeinen Nichtigkeitsgründe* denken, §§ 138, 242 BGB (Sittenwidrigkeit der Kündigung etc.)
- Beachte: bei *Nichtigkeit* der Kündigung *aus anderen Gründen* kann Anwendbarkeit des KSchG in der Regel offenbleiben, § 13 III KSchG, Ausnahmen:
  - falls Sozialwidrigkeit zusätzlich geltend gemacht und Abfindung begehrt wird
  - bei Sittenwidrigkeit kann Abfindung nur bei Einhaltung der Frist geltend gemacht werden, § 13 II KSchG

- *Anwendbarkeit* des *KSchG* klären:
  - § 1 I KSchG (mehr als 6 Monate Arbeit)
  - § 23 I KSchG (mindestens 6 Arbeitnehmer)
  - § 14 KSchG (nicht für leitende Angestellte; § 14 I, II KSchG getrennt beachten)
  - § 21 V BErzGG (nicht bei Erziehungsurlaubsaushilfen)
- Die *Klagefrist* nach § 7 KSchG wäre an sich nur gewahrt, wenn die Klage innerhalb der Frist auch dem Beklagten zugestellt ist, wegen § 270 III ZPO reicht aber die Einreichung bei Gericht
- Bei Nichteinhaltung der *Klagefrist* des § 7 KSchG immer an §§ 5, 6 KSchG denken, um dennoch sachliche Prüfung zu eröffnen; § 6 KSchG gilt im übrigen auch analog bei sonstigen Klagen des Arbeitnehmers wie z. B. der Änderungsschutzklage, weil durch diese Klage bereits Rechtsunsicherheit im Arbeitsverhältnis besteht; dies gilt aber nicht für eine andere Kündigungserklärung
- Ausreichende *Bestimmtheit* der Kündigung prüfen
- Eine Kündigung darf keine *Bedingung* enthalten, Ausnahme Potestativbedingung (bei Änderungskündigung) und Rechtsbedingung (bei vorsorglicher Kündigung)
- Eine Kündigung ist grundsätzlich *formlos*; Ausnahme: § 15 III BBiG und besondere Vereinbarung in Tarifvertrag, Betriebsvereinbarung oder Arbeitsvertrag
- *Angabe von Gründen* ist grundsätzlich nicht erforderlich, Ausnahme § 15 III BBiG bei Kündigung durch Auszubildenden
- *§§ 112, 113 BGB* beachten bei Kündigung durch einen *Minderjährigen* als Arbeitgeber bzw. Arbeitnehmer; beachte: § 113 BGB erfaßt nicht Ausbidungsverhältnisse
- *Anhörung* des Arbeitnehmers ist nur bei *Verdachtskündigung* Wirksamkeitsvoraussetzung der Kündigung
- Vor Kündigung ist häufig eine *Abmahnung* durch den Arbeitgeber erforderlich aus Gründen der Verhältnismäßigkeit, insbesondere grundsätzlich bei verhaltensbedingter Kündigung, Ausnahme: bei unbehebbaren Leistungsmängeln bzw. besonderer Vertrauensstellung des Arbeitnehmers bzw. bei fehlendem Kündigungsschutz des Arbeitnehmers)
- Eine *Abmahnung* setzt die eindeutige Rüge eines bestimmten Verhaltens (Hinweisfunktion) und die Androhung von Folgen für den Bestand des Arbeitsverhältnisses (Warnfunktion!) voraus, sonst liegt eine bloße Ermahnung vor; u. U. ist eine zweite Abmahnung erforderlich, wenn die erste bereits lange zurückliegt und inzwischen keine Verstöße vorkamen
- Bei Kündigung durch *Vertreter*, insbesondere Rechtsanwalt, auf § 174 BGB (Vorlage der Vollmacht) achten
- *Sozialwidrigkeit* der Kündigung, § 1 II, III KSchG prüfen; bei Änderungsschutzklage §§ 2, 4 Satz 2 KSchG berücksichtigen; beachte:

strenge Anforderungen an die Darlegung des Arbeitgebers (beweis-
pflichtig, § 1 II 4 KSchG) insbesondere bei betriebsbedingter Kündigung

- Für die Beurteilung der Sozialwidrigkeit ist der Zeitpunkt des *Zugangs*   ✕
der Kündigungserklärung entscheidend, nicht der Ablauf der Kündigungsfrist
- *Formulierung*: „Die Kündigung ist nur dann gerechtfertigt im Sinne des
§ 1 KSchG, wenn Umstände vorliegen, die bei verständiger Abwägung
der Interessen des Arbeitnehmers am Bestand des Arbeitsverhältnisses
und der Interessen des Arbeitgebers an seiner Auflösung die Kündigung objektiv als billigenswert und angemessen erscheinen lassen. Bei
der umfassenden Interessenabwägung hat sich das Gericht von folgenden Gesichtspunkten leiten lassen:"
- Einhaltung der richtigen *Kündigungsfrist* prüfen (§ 622 BGB, Tarifvertrag, Betriebsvereinbarung, Einzelarbeitsvertrag); falls die Frist zu kurz
bemessen wurde, erfolgt *Umdeutung* in eine Kündigung mit ausrei-
chender Frist, keine Unwirksamkeit der Kündigung
- *Umdeutung* der Kündigung ist u. U. möglich, z. B. in ein Angebot auf
Abschluß eines Aufhebungsvertrags, in der Regel jedoch nicht die Umdeutung einer ordentlichen in eine außerordentliche Kündigung
- *Nachgeschobene Kündigungsgründe* beachten; zu prüfen ist, ob die
Gründe vor oder nach dem Ausspruch der Kündigung *entstanden* sind
und ob der *Betriebsrat* auch hierzu *gehört* wurde
- *Auflösungsantrag* und *Abfindung*, § 9 KSchG; beachte: bei überein-
stimmenden Anträgen von Arbeitgeber und Arbeitnehmer ist eine
Begründung nicht erforderlich

VI. Begründetheit bei außerordentlicher Kündigung

- Anwendbarkeit des *KSchG* nach §§ 13 i.V.m. 1 I, 23 KSchG prüfen   ✕
- *Klagefrist*, §§ 13 I 2 i.V.m. 4, 7 KSchG; bei Nichterfüllung der Wartezeit des § 1 I KSchG braucht die Klageerhebungsfrist mangels Anwend-
barkeit des KSchG nicht eingehalten zu werden, auch wenn damit
Neulinge gegenüber den alten Arbeitnehmern besser gestellt werden
(BAG; a. A. Literatur)
- Besondere *Kündigungsbeschränkung für Betriebsräte*, § 103 BetrVG
- *§ 9 MuSchG* gilt auch für *außerordentliche* Kündigungen   ✕
- Die *Zwei-Wochen-Frist* des § 626 II 1 BGB als Ausschlußfrist kann nur
innerhalb der Klageerhebungsfrist der §§ 13 i.V.m. 4 KSchG geltend
gemacht werden, da sie wegen des engen Zusammenhangs mit dem
Kündigungsgrund von § 13 I 2 KSchG (und nicht von § 13 III KSchG)
erfaßt wird
- Prüfen, ob vorher *Abmahnung* (nicht bloß Ermahnung) nötig war und
erteilt wurde

- *Wichtiger Grund*, § 626 I BGB, unter Abwägung der Interessen der Parteien erforderlich
- *Umdeutung* (§ 140 BGB) der außerordentlichen Kündigung in eine ordentliche Kündigung oder in ein Angebot auf Abschluß eines Aufhebungsvertrags möglich; beachte: Anhörung des Betriebsrats muß auch zu einer ordentlichen Kündigung erfolgt sein; Ausnahme bei ausdrücklicher vorbehaltloser Zustimmung zur außerordentlichen Kündigung
- *Auflösungsantrag* und *Abfindung* nach § 13 I 3 KSchG; Auflösungszeitpunkt ist dann der Zeitpunkt des Zugangs der außerordentlichen Kündigung

VII. Begründetheit von Zahlungsansprüchen

- Vorsicht bei Klagen auf Zahlung von *Zulagen*: u. U. wird dasselbe doppelt gefordert, z. B. neben der Zahlung der Zulage voller Lohn (einschließlich Zulage) für Krankheitstage
- An das *Günstigkeitsprinzip* denken
- Frage der *Abdingbarkeit* (einseitig/beiderseitig) immer genau klären (Unabdingbarkeit, z. B. nach §§ 12 EFZG, 13 BUrlG, 4 TVG, 77 IV BetrVG, führt zur Nichtigkeit der Vereinbarung nach § 134 BGB)
- Auslegungsmöglichkeiten für eine *Ausgleichsquittung* (vgl. *Palandt*, § 397 BGB, Rdnr. 10):
  - Erlaßvertrag
  - Vergleich
  - Negatives Schuldanerkenntnis
- *Berechnung* eines *anteiligen Monatsgehalts*:
  - *entweder* konkrete Berechnung: (zu bezahlende Arbeitstage : mögliche Arbeitstage und bezahlte Feiertage im jeweiligen konkreten Monat) x Monatsgehalt
  - *oder* Wochenlohn = 3 Monatsgehälter : 13 Wochen
  - *oder* Lohn pro Arbeitstag = 3 Monatsgehälter : 65 Tage (bei 5-Tage-Woche, 78 Tage bei 6-Tage-Woche)
- Auch bei Ansprüchen auf *Lohn ohne Arbeit* ist § 611 BGB Anspruchsgrundlage (trotz § 614 BGB für die Fälligkeit), dieser Anspruch wird nicht durch § 323 BGB zum Erlöschen gebracht, sondern über §§ 615, 616 BGB, 2, 3 EFZG, 1 BUrlG, 11 MuSchG, 37 III BetrVG etc. aufrechterhalten
- Trotz des *Fixschuldcharakters* des Arbeitsverhältnisses führt die Nichterbringung der Arbeitsleistung nur unter der Voraussetzung, daß die Nachholung der Leistung nicht möglich ist, zur *Unmöglichkeit*
- Neben § 615 BGB immer auch an die *Risikosphärenverteilung* denken (Betriebsrisiko, Arbeitskampfrisiko, Wegerisiko)
- Bei § 616 BGB kommt es immer auf ein *Verschulden gegen sich selbst* an

- Bei *Spesen* an die Anspruchsgrundlage §§ 675, 670 BGB denken
- Bei *Haftung* des Arbeitgebers immer auch an § *618 III BGB* denken sowie an § *670 BGB analog* (wegen des Rechtsgedankens in § 110 HGB bei ungewöhnlichen Schäden durch schuldloses Handeln anwendbar); beachte: *Haftungsausschluß* (§§ *636, 637 RVO*) bei Personenschäden
- Die *Haftung des Arbeitnehmers* bei Schädigung des Arbeitgebers ist je nach Einzelfall unter Abwägung der Schadensrisiken beschränkt (vgl. *Palandt,* § 611 BGB, Rdnr. 156 ff)
- *Haftung für unberechtigte Kündigung* aus §§ 628 II BGB, 16 I BBiG
- *Aufrechnungsverbot* gegenüber Arbeitslohn, §§ 394 BGB, 850 ff. ZPO

VIII. Begründetheit von Urlaubsansprüchen

- Immer zwischen *gesetzlichem* und *vertraglichem Urlaub* differenzieren (z. B. wegen Unabdingbarkeit, § 13 BUrlG)
- Die *Wartezeit* muß erfüllt sein
- Darauf achten, daß die *tatsächliche Möglichkeit der Inanspruchnahme* des Urlaubs bestand (Arbeitsfähigkeit erforderlich)
- In Bezug auf *Zahlungen* für *Urlaub* ist zu unterscheiden:
  - *Urlaubsentgelt,* § 11 BUrlG (Lohn während des Urlaubs)
  - Zusätzliche *Urlaubsvergütung* (14. Monatsgehalt)
  - *Urlaubsabgeltung* für Urlaub, der wegen Beendigung des Arbeitsverhältnisses nicht mehr gewährt werden kann, abzuwickeln nach §§ 7 IV BUrlG i.V.m. 812 ff. BGB (Hypothetische Betrachtung: Ist im jetzigen Zeitpunkt Urlaub noch nicht verfallen? Falls verfallen: Kann Ersatzurlaubsabgeltung gewährt werden wegen Verzugs des Arbeitgebers mit der Urlaubsgewährung?)
- Bei der *Berechnung* darauf achten, ob Urlaub in Arbeitstagen oder Werktagen vereinbart ist
- *Sondervorschrift* § 17 BErzGG für Erholungsurlaub im Zusammenhang mit Erziehungsurlaub

IX. Begründetheit sonstiger Ansprüche

- Bei *Überstunden* zu unterscheiden ist die öffentlich-rechtliche (ArbZG) und die zivilrechtliche Lage (Tarifvertrag, Arbeitsvertrag)
- *Arbeitszeitbeschränkungen* in §§ 3 ff. ArbZG beachten (abweichende tarifliche Regelung möglich im Rahmen des § 7 ArbZG)
- Kein Rechtsanspruch auf eine bestimmte *Zeugnisformulierung,* nur auf ein qualifiziertes Zeugnis überhaupt (§§ 630 BGB, 73 HGB, 113 GewO)

X. Begründetheit tarifvertraglicher Ansprüche

- *Wirksamkeit* des Tarifvertrags
  - *Tariffähigkeit*, §§ 2 I, II, III TVG (Arbeitgeber, Gewerkschaften, Spitzenorganisationen), 54 III 1, 82 Nr. 3, 85 II HwO (Handwerksinnungen u. a.)
  - Sachliche und räumliche *Tarifzuständigkeit* nach Satzung
  - *Schriftform*, § 1 II TVG
  - Der normative Teil des Tarifvertrags muß sich im Rahmen des § *1 I TVG* halten (nur Regelungen über Inhalt, Abschluß und Beendigung des Arbeitsverhältnisses, betriebliche und betriebsverfassungsrechtliche Normen)
  - Kein *Verstoß* des Tarifvertrags *gegen GG oder gegen Gesetze*, insbesondere gegen die Grenzen der Tarifautonomie
  - Kein *Erlöschen* des Tarifvertrags (Zeitablauf, Kündigung, Aufhebung; beachte: Nachwirkung des Tarifvertrags, § 4 V TVG)
- *Anwendbarkeit* des Tarifvertrags auf das Arbeitsverhältnis
  - *Tarifbindung* über § 3 I, II TVG oder über *Allgemeinverbindlichkeitserklärung* (§ 5 TVG) entstanden (wenn nicht, eventuell Gleichbehandlungsanspruch bei Gleichstellungsabrede oder betrieblicher Übung); beachte: bei betrieblichen und betriebsverfassungsrechtlichen Fragen reicht die Tarifbindung des Arbeit*gebers* aus
  - Tarifbindung darf noch *nicht erloschen* sein, § 3 III TVG
- Tarifvertrag kann auch *einzelvertraglich* in Bezug genommen werden
- Arbeitsverhältnis im *Geltungsbereich* des Tarifvertrags (Liste *Palandt*, vor § 611 BGB, Rdnr. 66 ff):
  - Räumlicher Geltungsbereich
  - Betrieblicher Geltungsbereich (*Industrieverbandsprinzip*, d. h. entscheidend ist der Schwerpunkt der betrieblichen Tätigkeit)
  - Fachlicher Geltungsbereich
  - Persönlicher Geltungsbereich
  - Zeitlicher Geltungsbereich (beachte: die gesetzlich angeordnete Nachwirkung, § 4 V TVG, ist abdingbar)
- Vorliegen der *Tatbestandsvoraussetzungen* der tariflichen Regelung (Auslegung nach dem *Wortlaut* geht anderen Auslegungsmethoden vor)
- *Anspruch nicht erloschen* durch
  - Tarifliche Ausschlußfrist
  - Verjährungseinrede
  - In der Regel kein Erlöschen durch Verzicht (nur im Rahmen des § 4 IV 1 TVG zulässig, d. h. durch Vergleich der Tarifparteien)
  - Auch kein Erlöschen durch Verwirkung (§ 4 IV 2 TVG)
- Vom Tarifvertrag *abweichende Regelung* nach § 4 III TVG, soweit
  - Entweder für den Arbeitnehmer *günstiger* (nach objektiver Betrach-

tung), h. M.: Gruppenvergleich nur jeweils der Regelungen in sachlichem Zusammenhang)
– Oder durch *Tarifvertrag gestattet*

4. Abschnitt. Strafrecht[1]

§ 9. Allgemeines

I. Allgemeine Hinweise

• Sehr früh mit der *Ausarbeitung* beginnen
• Bei verfahrensrechtlichen Fragen *RiStBV* als praxisnahe Kommentierung konsultieren

II. Sachverhaltserfassung

• *Bearbeitervermerk* genauestens lesen, vor allem darauf achten, ob *Strafanträge* gestellt sind bzw. das *besondere öffentliche Interesse* an der Strafverfolgung bejaht wurde
• *Lesereihenfolge*: Anklage vor Beschuldigtenvernehmung vor Polizeibericht vor Zeugenaussagen etc. lesen
• *Personalien* im Sachverhalt markieren (u. U. dann technische Verweisung in der Ausarbeitung möglich)
• Auf das *Alter der Angeklagten* achten, entscheidend sind die Altersgrenzen von *14*, *18* und *21* Jahren (§ 1 II JGG)
• *Beweismittel und Indizien* im Sachverhalt markieren und damit eine Liste der Beweismittel für die Anklage zusammenstellen
• Im *Eröffnungsbeschluß* darauf achten, ob die Anklage nur eingeschränkt zugelassen wurde (auf ausgeschlossene Tatkomplexe nur im Gutachten kurz eingehen)

III. Technik und Vorgehensweise

• Auch bekannte *Paragraphen aufschlagen*, sonst wird leicht eine Tatbestandsalternative oder eine Qualifikation übersehen
• Im Kommentar *Dreher-Tröndle*, StGB bei den Konkurrenzen nachschauen, um *weitere Straftatbestände* aufzufinden

---

[1] Zur Examensvorbereitung im Strafrecht besonders geeignete Literatur: *Schmitz-Ernemann-Frisch*, Die Station in Strafsachen; *Schmehl-Vollmer*, Die Assessorklausur im Strafprozeß; *Schäfer*, Die Praxis des Strafverfahrens; *Kroschel-Meyer=Goßner*, Die Urteile in Strafsachen; *Joachimski*, Strafverfahrensrecht; *Proppe-Solbach*, Fallen – Fehler – Formulierungen; *Arloth*, Strafprozeßrecht.

- Jeden *Tatkomplex* gesondert und komplett *auf einmal behandeln* (Tatsachen, Rechtsfragen und Beweisfragen)
- Der *Schwerpunkt* der Arbeit muß in der Regel im *materiellrechtlichen Gutachten* liegen
- Immer mit dem *Gutachten* beginnen
- Im Gutachten nur *Problematisches* näher abhandeln
- Für die *Prüfung der Tatbestandsmerkmale* auf die Definitionen im Kommentar zurückgreifen
- Immer genau die zutreffende *Tatbestandsalternative* der Norm angeben
- Die rechtliche Würdigung darf sich nur auf die *verwertbaren Beweismittel* beziehen, daher Verwertbarkeit der Beweismittel vor der rechtlichen Würdigung des Sachverhalts prüfen
- Jeweils *eigene Notizblätter* z. B. für folgende Fragen erstellen:
  - Bearbeitervermerk
  - Prozessuale Daten
  - Materielle Daten
  - Skizze
  - Zulässigkeit des Rechtsmittels
  - Zulässigkeit der Klage
  - Verfahrenshindernisse
  - Anträge der Staatsanwaltschaft
  - Einzelne Tatkomplexe bzw. Straftatbestände
  - Konkurrenzen
  - Strafzumessungstatsachen
  - Beweismittel
  - Nebenentscheidungen
  - Tenor
  - Weitere Maßnahmen des Gerichts

  Bei der *Revision*:
  - Zulässigkeit der Revision
  - Prozeßhindernisse
  - Verfahrensrügen
  - Materielle Rügen

§ 10. Die Abschlußverfügung des Staatsanwalts

I. Anklageschrift allgemein

- An einen *Strafbefehlsantrag* statt einer Anklageschrift denken (aber nur bei Zuständigkeit des Strafrichters oder des Schöffengerichts), im Zweifel aber Anklage statt Strafbefehl wählen, wenn eine Ausformulierung gefordert wird (keine Strafzumessung erforderlich, dafür aber ein wesentliches Ergebnis der Ermittlungen)

- Angabe des *Aktenzeichens* nicht vergessen
- *Rubrum* erst am Schluß schreiben, sofern noch Zeit bleibt
- Hinweis auf *Haft* im Rubrum nicht vergessen
- Auf *Terminologie* achten: „Angeschuldigter" (§ 157 StPO)

II. Tat-Sachverhalt

- Unbedingt *Angabe der Tatzeit* und des *Tatortes* (wegen des Strafklageverbrauchs); soweit unbekannt: „Zu einem nicht mehr genauer feststellbaren Zeitpunkt zwischen . . ./ vor dem . . ."
- Unbedingt *Gesetzesbegriffe* bei der Tatschilderung vermeiden
- In der Regel den Sachverhalt aus den Akten *wörtlich übernehmen*, da Überlegungen, wie man kürzen könnte, im Zweifel mehr Zeit kosten
- Sachverhalt dadurch gliedern, daß für jede in *Tatmehrheit* stehende Tat ein *eigener Absatz* verwendet wird; dies hilft auch, die Konkurrenzen leichter wiederzufinden
- Vor allem darauf achten, daß sich der *subjektive Tatbestand* und *Unterlassungstaten* aus der Schilderung ohne weiteres subsumieren lassen
- Bei *Wahlfeststellung* beide Sachverhaltsalternativen schildern („Entweder . . . oder . . .") ✗
- Bei *Tatbeteiligung* erwähnen, wenn die Tatausführung unterblieb
- *Haupttat* in der Regel komplett vor der *Beteiligungshandlung* schildern ✗ (Formulierung: „Der anderweitig verfolgte A. entwendete . . .")
- Für die Subsumtion wichtige *Unterlassungen* des Täters erwähnen
- *Tatfolgen* bzw. *Wert der Beute* nennen (wichtig für die Strafzumessung sowie für die Frage, ob ein Strafantrag erforderlich ist)
- *Strafantrag* einschließlich dessen Formalia im Sachverhalt aufführen, ebenso die Bejahung des *besonderen öffentlichen Interesses* an der Strafverfolgung
- Tatsachen, die eine *Verjährungsunterbrechung* begründen, erwähnen ✗
- Für die *Formulierung* der den Tatbestand begründenden Tatsachen im ✗ Zweifel die Definition aus dem *Kommentar* benutzen (Formulierung für Vorsatz beispielsweise „mit Wissen und Wollen")
- Formulierung für *Fahrlässigkeit*: „aus Sorglosigkeit bzw. Unachtsamkeit" ✗
- Formulierung für *Diebstahl* (§ 242 StGB): „Er entwendete ein Radiogerät, um es für sich zu verwenden/zu behalten" ✗
- Formulierung für Täuschung bei *Betrug* (§ 263 StGB): „Er gab vor" ✗
- Formulierung für die konkrete Gefährdung bei der *Straßenverkehrsgefährdung* (§ 315 c StGB): „Es war nur glücklichen Umständen zu verdanken, daß nichts passierte"
- Formulierung für *Trunkenheit im Verkehr* bzw. *Vollrausch* (§§ 316 bzw. 323 a StGB): „Der Angeschuldigte trank soviel Alkohol, daß er zur Zeit der Tat eine Blutalkoholkonzentration von 1,5 Promille hatte"

III. Anklagesatz und Rechtsausführungen

- Nur eine von mehreren *Alternativen des Straftatbestands* im Anklagesatz wörtlich zitieren
- Bei Straftatbeständen, die auch fahrlässig begangen werden können, unbedingt *„vorsätzlich/fahrlässig"* angeben
- Statt „rechtlich/sachlich zusammentreffend" besser „in *Tateinheit/Tatmehrheit"* verwenden
- Formulierung für *Tatbeteiligung*: „gemeinschaftlich handelnd" bzw. „Hilfe geleistet zu haben"
- *Regelbeispiele* nicht im Anklagesatz wörtlich zitieren, aber – ebenso wie unbenannte Strafschärfungen und -milderungen – in die Paragraphenliste aufnehmen
- *Wahlfeststellung* immer begründen mit der Standardformel von der rechtsethischen und psychologischen Vergleichbarkeit
- *Antrag auf Fahrerlaubnisentzug* bzw. *Einziehung* der Tatwerkzeuge o. ä. ankündigen („In der Hauptverhandlung werden daher Maßnahmen nach §§ 69, 69 a StGB beantragt werden")

IV. Wesentliches Ergebnis der Ermittlungen

- Bei Anklage zum *Strafrichter nicht erforderlich*, § 200 II StPO
- *Formulierung*: „Der Angeklagte räumt den äußeren Sachverhalt ein, bestreitet jedoch die Absicht"
- *Lebenslauf* und *Vorstrafen* hier erwähnen
- *Formulierung*: „Zeuge X. wird bestätigen, daß ..."
- Einlassung des Täters kann u. U. als *Schutzbehauptung* qualifiziert werden
- *Rechtsausführungen*, soweit *notwendig*, hier unterbringen, im übrigen grundsätzlich nur im Gutachten
- *Beweismittel* angeben

V. Verfahrensanträge in der Anklageschrift

- Zulassung der Hauptverhandlung
- Fortdauer der Haft
- Erlaß eines neuen Haftbefehls bzw. Aufhebung des Haftbefehls
- Anberaumung eines Verhandlungstermins
- Bestellung eines Pflichtverteidigers
- Zulassung eines Nebenklägers
- Verfahrensverbindung
- Kommissarische Vernehmung

VI. Einstellungsverfügungen

- Auf *Terminologie* achten: „Beschuldigter"
- *Nicht nachweisbare Taten* im Sinne des § 264 StPO oder solche, bei denen ein *Verfahrenshindernis* vorliegt, werden nach § 170 II StPO eingestellt
- Das Verfahren wird *nicht* eingestellt, wenn dieselbe *prozessuale Tat anderweitig verfolgt* wird
- *153 a StPO* im Zweifel in der Klausur nicht anwenden, ebensowenig *154 StPO* (aber Hinweis auf Möglichkeit dazu!), allenfalls § *154 a StPO* (einfacher Aktenvermerk ausreichend) um langwierige und ineffektive Ermittlungen zu vermeiden
- *Einstellungen* nach Ermessensvorschriften grundsätzlich nur bei *Ersttätern* anwenden
- An vorläufige Einstellung *analog § 205 StPO bei unbekanntem Aufenthalt* eines Beschuldigten (in der Regel in Verbindung mit einem Haftbefehlsantrag, soweit dessen Voraussetzungen vorliegen, § 112 ff. StPO) denken
- Bei *Verweisung auf den Privatklageweg* das Verfahren nach § 170 II StPO einstellen (in der Klausur im Zweifel vermeiden, da Gefahr zu großer Milde, vor allem nie bei Vorbestraften); zur Begründung auf den Wortlaut der Nr. 86 II RiStBV zurückgreifen
- Einstellungsverfügung *genau begründen*
- *Mitteilung* der Einstellung:
  - an den *Beschuldigten*:
    - grundsätzlich formlos und ohne Gründe
    - Ausnahme bei *StrEG-Anspruch* Zustellung mit Belehrung
  - an den *Anzeigeerstatter*:
    - nur bei Tatopfer mit Interesse am Verfahren
    - grundsätzlich Mitteilung mit Gründen, Zustellung und Belehrung bei Offizialdelikten
    - ausnahmsweise formlos, falls ausschließlich *Privatklagedelikt* vorliegt oder Einstellung nach §§ *153 ff. StPO* erfolgt

VII. Sonstige Verfügungen

- Auf praxisnahe, sinnvolle *Reihenfolge* der Verfügungen achten (Beispiel: Herstellung von Ablichtungen und Bundeszentralregister-Anfrage vor Versendung der Akten)
- Vermerk über den *Abschluß der Ermittlungen* nicht vergessen, sofern Anklage erfolgt (§ 169 a StPO)
- Vor Anklage muß der *Beschuldigte gehört* werden (§ 163 a I StPO)
- Typische *Verfügungen*:
  - Versendung vormerken

- Abtragen (in der Klausur nicht erwähnen, da nur für statistische Zwecke wichtig)
- Auskunft beim Bundeszentralregister und beim Verkehrszentralregister erholen
- Wiedervorlage
- Weglegen
- Antrag auf *Pflichtverteidiger*, § 141 III StPO, stellen
- *Abgabe* bestimmter *Verfahren* an einen Staatsanwalt mit besonderer Zuständigkeit, z. B. Jugendstaatsanwalt, möglich
- *Asservate bereinigen* (sobald das Beweismittel im Verfahren nicht mehr benötigt wird)
- *Nachermittlungsauftrag* an die Polizei möglich
- Ergänzung der *Liste der Beschuldigten* möglich, gegebenenfalls Verfahren insoweit *abtrennen*
- *Abgabe* der Sache an die zuständige *Verwaltungsbehörde* wegen noch zu verfolgender *Ordnungswidrigkeit*, § 43 OWiG
- *Unterschrift* unter die Anklage bzw. Einstellungsverfügung nicht vergessen

§ 11. Strafurteil

I. Strafurteil allgemein

- Bei der *Sachverhaltserfassung* auf das angegebene *Konkurrenzverhältnis* der angeklagten Taten achten; hier finden sich fast immer Fehler, außerdem hat das angeklagte Konkurrenzverhältnis Auswirkungen auf etwaige Teilfreisprüche
- *Terminologie*: „Angeklagter" (§ 157 StPO, vor allem beim Abschreiben der Anklageschrift beachten)
- Beim Urteil mit den *persönlichen Verhältnissen beginnen*, um sich einzuschreiben; aber nicht zu viel Zeit dafür verwenden
- Auch bei einer Urteilsklausur *Hilfsgutachten* zu den Rechtsfragen erstellen
- Verurteilungen, *Verfahrenseinstellungen* (wegen eines Prozeßhindernisses) und *Teilfreisprüche* im Urteil völlig voneinander *getrennt* ausführen, auch bezüglich des Sachverhalts
- Auch *soweit* angeklagte Straftaten sich als nicht strafbar erweisen und *kein Teilfreispruch* erfolgt, muß dies im Unterpunkt Freispruch abgehandelt werden
- *Teilfreisprüche* bzw. -*einstellungen* erfolgen grundsätzlich nur, soweit andere Taten im Sinne von § 53 StGB vorliegen
- Ein *Freispruch* geht einer *Verfahrenseinstellung* vor, ein Prozeßhindernis führt also noch nicht zum Abbruch der Prüfung, soweit die Tat bereits sachlich aufgeklärt ist

- Überschrift nach dem Tenor heißt „Gründe", nicht „Entscheidungsgründe"
- *Terminologie*: „Hauptverhandlung" statt mündlicher Verhandlung
- *Unterschrift* des Richters bzw. der Richter nicht vergessen

II. Rubrum

- *Alle Hauptverhandlungstage* zitieren (anders als im Zivilurteil)   ✗

III. Tenor

- Für die *Tenorierung Kleinknecht*, § 260 StPO, Rdnr. 16 ff. konsultieren
- *Tenor* und *Gründe* müssen übereinstimmen; jede Inkongruenz wird als schwerer Fehler gewertet
- Unbedingt das Strafmaß *konkret festsetzen* (soweit nicht erlassen), um Praxisnähe zu zeigen
- Bei Straftatbeständen, die auch fahrlässig begangen werden können, unbedingt „*vorsätzlich/fahrlässig*" angeben
- Statt „rechtlich/sachlich zusammentreffend" besser „in *Tateinheit/Tatmehrheit*" verwenden
- *Geldstrafe* kann auch verhängt werden, wenn eine *Mindestfreiheitsstrafe* im Gesetz vorgesehen ist wie etwa bei § 243 StGB (§ 47 II StGB)
- Bei Illiquidität des Angeklagten ist auch die Gewährung von *Ratenzahlungen* für eine *Geldstrafe* möglich (§ 42 StGB)
- In den Tenor gehört auch die Aussetzung der Vollstreckung einer Freiheitsstrafe zur *Bewährung* (nicht dagegen die Ablehnung einer Strafaussetzung)
- Bei mehreren real konkurrierenden Straftaten wird *Gesamtgeldstrafe* bzw. -freiheitsstrafe verhängt
- Auf die Bildung einer *nachträglichen Gesamtstrafe* (§ 55 StGB) achten, wenn Verurteilungen, die zeitlich *nach* den Taten im Sachverhalt liegen, erwähnt werden
- *Tenor* bei *nachträglicher Gesamtstrafe*: „Der Angeklagte wird wegen ... zu einer Gesamtstrafe von ... verurteilt. In diese Gesamtstrafe ist die Freiheitsstrafe aus dem Urteil des AG ... vom ... einbezogen." (danach ist in Sonderfällen noch eine zweite Gesamtstrafe im gleichen Tenor zu bilden); beachte: *Auflösung einer alten Gesamtstrafe* nicht vergessen
- Ein Ausspruch über die *Anrechnung der Untersuchungshaft* ist nicht erforderlich, da im Gesetz vorgesehen, § 51 I 1 StGB (auch für ausgesprochene Geldstrafe)

- *Nebenfolgen der Tat* nicht vergessen:
  – *Fahrerlaubnis* entziehen, *Führerschein* einziehen, *Frist* für die *Wiedererteilung* der Fahrerlaubnis (§§ 69, 69 a StGB, Formulierung bei *Dreher-Tröndle*, § 69 a StGB, Rdnr. 2)
  – *Einziehung* von Tatwerkzeugen (Ablehnung der Einziehung aber nur in den Gründen), §§ 74 ff. StGB
  – *Verfall*, §§ 73 ff. StGB
- Kosten aufteilen bei *Teilfreispruch* bzw. *Teileinstellung* („ausscheidbare Kosten")
- *Auslagen des Nebenklägers* in der Kostenentscheidung berücksichtigen
- *StrEG-Entscheidung* nicht vergessen, insbesondere *Haftentschädigung* festsetzen bei Freispruch oder bei über das Strafmaß hinausgehender Untersuchungshaft; beachte: nur dem Grunde, nicht der Höhe nach (Formulierung: „für die erlittene Untersuchungshaft vom ... bis ... wird dem Angeklagten (keine) Entschädigung durch die Staatskasse gewährt")
- *Liste der angewendeten Vorschriften* (§ 260 V StPO) nicht vergessen (nicht aufzunehmen sind Bewährungsvorschriften und Kostennormen); beachte: §§ 247, 248 a, 243 StGB und unbenannte Strafschärfungen und -milderungen erscheinen nicht im Tenor, aber in der Liste

IV. Persönliche Lebensverhältnisse

- *Vorstrafen* erwähnen
- *Einkommen* des bzw. der Angeklagten nennen

V. Tat-Sachverhalt

- Grundsätzlich gilt das gleiche wie bei der Anklageschrift
- In der Regel *Anklageschrift übernehmen*, aber auf darin enthaltene Fehler achten, insbesondere auf:
  – Fehlende Ausführungen zum subjektiven Tatbestand
  – Unzulässige Verwendung von Gesetzesbegriffen
- Grundsätzlich nur die *Tatsachen*, die *in die Hauptverhandlung* eingeführt wurden, verwerten (aus dem Protokoll ersichtlich)

VI. Beweiswürdigung

- *Einleitungssatz*: „Dieser Sachverhalt steht zur Überzeugung des Gerichts fest aufgrund der Einlassung des Angeklagten, soweit dieser gefolgt werden konnte, und aufgrund der Angaben der Zeugen X und Y. Die Zeugen blieben unvereidigt. Der Bundeszentralregisterauszug und der Strafantrag des Geschädigten O. wurden verlesen."
- *Einlassung des Angeklagten* und der *Zeugen* in der Regel durch technische Verweisung wörtlich aus dem Protokoll übernehmen

- Erwähnen, ob Zeugen *vereidigt* wurden oder nicht   X
- *Sammelbeweiswürdigung* (nur für Klausurzwecke geeignet): „An der   X
  Zuverlässigkeit und Richtigkeit der Angaben der Zeugen hat sich nicht
  der geringste Zweifel ergeben. Die Zeugen haben ihre Angaben ruhig,
  sachlich und ohne jeden Belastungseifer gemacht. Es ist auch kein Mo-
  tiv ersichtlich, daß sie dem Angeklagten durch eine bewußt falsche
  Aussage schaden wollten"
- *Ausführlich* alle Beweismittel würdigen, aber nur soweit sie Gegenstand der Hauptverhandlung waren
- Wenn ein Angeklagter die ihm zur Last gelegte Tat zunächst leugnet,
  aber nach umfangreichen Zeugenvernehmungen ein *glaubwürdiges Ge-
  ständnis* abgibt, müssen in den Gründen die Zeugenaussagen vor dem
  Geständnis nicht mehr im einzelnen gewürdigt werden
- Die Einlassung des Angeklagten kann u. U. als *Schutzbehauptung* qua-
  lifiziert werden
- Nicht vergessen, an dieser Stelle *Hilfsbeweisanträge* zurückzuweisen   X
  (unter Angabe des Antragsinhalts); eine *Wahrunterstellung* ist im Tat-
  Sachverhalt zu berücksichtigen
- Auf *unverwertbare Beweismittel* achten   X
- In der Beweiswürdigung ist auch die *Heilung von revisiblen Verfah-*   X
  rensmängeln möglich, z. B. Würdigung einer eidlichen Aussage als
  unbeeidigte wegen Verstoßes gegen § 60 Nr. 2 StPO

VII. Rechtliche Beurteilung

- *Rechtsprobleme* in der Regel nicht im Urteil abhandeln, sondern nur im
  Gutachten, Ausnahmen bei:
  - Freispruch aus rechtlichen Gründen
  - Einstellung des Verfahrens
  - Sonstiger Abweichung von der Anklage
  - Ausdrücklichem Vorbringen der Parteien

VIII. Strafzumessung

- Für die *Strafzumessung* bei der Vorbereitung eine *Skizze* anfertigen, in
  der für jeden Tatkomplex positive und negative Aspekte gesammelt
  werden; diese Skizze wird dann während der gesamten Bearbeitung
  immer wieder ergänzt:

	+	−
Tatkomplex 1	Geständnis	hoher Schaden
Tatkomplex 2	Schadenswieder-gutmachung	hohe kriminelle Energie

- *Eingangsformulierung* für die Strafzumessung: „Das Gericht hat sich bei der Strafzumessung von folgenden Erwägungen leiten lassen:"
- *Im Zweifel* nur eine *Geldstrafe* verhängen, da dann keine Ausführungen über § 47 I StGB und über Bewährungsfragen erforderlich sind
- Als *Gesamtstrafe* in der Regel die Einsatzstrafe (höchste Einzelstrafe) zuzüglich der Hälfte der übrigen Einzelstrafen ansetzen
- Bei *Ersttätern* darauf achten, daß Strafen *unter 90 Tagessätzen bzw. 3 Monaten* nicht in ein Führungszeugnis über den Inhalt des Bundeszentralregisters aufgenommen werden (§ 32 II Nr. 5 BZRG)
- Für *Strafzumessungsaspekte Dreher-Tröndle*, § 46 StGB konsultieren
- Bei der Zumessung keinesfalls die *gesetzlichen Tatbestandsmerkmale* (vor allem einer Qualifikation, z. B. § 243 StGB) nochmals verwerten, es sei denn, es würde nur aus einem anderen Tatbestand bestraft (§ 46 III StGB)
- Auch nicht das *Nichtvorliegen einer Qualifikation* als strafmildernd bzw. das Nichtvorliegen einer Privilegierung als strafschärfend werten
- Für jede einzelne Tat muß grundsätzlich eine *gesonderte Zumessung* durchgeführt werden (textliche Zusammenfassung ist aber möglich); die *Gesamtstrafe* ist ebenfalls gesondert zuzumessen
- Liste der *Milderungsmöglichkeiten* und *-pflichten* vgl. *Dreher-Tröndle*, § 49 StGB, Rdnr. 3, 4; am wichtigsten sind:
  - § 27 II StGB (*Beihilfe*), zwingend
  - § 28 I StGB (*besondere persönliche Merkmale*), zwingend
  - § 13 II StGB (*Unterlassungstat*), fakultativ
  - § 17 StGB (*Verbotsirrtum*), fakultativ
  - § 21 StGB (*verminderte Schuldfähigkeit*), fakultativ
  - § 23 II StGB (*Versuch*), fakultativ
  - § 46 a StGB (*Täter-Opfer-Ausgleich*), fakultativ
- Auf *Zusammentreffen mehrerer Milderungsmöglichkeiten* (§ 50 StGB) achten
- Die für eine Milderung bei *versuchter Straftat* (§ 23 II StGB) erforderlichen Erwägungen nicht vergessen
- Überlegen, ob ein *minder schwerer Fall* angenommen werden könnte
- § 47 StGB (*besondere Voraussetzungen für kurze Freiheitsstrafen*) gilt auch bei einer Gesamtstrafenbildung, die insgesamt eine höhere Strafe erreicht
- Formulierung für die *Abwägung*: „Unter Abwägung dieser für und gegen den Angeklagten sprechenden Umstände erschien im Fall 1 eine Geldstrafe von ... schuldangemessen und ausreichend. Unter nochmaliger Berücksichtigung dieser Umstände erschien es insbesondere wegen (oder: trotz) der schnellen Folge der Straftaten und der vielen Einzelakte vertretbar, die Einzelstrafen unter Erhöhung der Einsatzstrafe von ... auf eine Gesamtgeldstrafe von ... zurückzuführen. Die

Tagessatzhöhe entspricht den Einkommensverhältnissen des Angeklagten."

- Eine *StrEG-Entscheidung* ist zu begründen
- Für eine *Strafaussetzung zur Bewährung* ist eine Begründung erforderlich (unterschiedlich bei Strafen über oder unter einem Jahr, § 56 I, II StGB)

IX. Nebenentscheidungen

- *Selbständige* Nebenentscheidungen sind dann nicht zu fertigen, wenn die Aufgabenstellung nur ein Urteil verlangt
- *Bewährungsbeschluß* nicht vergessen (für Dauer der Bewährungszeit, Bewährungsauflagen und -weisungen im Sinne der §§ 56 b, 56 c StGB)
- Beschluß über die *Fortdauer der Haft* (§ 268 b StPO) nicht vergessen (eigener Beschluß erforderlich)

§ 12. Materielles Strafrecht

I. Prozeßvoraussetzungen und Strafverfolgungshindernisse

- Unterscheide:
  - *Strafanzeige*
  - *Strafantrag* im Sinne des § 158 I StPO (wichtig für §§ 171, 172 StPO)
  - *Materiellrechtlicher Strafantrag* im Sinne von § 158 II StPO i.V.m. §§ 77 ff. StGB
- Wenn das Opfer eine *„strenge Bestrafung"* fordert, kann darin in der Regel ein Strafantrag gesehen werden; auch sonst ist im Zweifel ein konkludenter Strafantrag anzunehmen
- *Strafantrag* immer daraufhin prüfen, ob er in der richtigen *Form* und *Frist* und auch sonst ordnungsgemäß gestellt wurde
- Auf *geringwertige Sache* achten (z. B. §§ 248 a, 259 II, 263 IV, 266 III StGB)
- Auf *Familiendiebstahl* achten (§ 247 StGB)
- Die Staatsanwaltschaft kann das *besondere öffentliche Interesse* an der Strafverfolgung etwa bei § 232 I StGB auch konkludent durch die Erhebung der Anklage bejahen
- *Verfolgungsverjährung* beachten bei Taten, die mehr als 3 Jahre zurückliegen, insbesondere bei Hinweisen auf Unterbrechungshandlungen im Sachverhalt (§§ 78 ff. StGB)
- Bei *internationalem Bezug*:
  - Frage der *Verfolgbarkeit* prüfen (§ 3 ff. StGB)

– Außerdem die davon zu unterscheidende Frage, ob durch die Tat ein vom deutschen Strafrecht *geschütztes Rechtsgut* verletzt ist (ausländisches Individualrechtsgut immer, ausländisches Gemeinschaftsgut einschließlich des Staatseigentums bzw. -vermögens in der Regel nein, vgl. *Dreher-Tröndle*, vor § 3 StGB, Rdnr. 5 ff)

– Beim *Strafrahmen* ist das *ausländische Strafrecht* als Zumessungstatsache zu berücksichtigen (u. U. Obergrenze im Strafmaß)

– *Sonstiges ausländisches Recht* ist für Inzidentfragen grundsätzlich zu prüfen, ebenso auch Rechtfertigungsgründe, objektive Sorgfalt und Garantenpflicht

II. Materielles Strafrecht allgemeiner Teil

• Prüfungsschema *Unterlassungsdelikt*:
  – Abgrenzung Handlung – Unterlassung nach dem Schwerpunkt der Vorwerfbarkeit
  – Eintritt des Tatbestandserfolgs
  – Gebotene Handlung unterlassen
  – Physisch-reale Möglichkeit der Rettungshandlung
  – Kausalität der Rettungshandlung für den Erfolg
  – Garantenstellung
  – Gleichwertigkeitsklausel, § 13 I a. E. StGB
  – Vorsatz bzgl. Kausalität, Garantenstellung und Garantenpflicht
• Prüfungsschema *Fahrlässigkeitsdelikt*:
  – Tatbestandserfolg
  – Kausalität
  – Objektive Pflichtverletzung
  – Objektive Voraussehbarkeit des Erfolgs bzw. Verlaufs
  – Zurechnung
  – Subjektive Pflichtverletzung
  – Subjektive Voraussehbarkeit des Erfolgs bzw. Verlaufs (insoweit erst bei der Schuld zu prüfen)
• Immer genau prüfen, ob der *Versuch* überhaupt *strafbar* ist, z. B. nicht bei:
  – § 113 StGB (Widerstand gegen Vollstreckungsbeamte)
  – § 123 StGB (Hausfriedensbruch)
  – § 142 StGB (Unfallflucht)
  – § 153 StGB (uneidliche Falschausssage)
  – § 223 StGB (Körperverletzung)
  – § 266 StGB (Untreue)
• Auf *Rücktritt vom Versuch* (§ 24 StGB) achten

III. Materielles Strafrecht besonderer Teil

- Schnittstellen für den Einstieg in *zivilrechtliche und verwaltungsrechtliche Vorfragen* sind:
  - die Eigentumsverhältnisse bei Diebstahlsdelikten, §§ 242 ff. StGB
  - die Rechtmäßigkeit einer Diensthandlung bei §§ 113 (Widerstand gegen Vollstreckungsbeamte), 136 StGB (Verstrickungsbruch)
  - der Anspruch eines Gläubigers bei §§ 288 (Vereiteln der Zwangsvollstreckung), 289 StGB (Pfandkehr)
- Bei *gefährlicher Körperverletzung* (§ 223 a StGB) immer alle Alternativen prüfen (Waffe, gefährliches Werkzeug, hinterlistiger Überfall, Angriff mehrerer, lebensgefährliche Behandlung)
- *Nötigung* (§ 240 StGB) nicht vergessen
- Bei Unterschlagung (§ 246 StGB) die 2. Alternative (*Veruntreuung*) beachten
- Bei Betrug und Erpressung (§§ 253, 263 StGB) an die Variante der *Bereicherung Dritter* denken
- *Betrug* (§ 263 StGB) immer genau prüfen wegen der besonderen rechtlichen Schwierigkeit dieses Tatbestands
- Bei *Urkundenfälschung* (§ 267 StGB) immer alle Alternativen prüfen
- *Urkundenunterdrückung* (§ 274 StGB) nicht vergessen
- Relevante *Blutalkoholwerte* bei Straßenverkehrsgefährdung bzw. Trunkenheit im Verkehr (§§ 315 c, 316 StGB):
  - absolute Fahruntüchtigkeit liegt bei Kraftfahrzeugen in der Regel ab 1,1 Promille vor
  - relative Fahruntüchtigkeit ist möglich ab 0,3 Promille bei entsprechenden Beweisanzeichen
  - davon zu unterscheiden ist die 0,8-Promille-Grenze (§ 24 a StVG)
- Bei Beteiligung eines *Amtsträgers* an die *Amtsdelikte* (§§ 331 ff. StGB) denken
- Erst vor kurzer Zeit *neu geschaffene Straftatbestände* nicht übersehen

IV. Konkurrenzen

- Nicht vergessen, die *Konkurrenzen* zu prüfen
- Auf *Fortsetzungstaten* achten; nach neuerer BGH-Rechtsprechung ist die Rechtsfigur der fortgesetzten Handlung aber in ihrer bisherigen Ausgestaltung aufgegeben worden und insbesondere bei Vermögens-, Sexual- und Betäubungsmittelstraftaten grundsätzlich nicht mehr anwendbar
- An die *Klammerwirkung* eines Dauerdelikts o. ä. denken

§ 13. Revisionsklausur

I. Revisionsklausur allgemein

- Bei einer Revisionsbegründung eingangs *Anträge* stellen, im Zweifel mit Hilfsanträgen („Freispruch, hilfsweise Aufhebung") für den Fall, daß bestimmte Rügen nicht durchgreifen
- Bei der *Revisionsbegründung* eines *Rechtsanwalts* ruhig zugunsten des Mandanten Mindermeinungen vertreten, aber dann im Hilfsgutachten klarstellen, daß die Frage strittig ist
- Bei der *Revisionsbegründung* eines *Rechtsanwalts* nie zu Lasten des Mandanten argumentieren
- Anträge mit einer *genauen Bezeichnung* des aufzuhebenden Urteils (Datum, Aktenzeichen) versehen
- Bei den Anträgen zwischen *aufhebendem* (§ 353 StPO) und *erkennendem Teil* (§ 354 I StPO) unterscheiden
- *Tatsachenfeststellungen* in der Regel bei formellen Verstößen *aufheben*, grundsätzlich aber nicht bei materiellen Rügen
- Daran denken, daß das *Revisionsgericht* auch teilweise *selbst entscheiden* kann, z. B. bei entscheidungsreifem Teilfreispruch
- Bei einem Revisionsgutachten den *Entscheidungsvorschlag* nicht vergessen
- Im Revisionsgutachten am Schluß eine *Zusammenfassung* der durchgreifenden Verfahrensverstöße anfügen

II. Zulässigkeit der Revision

- Bei allen Rechtsmitteln auf die Einhaltung der Voraussetzungen der §§ *296 ff. StPO* achten
- Die *Zulässigkeit* der Revision ist nicht in der Revisionsbegründung, sondern im *Hilfsgutachten* zu prüfen
- Klären, welches *Gericht* über die *Revision* entscheidet (in der Regel im Hilfsgutachten)
- Einlegung von Rechtsmitteln beim *iudex a quo* (anders als im Zivilprozeß)
- Rechtsmittel müssen *unbedingt eingelegt* werden; unzulässig ist die „vorsorgliche" Einlegung und diejenige „unter Vorbehalt der Rücksprache mit dem Mandanten"
- Eigene *Fristberechnungsnorm*: § 43 StPO
- Die *Revisionsbegründung* ist *Zulässigkeitsvoraussetzung*, § 344 II StPO, d. h. zumindest die Sachrüge oder eine Verfahrensrüge muß zulässig erhoben sein, selbst wenn ein Verfahrenshindernis eingreift (Ausnahme: Ein Verfahrenshindernis, das erst nach dem Urteil der Vorinstanz eintrat)

- Beim *Nebenkläger* besonders zu prüfen: X
  - Anschlußbefugnis
  - Rechtsmittelbefugnis
  - Beschwer (§ 400 I StPO, nur bezüglich Nebenklagedelikt, nicht bezüglich Strafmaß allein)

III. Prozeßvoraussetzungen und -hindernisse

- *Liste der Prozeßhindernisse* in *Kleinknecht*, StPO, Einl. Rdnr. 145, als Checkliste verwenden
- Ordnungsgemäß gestellter *Strafantrag* bzw. *Ermächtigung* erforderlich
- *Verjährung* beachten bei Taten, die mehr als 3 Jahre zurückliegen, insbesondere bei Hinweis auf Unterbrechungshandlungen im Sachverhalt
- Wenn *nicht aufklärbar* ist, ob der Strafantrag rechtzeitig gestellt wurde bzw. ob Verjährung eingetreten ist, ist der Grundsatz *in dubio pro reo* anwendbar
- Die *sachliche Zuständigkeit* des entscheidenden Gerichts ist von Amts wegen zu prüfen (im Gegensatz zur örtlichen und funktionellen, § 338 Nr. 4 StPO); beachte: höherrangiges Gericht schadet nicht (§ 269 StPO), Ausnahme bei willkürlichem Entzug des gesetzlichen Richters
- Verfahrenshindernisse aus der *1. und 2. Instanz* prüfen (einschließlich Zulässigkeit der Berufung)
- *Zulässigkeit* besonderer *Verfahrensarten* prüfen:
  - *Privatklage*, §§ 374 ff. StPO
  - *Nebenklage*, §§ 395 ff. StPO
  - *Strafbefehl*, §§ 407 ff. StPO
  - *Wiederaufnahmeverfahren*, §§ 359 ff. StPO
- Entgegenstehende *Rechtshängigkeit* prüfen
- *Strafklageverbrauch* bzw. *Sperrwirkungen* (nach §§ 153 a I 4, 174, 211 StPO) beachten
- Vorhandensein von *Anklage* bzw. Strafbefehl und *Eröffnungsbeschluß* prüfen (kann u. U. in der Hauptverhandlung nachgeholt worden sein)
- Überprüfen, ob ordnungsgemäß *Nachtragsanklage* erhoben wurde und *Einbeziehungsbeschluß* ergangen ist (§ 266 StPO); es ist genau festzustellen, was zur prozessualen Tat gehört
- Darauf achten, ob eine *reformatio in peius* vorgenommen wurde (§§ 331, 358 II StPO)

IV. Verfahrensrügen

• Verfahrensrügen im Revisionsgutachten *chronologisch* nach dem Ablauf der Hauptverhandlung abhandeln
• § *337 StPO* bei Verfahrensfehlern immer mitzitieren
• *Aufbauschema* bei Verfahrensfehlern (vgl. *Böhme-Fleck-Bayerlein*, Formularsammlung, Nr. 43):
  1. *Vollständige*, fristgerechte und als feststehend dargestellte *Angabe der Tatsachen* (nicht: „im Protokoll fehlt...", da sonst die Gefahr einer unzulässigen Protokollrüge besteht); allenfalls möglich ist eine technische Verweisung auf das Protokoll; auch der Inhalt von Urkunden und Anträgen etc. ist anzugeben
  2. *Beweismittel*
     a) *Protokoll* nur in den Fällen des § 274 StPO
     b) Im übrigen gilt grundsätzlich das *Freibeweisverfahren* (Beispiel: dienstliche Äußerungen der Richter)
     c) Beachte: beim *Landgericht* ist der Inhalt von Zeugenaussagen nie im Protokoll enthalten, beim Amtsgericht nicht immer
  3. *Gesetzesverletzung* („Damit ist § ... StPO verletzt")
  4. *Beschwer* für den Angeklagten, *fehlt* z. B. bei folgenden Konstellationen:
     a) Verstoß gegen bloße *Ordnungsvorschrift* (Beeinträchtigung der Rechte des Angeklagten fehlt)
     b) *Heilung* oder *Verwirkung des Rügerechts*, insbesondere durch Nichtherbeiführung eines Gerichtsbeschlusses, § 238 II StPO (Argument: Urteil beruht auf der Nichtherbeiführung des Beschlusses und nicht auf dem Fehler)
     c) Rügeverlust durch *Zeitablauf*, z. B. bei Unzuständigkeit des Gerichts, Ablehnung des Richters, Ladungsmangel, Zeugenerkundigungen (vgl. Liste bei *Kleinknecht*, § 337 StPO, Rdnr. 42)
     d) *Rechtskreis* des Angeklagten nicht betroffen (z. B. bei verzichtbaren Rechten der Staatsanwaltschaft); diese Frage ist auch anzusprechen, wenn der Rechtskreis tatsächlich betroffen ist (etwa weil die Vorschrift die Optimierung der Verteidigung bezweckt)
     e) Die *Staatsanwaltschaft* kann nicht zu Lasten des Angeklagten Vorschriften zu dessen Gunsten rügen (§ 339 StPO)
  5. *Beruht* das Urteil auf dem Verfahrensmangel (Formulierung: „Es kann nicht ausgeschlossen werden, daß das Urteil anders ausgefallen wäre, wenn...")?
• Bei allen *Verfahrensfehlern* bei *Kleinknecht*, StPO am Ende der Kommentierung der jeweiligen Vorschrift nachschauen, ob dort – wie meist – Anmerkungen zur Revisibilität der Vorschrift zu finden sind
• *Vollständige Angabe der Tatsachen* ist in der Regel auch bei einem Revisionsgutachten erforderlich

- Immer die Liste des § 338 StPO (*absolute Revisionsgründe*) durchschauen, weil diese sehr häufig zu prüfen sind
- Insbesondere § 338 Nr. 8 StPO (*Beschränkung der Verteidigung*) berücksichtigen
- An die notwendige Anwesenheit eines *(Pflicht)Verteidigers* denken, insbesondere bei einem Verfahren vor dem Landgericht und beim Tatvorwurf eines Verbrechens (§ 338 Nr. 5 StPO)
- *Ladungen* überprüfen (an alle Verteidiger und an den Angeklagten)
- *Formalia* überprüfen, insbesondere:
  - *Belehrungen* über Zeugnis-, Auskunfts- und Eidesverweigerungsrechte
  - Entscheidung über die *Vereidigung* von Zeugen, Schöffen bzw. Sachverständigen
  - Fehlende *Unterschrift* des Richters bzw. Zeugen beim Protokoll
  - *Mitteilung der Ladung* eines Zeugen (§ 222 StPO)
  - *Paragraphenliste* im Tenor (u. U. unvollständig)
  - Abweichung der Paragraphenliste von der Bezeichnung der Straftaten im Tenor
  - Fehlen der Angabe, ob der Tatbestand *vorsätzlich* oder *fahrlässig* verwirklicht wurde
- Gewährung des *rechtlichen Gehörs*
- Anzeichen für weitere Zeugen und Beweismittel (*Aufklärungsrüge*, Voraussetzungen vgl. *Kleinknecht*, § 244 StPO, Rdnr. 81 f)
- An § 245 StPO (*präsente Beweismittel*) denken
- Die Aufklärungsrüge greift u. U. auch bei zu Recht *abgelehntem Beweisantrag* (daneben auch § 338 Nr. 8 StPO möglich)
- Auch an den *fair-trial-Grundsatz* denken
- Schema für die Überprüfung von *Beweisanträgen*:
  - Abgrenzung zum Beweisermittlungsantrag („Beweis, *ob* … ")
  - Zulässigkeit des Beweisantrags
  - Richtige Begründung für die Ablehnung (bei Augenscheinseinnahme § 244 V StPO einschlägig)
  - Keine andere Begründung für die Ablehnung des Antrags möglich (sonst beruht das Urteil nicht auf der fehlerhaften Begründung)
- *§ 265 StPO* gleich zu Anfang prüfen durch einen Vergleich von Urteil und Eröffnungsbeschluß; dabei prüfen, ob die gleiche prozessuale Tat Gegenstand des Verfahrens ist *sonst 266*
- *Tatbeteiligung von Zeugen* wegen § 60 Nr. 2 StPO prüfen
- §§ 55 i.V.m. 52 StPO (*Auskunftsverweigerungsrecht bei Verwandtenstraftat*) beachten; insoweit ist in der Regel aber eine Ausübung des Zeugnisverweigerungsrechts anzunehmen
- *Untersuchungsverweigerungsrecht* nach § 81 c III StPO und *Beschlagnahmefreiheit* nach §§ 96 f. StPO beachten
- Ein *Beweisgewinnungsverbot* zieht nicht immer ein *Beweisverwer-*

tungsverbot und selten eine *Fernwirkung* auf andere Beweismittel nach sich

- Soweit eine Entscheidung unmittelbar nach einem entsprechenden Antrag fehlt, ist zu prüfen, ob die *Entscheidung* am Ende der Sitzung oder sonst vor Urteilsverkündung *nachgeholt* wurde
- Wegen § 238 II StPO prüfen, ob ein *Beschluß* oder nur eine *Anordnung des Vorsitzenden* vorliegt (letzterenfalls nur revisibel, falls Beschluß zwingend vorgeschrieben ist oder der Angeklagte wegen Abwesenheit einen Beschluß nicht erzwingen konnte)
- *Plädoyer des Nebenklägers* nicht vergessen
- Nach Wiedereintritt in die Beweisaufnahme ist ein *erneutes Plädoyer* möglich
- *Das letzte Wort* hat der Angeklagte (auch erneut nach Wiedereintritt in die Verhandlung), § 258 II StPO
- Ein *Verfahrensfehler in der 1. Instanz* führt nie zu einem Beruhen des *Berufungsurteils* auf diesem Mangel
- Verfahrensfehler nur dann im *Hilfsgutachten* behandeln, wenn sie zweifelsfrei nicht revisibel sind, sonst immer (sicherheitshalber) in die Revisionsbegründung aufnehmen

V. Materielle Rügen

- *Checkliste* bei *Kleinknecht*, § 337 StPO, Rdnr. 21 ff.
- *Materiellrechtliche Prüfung* allein anhand des Urteils vornehmen, auch bei einer Abweichung vom Protokoll
- Ordnungsgemäße *Tatsachenfeststellung* prüfen (z. B. keine formelhaften Wendungen im Tat-Sachverhalt)
- Grundsätzlich aber *nicht* ohne weiteres die *festgestellten Tatsachen anzweifeln*, sondern von diesen Tatsachen ausgehen; Beispiel: Ein Widerspruch zwischen Zeugenaussagen und dem Urteil kann nicht gerügt werden
- Formulierungen wie „der Angeklagte hätte wissen müssen, daß ...“ deuten auf *Fahrlässigkeit* hin, sind also bei *Vorsatztat* nicht ausreichend
- *Widersprüche* bzw. *Lücken* in der Tatsachenfeststellung prüfen
- Einen Verstoß gegen *in dubio pro reo* (kann nur bei Zweifeln im Urteil selbst gerügt werden) untersuchen
- Prüfen, ob die *Beweiswürdigung*, § 261 StPO, einen Verstoß gegen die *Denkgesetze* oder *Zirkelschlüsse* (Anzeichen im Urteil:„Dies läßt den Schluß zu, daß ...“) enthält
- Verwertung von *Beweismitteln*, die *nicht Gegenstand der Hauptverhandlung* waren, prüfen (auch offenkundige Tatsachen sind nur verwertbar bei Hinweis in der Hauptverhandlung, sonst liegt ein Verstoß gegen den Anspruch auf rechtliches Gehör vor, Art. 103 I GG)

- Richtige Beurteilung der *Konkurrenzen* untersuchen
- Die Frage der *Strafzumessung* ist als materielle Rüge zu behandeln
- Auf *kurze Freiheitsstrafen* achten wegen der nach § 47 StGB notwendigen gesonderten Begründung   ✗
- Im Tenor und in den Gründen auf *Gesamtstrafenbildung* achten
- Bei Angabe früherer Urteile im Sachverhalt auf die Notwendigkeit der *nachträglichen Bildung einer Gesamtstrafe* (§ 55 StGB) achten
- Korrekte *Aussetzung der Bewährung* überprüfen (mit unterschiedlichen Voraussetzungen unter bzw. über einem Jahr Freiheitsstrafe, § 56 I, II StGB)
- Auf eine unzulässige Verwertung von gesetzlichen *Tatbestandsmerkmalen* achten
- *Fehlen* eines sich aufdrängenden *Gesichtspunkts* bei der Abwägung prüfen
- *Formelhafte Begründung* der Strafzumessung untersuchen
- Beachtung des *Strafrahmens* prüfen
- Fehlen zwingend *vorgeschriebener Nebenstrafen* und *Nebenfolgen* klären
- Beachtung der gesetzlichen *Milderungsmöglichkeiten* (z. B. bei Versuch bzw. Beihilfe) untersuchen

§ 14. Besonderheiten im Jugendstrafrecht

I. Allgemeines

- Mit den *Grundsätzen* des Jugendstrafrechts argumentieren:
  - Täterstrafrecht
  - Erziehungsgedanke
  - Resozialisierung
  - Verhältnismäßigkeit der Strafe (nicht mehr als zur Erziehung notwendig)
  - Reaktionsbeweglichkeit (z. B. Erfindung von Weisungen möglich, § 10 JGG)
  - Subsidiarität (Möglichkeit zum Absehen von Strafe, falls nicht erforderlich; Jugendstrafe nur zu verhängen, wenn eine andere Ahndung nicht mehr ausreicht, §§ 5 II, 17 JGG)
- Immer zuerst prüfen, ob es sich um einen *Jugendlichen* (§§ 1 II, 3 ff. JGG) oder *Heranwachsenden* (§§ 1 II, 105 ff. JGG) handelt; Tatzeit entscheidet
- Am besten den Zeitpunkt der *Volljährigkeit* und des *21. Geburtstags* in die *Zeittafel* aufnehmen

II. Tenor

- Es kann davon *abgesehen* werden, dem Jugendlichen *Gerichtskosten aufzuerlegen*, § 74 JGG
- Bei den angewendeten Strafvorschriften sind auch §§ *3, 17, 31, 105 JGG* anzugeben, nicht dagegen §§ 52, 53 StGB, da im Jugendstrafrecht eine *Einheitsstrafe* ausgesprochen wird

III. Zuständigkeit

- *Sachliche Zuständigkeit* der Jugendgerichte, §§ 39 ff. JGG (revisibel nach § 338 Nr. 4 StPO, aber § 47 a JGG ist zu beachten)
- *Örtliche Zuständigkeit* durch § 42 JGG erweitert
- Statt Verweisung erfolgt bei *funktioneller Unzuständigkeit* des Jugendgerichts in der Regel nur eine *Abgabe*
- Jugendgericht ist ein *Gericht höherer Ordnung*, § 209 a Nr. 2 a StPO
- Die *Verbindung mit einer Erwachsenenstrafsache* ist grundsätzlich nur vor dem Jugendgericht möglich, § 103 JGG

IV. Besonderheiten bei Rechtsmitteln

- *Zuständigkeit* der *Jugendkammer* als Berufungsgericht, § 41 II 1 JGG
- Die *Beschwerde* nach § 59 JGG *gegen die Bewährungsentscheidung* ist ein wahlweiser weiterer Rechtsbehelf neben der Berufung (aber § 55 II JGG gilt auch insoweit)
- *Rechtsmittel* können auch durch *gesetzlichen Vertreter* (§ 298 StPO) oder durch *Erziehungsberechtigten* (§ 67 III JGG) eingelegt werden (Rücknahme nur mit Zustimmung des Angeklagten, § 55 III JGG)
- Bei *Nichterscheinen* des *gesetzlichen Vertreters* in der Hauptverhandlung gilt § 330 StPO
- *Keine Anfechtung* allein des *Strafmaßes*, § 55 I JGG, soweit nur Erziehungsmaßregeln oder Zuchtmittel verhängt wurden (auch Anfechtung allein der Einbeziehungsentscheidung nach § 31 II, III JGG ist unzulässig)
- Dagegen ist die *Anfechtung* einer von *mehreren Taten* im Sinne des § 32 JGG zulässig (schließt immer das Strafmaß insgesamt mit ein)
- Bei Anwendung von Jugendstrafrecht ist nur entweder *Berufung oder Revision* zulässig (§ 55 II JGG, Terminologie: „*Wahlrechtsmittel*"); Ausnahmen:
  - Freispruch des *Heranwachsenden* in 2 Instanzen oder Anwendung des Erwachsenenrechts in 2. Instanz (§ 55 II JGG gilt nur bei Anwendung von Jugendrecht)
  - Erstmalige *Zusatzbeschwer* durch das Berufungsurteil (nur insoweit

anfechtbar!), auch z. B. bei fehlendem rechtlichem Gehör (keine Zusatzbeschwer ist es aber, daß der gleiche Verfahrensgegenstand in
2. Instanz anders rechtlich beurteilt wurde)
– *Irrtümliche Nichtbehandlung* der Berufung
– Wenn die Jugendkammer ihren *Strafbann* als Berufungsinstanz *über-
schreitet* und insoweit als erste Instanz urteilt
– Wenn *2 verschiedene Rechtsmittel* gleichzeitig eingelegt wurden
(§ 335 III StPO, Argument: aufgedrängte Berufung durch die andere
Seite)
– Bei *Verfahrensverbindung* mehrerer Verfahren und Verurteilung zu
einer Einheitsstrafe in zweiter Instanz
– *Keine Ausnahme* bei § 329 StPO (Abwesenheit in der Hauptverhand-
lung) und bei bloß beschränktem erstem Rechtsmittel

V. Verfahren vor der Hauptverhandlung

• Für die *Verweisung* ins allgemeine Verfahrensrecht § 2 JGG zitieren
• *Rechtliches Gehör* ist auch für den *Erziehungsberechtigten* zu gewähren
(§ 43 I JGG) sowie für die *Schule* und den *Ausbildenden* (§ 43 I JGG)
• Auszug aus dem *Erziehungsregister* ist zu erholen (§§ 59 ff. BZRG)
• *Untersuchungshaft* ist nur unter sehr strengen Voraussetzungen zuläs-
sig, § 72 JGG
• *Absehen von der Verfolgung* (u. U. gegen Auflagen) ist statt Einstellung
des Verfahrens möglich, §§ 45, 47 JGG (in der Regel ist aber eine
Hauptverhandlung wegen ihrer erzieherischen Wirkung auf den Ju-
gendlichen vorzuziehen)
• *Vereinfachtes Jugendverfahren* (§ 76 JGG) ist statt dem beschleunigten
Verfahren (§§ 417 ff. StPO) möglich, § 79 II JGG (gilt aber nicht bei
Heranwachsenden, arg e § 109 JGG)
• Das *Strafbefehlsverfahren* ist unzulässig, § 79 JGG
• *Privat-* und *Nebenklage* sind unzulässig, § 80 JGG, dafür hat die
Staatsanwaltschaft eine erweiterte Anklagepflicht
• Ein *Adhäsionsverfahren* ist unzulässig, § 81 JGG

VI. Verfahren in der Hauptverhandlung

• Die *Pflichtverteidigungsfälle* sind erweitert, § 68 JGG
• Die *Verhandlung* ist *nichtöffentlich*, § 48 I JGG
• Die *Jugendgerichtshilfe* ist zu beteiligen, § 38 JGG (revisibel nach § 337
StPO, aber in der Regel beruht nur der Strafausspruch, nicht der
Schuldspruch darauf)
• Der *Ermittlungsbericht* der Jugendgerichtshilfe ist nicht als solcher in
der Hauptverhandlung verlesbar, sondern nur durch andere Beweis-
mittel einzuführen

- Beteiligung des *Jugendstaatsanwalts* erforderlich (§§ 36, 37 JGG, nur Ordnungsvorschrift)
- *Rechtliches Gehör* ist auch für den *Erziehungsberechtigten* zu gewähren (§§ 43 I, 67 I JGG, Ausnahme, falls inzwischen volljährig)
- Ein *Eid* vor dem *Jugendrichter* ist nach dem Gesetz die Ausnahme, § 49 JGG

VII. Materielles Jugendstrafrecht

- § 3 JGG (*entwicklungsbedingte Schuldunfähigkeit*) ist neben § 20 StGB (*pathologische Schuldunfähigkeit*) zu prüfen
- Falls der Jugendliche die Voraussetzungen des *§ 3 S. 1 JGG nicht erfüllt*, wird das Strafverfahren eingestellt mangels Straftat, der Richter kann aber *vormundschaftsrichterliche Maßnahmen* treffen nach §§ 3 S. 2 JGG i.V.m. SGB VIII, 1631 III, 1666 I BGB

VIII. Ahndung

- Besondere *Ahndungsmittel* sind:
  - *Erziehungsmaßregeln*, §§ 9 ff. JGG:
    - *Weisungen*, § 10 JGG
    - *Verpflichtung zur Inanspruchnahme von Hilfe zur Erziehung*, §§ 12 JGG i.V.m. 30, 34 SGB VIII (Kommentierung bei *Palandt*, vor § 1626 BGB, Rdnr. 31 ff)
  - *Zuchtmittel*, §§ 13 ff. JGG:
    - *Verwarnung*, § 14 JGG
    - *Auflagen*, § 15 JGG
    - *Jugendarrest* als Kurz-, Freizeit- oder Dauerarrest, § 16 JGG (*Bewährungsaussetzung unzulässig*, § 87 I JGG)
  - *Jugendstrafe*, §§ 17 ff. JGG:
    - *Höchstmaß*: 10 Jahre, § 18 JGG
    - *Aussetzung der Verhängung von Jugendstrafe* ist möglich, § 27 JGG
    - *Aussetzung zur Bewährung* ist möglich, §§ 21 ff. JGG
- *Mehrere Erziehungsmaßregeln* bzw. *Zuchtmittel* können *nebeneinander* verhängt werden, § 8 JGG; Ausnahme: Kombination von Jugendstrafe und Arrest ist unzulässig, § 8 II 1 JGG
- *Maßregeln* sind nur teilweise zulässig, § 7 JGG
- *Strafrahmenverschiebungen* wie minder schwere Fälle, Regelbeispiele o. ä. wirken sich nur als *Zumessungsgesichtspunkte* aus
- Verhängt wird eine *Einheits-* statt einer *Gesamtstrafe*, § 31 JGG
- § 32 JGG (Schwergewicht entscheidet bei einer *Mehrheit von Taten in verschiedenen Reifestufen*)
- Die nachträgliche Gesamtstrafenbildung (§ 55 StGB) wird durch *Ein-*

beziehung nach § 31 II, III JGG ersetzt (auch bei Bewährungsstrafe anwendbar)

IX. Besonderheiten bei Heranwachsenden

- *Sachliche Zuständigkeit* aus § 108 JGG (Strafbann des GVG zu beachten)
- Bei *Unklarheit*, ob Jugend- oder Erwachsenenrecht anzuwenden ist, wird beim jeweils *höheren* Gericht angeklagt
- Ein *Strafbefehl* ist nur zulässig, soweit Erwachsenenrecht angewendet wird (§ 109 II JGG)
- Das *vereinfachte Jugendverfahren* ist *nicht* zulässig, § 76 JGG, sondern nur das beschleunigte Verfahren gemäß §§ 417 ff. StPO
- Die *Verhandlung* ist grundsätzlich *öffentlich*, auch bei Verbindung mit Jugendlichen (§ 48 III JGG), der Ausschluß der Öffentlichkeit aber fakultativ möglich, § 109 I 4 JGG
- *§ 3 JGG gilt nicht* für Heranwachsende
- § 105 I Nr. 2 JGG *(Jugendverfehlung)* vor § 105 I Nr. 1 JGG *(Entwicklungsverzögerung)* prüfen
- Eine Verpflichtung zur Inanspruchnahme von *Hilfe zur Erziehung* ist *unzulässig*, arg e § 105 I JGG
- Es gibt eine *Milderungsmöglichkeit* bei Anwendung des Erwachsenenstrafrechts, § 106 JGG

5. Abschnitt. Öffentliches Recht[1, 2]

§ 15. Allgemeines

I. Sachverhaltserfassung

- *Anführungszeichen* bei der Bezeichnung einer Maßnahme im Sachverhalt (Beispiel: Die Kreisverwaltungsbehörde erließ eine „Vollzugsanordnung") deuten darauf hin, daß eine Untersuchung der *Rechtsnatur* erforderlich ist; gegebenenfalls muß *umgedeutet* werden

---

[1] Im Verwaltungsrecht gelten viele landesrechtliche Vorschriften, die hier nicht alle zitiert werden können. Soweit inhaltlich entsprechende bundesrechtliche Normen existieren – wie z. B. im Beamtenrecht –, wurden nur diese bundesrechtlichen Normen angegeben. Es ist aber in jedem Fall zu prüfen, ob nicht stattdessen landesrechtliche Vorschriften bei der Fallösung anzuwenden sind.

[2] Zur Examensvorbereitung im Öffentlichen Recht besonders geeignete Literatur: *Pietzner-Ronellenfitsch*, Das Assessorexamen im Öffentlichen Recht; *Happ-Allesch-Geiger-Metschke*, Die Station in der öffentlichen Verwaltung; *Ramsauer*, Die Assessorprüfung im öffentlichen Recht; *Jäde*, Verwaltungsverfahren, Widerspruchsverfahren, Verwaltungsprozeß – Problemschwerpunkte für die Vorbereitung auf die Zweite Juristische Staatsprüfung; *Adam-Baur*, JA-Sonderheft für Rechtsreferendare.

II. Technik und Vorgehensweise

- Genau prüfen, ob ein *Bundesgesetz* oder ein entsprechendes *Landesgesetz* zur Anwendung kommt, insbesondere beim:
  - Verwaltungsverfahrensrecht
  - Verwaltungszustellungsrecht
  - Verwaltungsvollstreckungsrecht
  - Beamtenrecht
- Genau *trennen* zwischen einzelnen Maßnahmen bzw. einzelnen Teilen eines Verwaltungsakts:
  - Zumindest gedanklich jeweils getrennt prüfen, um festzustellen, ob rechtliche Unterschiede bestehen
  - Soweit eine unterschiedliche Behandlung nicht erforderlich ist, in der Ausarbeitung gemeinsam behandeln, ansonsten auch in der Ausarbeitung trennen
- *Umdeutungsmöglichkeiten* ausnutzen, um sich nicht aus formalen Gründen die Möglichkeit zu sachlichen Ausführungen abzuschneiden; Beispiel: Als Rechtsaufsichtsbehörde einen unzulässigen förmlichen Rechtsbehelf als zulässigen formlosen Rechtsbehelf behandeln
- Soweit ein *Rechtsbehelf noch nicht erhoben* ist, *zuerst* die materielle Rechtslage prüfen, dann erst die Zulässigkeit des Rechtsbehelfs (insbesondere bei einer Rechtsanwalts-Klausur), sonst grundsätzlich umgekehrt die Zulässigkeit zuerst
- Gliederung, wenn ein *Gutachten* zu erstellen ist:
  - Kopf des Gutachtens (Name der Behörde, Aktenzeichen, Datum, Betreff, „Vermerk")
  - Sachbericht
  - Rechtslage
  - Entscheidungsvorschlag (*immer* zu fertigen, selbst wenn nicht ausdrücklich gefordert)
- *Notizblätter* z. B. für folgende Abschnitte machen:
  - Bearbeitervermerk
  - Prozessuale Daten
  - Materielle Daten
  - Skizze
  - Zulässigkeit des Rechtsmittels
  - Zulässigkeit der Klage
  - Zulässigkeit der Klagehäufung
  - Anträge der Parteien
  - Zusammenstellung der getroffenen Verwaltungsmaßnahmen bzw. Polizeimaßnahmen
  - Begründetheit der Klage allgemein
  - Passivlegitimation
  - Rechtsgrundlage (ggf. für jede selbständige Rechtsgrundlage ein gesondertes Notizblatt)

– Formelle Rechtmäßigkeit der Maßnahme
– Materielle Rechtmäßigkeit der Maßnahme
– Rechtsverletzung im Sinne des § 113 I VwGO
– Nebenentscheidungen
– Tenor
– Weitere Maßnahmen des Gerichts

§ 16. Verwaltungsbescheid

I. Formalia

- Bei Bescheidsentwürfen das *Aktenzeichen* nicht vergessen
- Bei *mehreren Adressaten* in der Regel einen zusammengefaßten Bescheid erstellen, nicht zuletzt um Schreibarbeit und Zeit zu sparen; aber *getrennte Zustellung* des Bescheids zum Ausdruck bringen durch getrennte Adressen; Beispiel: nicht „Eheleute Schmidt“, sondern „Herrn Martin Schmidt, Hauptstr. 7, München, und Frau Beate Schmidt, Hauptstr. 7, München“
- *Richtige Zustellungsart* (§§ 2 ff. VwZG) angeben; bei Privatpersonen in der Regel „Mit Postzustellungsurkunde Herrn ...“ (in diesem Fall Auslagen für die Kostenentscheidung vormerken)
- *Zustellung an den Rechtsanwalt* bedenken; Pflicht zur Zustellung an ihn, falls Vollmacht vorgelegt wurde (§ 8 I 2 VwZG)
- *Zustellung des Widerspruchsbescheids* erfolgt nach dem Verwaltungszustellungsgesetz des Bundes, nicht nach dem Landeszustellungsgesetz (§ 56 II VwGO)
- An gesetzliche *Zustellungspflichten* bei Zwangsvollstreckungsmaßnahmen wie z. B. Zwangsgeldandrohungen denken, § 13 VII 1 VwVG
- *Anrede* vor dem Tenor im Bescheid einfügen; *Formulierung*: „Sehr geehrter Herr X., die Regierung von Niederbayern hat Ihr Anliegen umfassend geprüft und erläßt folgenden *Widerspruchsbescheid*:“
- Bei *Schreiben zwischen Behörden* wird keine Anrede und keine abschließende Grußformel (wie z. B. „Hochachtungsvoll“) verwendet
- Formulierung bei *Umsetzung von Gemeinderatsbeschlüssen* etc.: „erläßt die Landeshauptstadt München aufgrund des Stadtratsbeschlusses vom 12. Februar 1996 folgenden Bescheid“
- Vorsicht bei der *Terminologie*:
  – Im Verwaltungsakt heißt es nach dem Tenor „Gründe“
  – Im Verwaltungsgerichtsurteil „Tatbestand“ und „Entscheidungsgründe“
- Nach einem Widerspruch gegen einen Verwaltungsakt legt die *Abhilfebehörde* die Sache der Widerspruchsbehörde vor mit der *Bitte* um Zurückweisung des Widerspruchs (kein förmlicher Antrag)

II. Tenor

- *Terminologie*: Anträge werden „abgelehnt", aber nicht „genehmigt" (sondern dessen Inhalt, z. B. das Bauvorhaben)
- Ein Widerspruch wird „zurückgewiesen", nicht abgewiesen
- Im Widerspruchsbescheid an die *Zurückweisung des Widerspruchs „im übrigen"* denken, soweit eine *Teilabhilfe* erfolgte
- *Formulierung* bei *Erledigung* des Verwaltungsakts: „Das Verfahren wird eingestellt" (anders die bayerische Praxis: „Der Widerspruch hat sich erledigt")
- *Kostenentscheidung* nicht vergessen, auch Festsetzung der Höhe nach (Gebühren und Auslagen)
- Bei *Heilung von Formfehlern* im Widerspruchsverfahren an die Kostenfolge des § 80 I 2 VwVfG denken

III. Zuständigkeit

- *Zuständigkeit* vor *Zulässigkeit* als Extrapunkt prüfen, z. B. bei Widerspruchsbescheiden
- Bei der Zuständigkeit für einen Widerspruchsbescheid immer klarstellen, ob die *Rechts- oder Fachaufsichtsbehörde* zuständig ist[1]

IV. Zulässigkeitsfragen

- *Checkliste* der *Sachentscheidungsvoraussetzungen* für einen Erstbescheid bei *Kopp*, vor § 9 VwVfG, Rdnr. 15
- An *Antragsinteresse* bzw. *Sachbescheidungsinteresse* denken (Parallele zum Rechtsschutzbedürfnis im gerichtlichen Verfahren)
- Auf *Terminologie* im Widerspruchsverfahren achten: „Widerspruchsbefugnis" (§ 42 II VwGO analog), nicht Klagebefugnis
- *Zulässigkeitsvoraussetzungen* im Widerspruchverfahren insbesondere:
  - *Verwaltungsrechtsweg*, § 40 VwGO
  - *Statthaftigkeit* des Widerspruchs, § 68 VwGO
    - Situation der *Anfechtungsklage*, § 42 I VwGO
    - Widerspruchsverfahren *nicht ausgeschlossen*, § 68 I 2 VwGO
  - *Widerspruchsbefugnis*, § 42 II VwGO analog
  - *Form und Frist*, § 70 VwGO

V. Inhaltliche Begründung des Bescheids

- Bei einer *Ermessensentscheidung* die Begründung für die Abwägung nicht vergessen (häufiges Argument: konkrete Gefahr der Schaffung von Bezugsfällen)

---

[1] Dies gilt nur, soweit das jeweilige Landesrecht diesen Unterschied kennt.

- Bei *Widerspruchsbescheid Zweckmäßigkeitsprüfung* nicht vergessen
- Bei *eingeschränkter Ermessensüberprüfung* von Bescheiden einer *Selbstverwaltungskörperschaft* (in Bayern z. B. Art. 119 Nr. 1 BayGO, 105 Nr. 1 BayLkrO, 59 Nr. 1 BayKommZG) muß der Widerspruchsbescheid der Rechtsaufsichtsbehörde folgendes enthalten:
  - Die Stellungnahme der Selbstverwaltungskörperschaft zur Zweckmäßigkeit des Verwaltungsakts
  - Eine rechtsaufsichtliche Überprüfung analog § 114 VwGO (unter Hinweis auf diese Einschränkung)
- Im Widerspruchsverfahren *Heilung von Verfahrensmängeln* nach § 45 VwVfG vornehmen, d. h.:
  - Nachholung der *Begründung* (einschließlich Ermessenserwägungen)
  - *Anhörung* der Beteiligten
  - Eigene *Sachverhaltsermittlungen* (obwohl letzteres praktisch selten sein wird)

VI. Nebenentscheidungen

- Begründung der *Kostenentscheidung* nicht vergessen (bei Widerspruchsbescheid § 80 VwVfG und die landesrechtliche Kostenregelung, z. B. Art. 11 BayKG, zitieren)
- Bei *Rechtsbehelfsbelehrungen* (Formulierungen bei *Ziegler-Tremel*, Bayerische Verwaltungsgesetze, Nr. 904, und bei *Böhme-Fleck-Bayerlein*, Formularsammlung) achten auf die Angabe
  - des richtigen zuständigen Gerichts
  - der richtigen Widerspruchsbehörde
  - der richtigen passiv legitimierten Körperschaft (Vorsicht, Gefahr grober Fehler!)
- *Terminologie*: „Rechtsbehelfsbelehrung" beim Erstbescheid, „Rechtsmittelbelehrung" bei Widerspruchsbescheid und Urteilen
- Soweit ausdrücklich „*Entwurf*" der behördlichen Entscheidung verlangt wird (aber nur dann!), zusätzliche *sachleitende Verfügungen* nicht vergessen, z. B.:
  - Kopien für andere Akten
  - Abschriften für andere Dienststellen (Rechtsaufsicht, Kassenstelle z. B. bei Kostenentscheidungen)
  - Ausfertigungen oder Abschriften an andere Betroffene (Nachbarn etc.)
  - Wiedervorlagen

§ 17. Verwaltungsgerichtliches Urteil

I. Rubrum

- Im Rubrum die *ehrenamtlichen Richter* nicht vergessen
- *Terminologie*: Die *Landesanwaltschaft* als Vertreterin des öffentlichen Interesses (§ 36 VwGO) ist „beteiligt", nicht beigeladen
- Aus dem *Aktenzeichen* ist der jeweilige *Senat* bzw. die jeweilige *Kammer* erkennbar und sollte bei der Angabe der Richter erwähnt werden („erläßt das Bayerische Verwaltungsgericht München, III. Kammer, durch die Richter ... am 16. Februar 1996 ohne mündliche Verhandlung folgenden Beschluß")

II. Tenor allgemein

- *Tenor* grundsätzlich erst *am Schluß ausformulieren*, um eine Abweichung von Tenor und Gründen zu vermeiden (Verstoß wird in der Regel als schwerer Fehler gewertet)
- Wenn in der Klausur nur der Tenor verlangt ist, nicht die *Überschrift des Tenors* vergessen, d. h. „Urteil" bzw. „Beschluß" o. ä., keinesfalls „Tenor" als Überschrift
- *Formulierung* des Tenors einer *Leistungsklage*:„wird *verurteilt*, ...", dagegen bei *Verpflichtungsklage*:„ist *verpflichtet*, ..."
- Bei *Teilaufhebung* des Bescheids darauf achten, daß die *Kostenlastentscheidung* bzw. die *Kostenfestsetzung* auch mitaufgehoben werden, ebenso andere Annexentscheidungen wie *Zwangsgeldandrohungen* oder *Sofortvollzugsanordnungen*
- *Klageabweisung im übrigen* nicht vergessen, insbesondere:
  - bei *Verbescheidungsurteil* (§ 113 V 2 VwGO), sofern Verpflichtung zu einer Handlung beantragt wurde
  - bei Abweisung des Hauptantrags, aber *erfolgreichem Hilfsantrag*, da auch dann ein teilweises Unterliegen vorliegt
- Daneben u. U. *Zurückweisung der Berufung bzw. Revision im übrigen* erforderlich (bei Rechtsmittelverfahren)

III. Tenorierung von Nebenentscheidungen

- Auf Anträge der *Beigeladenen* achten wegen der *Kostenhaftung* nach § 154 III VwGO (entsprechende Anwendung für die Landesanwaltschaft str.) und dem *Kostenerstattungsrecht* aus § 162 III VwGO
- Eine Kostenhaftung bzw. ein Kostenerstattungsrecht des Beigeladenen ergibt sich bei *notwendiger Beiladung* auch ohne Stellung eines Antrags (insoweit ist § 65 II VwGO in der Klausur zu prüfen)
- Im Tenor oder in den Entscheidungsgründen auch anführen, daß der *Beigeladene* die außergerichtlichen Kosten selbst trägt

- Bei Beteiligung eines *Rechtsanwalts* im Vorverfahren an die Notwendig-Erklärung nach § 162 II VwGO denken
- Die Entscheidung über die *vorläufige Vollstreckbarkeit* nicht vergessen (bei Anfechtungs- und Verpflichtungsklagen wegen § 167 II VwGO aber nur eingeschränkt: „ Das Urteil ist *im Kostenpunkt* vorläufig vollstreckbar")
- Dabei auch an *Vollstreckungsschutz* (vor allem §§ 708 Nr. 11, 711 ZPO) denken; Formulierung: „der Beklagte kann die Vollstreckung gegen Sicherheitsleistung *in Höhe des jeweils zu vollstreckenden Betrags* (!) abwenden, es sei denn, ..."
- *Streitwertfestsetzung* (in einem gesonderten Beschluß) nicht vergessen; soweit nicht Zahlungsklage vorliegt, kann zur Vereinfachung ein *Regelstreitwert* (§ 13 I 2 GKG) angenommen werden (zu Kostenfragen Kommentierung bei *Kopp*, § 189 VwGO (!))
- *Zulassung der Berufung* bei Nichterreichen der *Berufungssumme* möglich, § 131 Abs. 2, 3 VwGO (z. B. bei Klagen wegen polizeilicher Kfz-Abschleppmaßnahmen zu prüfen)

IV. Tatbestand

- *Aufbau* des Tatbestands:
  - Unstreitiger Sachverhalt
  - Vorverfahren
  - Prozeßgeschichte (bereits hier abzuhandeln)
  - Behauptungen und alle (!) Rechtsausführungen des Klägers
  - Anträge
  - Behauptungen und alle (!) Rechtsausführungen des Beklagten
  - Beweiserhebungen

V. Zulässigkeitsvoraussetzungen

- *Besondere Urteilssituationen* am Anfang behandeln, z. B. Verzicht auf mündliche Verhandlung, § 101 II VwGO
- Ansonsten mit der *Auslegung des Rechtsschutzziels* bzw. des Verfahrensgegenstands beginnen
- In einer Anfechtungsklage liegt u. U. ein *konkludenter Folgenbeseitigungsantrag* im Sinne des § 113 I 2 VwGO
- Eine Checkliste für die *Zulässigkeitsvoraussetzungen* einer Klage findet sich bei *Kopp*, vor § 40 VwGO, Rdnr. 17; insbesondere sind zu prüfen:
  - *Verwaltungsrechtsweg*, § 40 VwGO
  - *Sachliche Zuständigkeit* des Gerichts, §§ 45 ff. VwGO
  - *Örtliche Zuständigkeit* des Gerichts, §§ 52 f. VwGO
  - *Statthaftigkeit der Klageart*, §§ 42 ff. VwGO

- *Besondere Voraussetzungen* der *Klageart*
- *Klagebefugnis*, § 42 II VwGO (soweit für die Klageart erforderlich)
- *Durchführung* des *Vorverfahrens*, §§ 68 ff. VwGO (soweit für die Klageart erforderlich)
- *Klagefrist*, § 74 VwGO (soweit für die Klageart erforderlich)
- *Form* der Klageerhebung, §§ 81, 82 VwGO
- *Rechtsschutzbedürfnis*
- Bei *mehreren Klägern* oder *mehreren Klagen* kann in der Regel die Zulässigkeitsprüfung *zusammengefaßt* werden, soweit jeweils nur kleinere Modifikationen nötig sind; es ist aber unbedingt erforderlich, jede einzelne Klage vorher gedanklich auf Besonderheiten zu überprüfen
- Bei *Anfechtung von Nebenbestimmungen* eines Verwaltungsakts genau aufpassen, ob eine isolierte Anfechtung möglich ist:
  - *Voraussetzungen*: Nebenbestimmung ist rechtswidrig und bestimmt nicht untrennbar den Inhalt des Haupt-Verwaltungsakts, materiell besteht zudem Rechtsanspruch – ohne Ermessen – auf Genehmigung ohne Nebenbestimmung
  - Wenn diese Voraussetzungen nicht erfüllt sind, ist die Klage als Verpflichtungsklage auf Verwaltungsakt ohne Nebenbestimmung auszulegen
  - Beachte: u. U. ist daher bereits in der Zulässigkeitsprüfung der Rechtsanspruch auf die Genehmigung zu prüfen
- Bei der *sachlichen Zuständigkeit* auf § 48 Abs. 1 VwGO achten (Sonderzuständigkeit des OVG bzw. VGH für technische Großanlagen)
- Prüfungsreihenfolge bei der *örtlichen Zuständigkeit*:
  - § 52 Nr. 1 VwGO
  - § 52 Nr. 4 VwGO
  - § 52 Nr. 2 VwGO
  - § 52 Nr. 3 VwGO
  - § 52 Nr. 5 VwGO
- *Verfahrensvereinfachende Besonderheiten* beachten:
  - *Gerichtsbescheid* bei einfacher Rechtslage möglich, § 84 VwGO
  - *Keine Begründung*, soweit der Begründung im Verwaltungsakt oder im Widerspruchsbescheid gefolgt wird, § 117 V VwGO
- *Wiedereinsetzung* in den vorigen Stand ist u. U. auch *von Amts wegen* möglich bei rechtzeitiger Nachholung der versäumten Handlung, § 60 II 4 VwGO
- Immer genau prüfen, ob nicht *Erledigung* eingetreten ist, z. B. durch:
  - *Zeitablauf* (auf Befristung im Verwaltungsakt achten)
  - *nachfolgenden Verwaltungsakt* (z. B. Baugenehmigung nach Baueinstellungsverfügung)
- Grundsätzlich wird bei einer *Erledigung* nicht automatisch in einen Fortsetzungsfeststellungsantrag *umgedeutet*

- Bei einer *Fortsetzungsfeststellungsklage* auf die *Identität* des Feststellungsantrags mit dem ursprünglichen Antrag achten
- An *vorbeugende Unterlassungs-* bzw. *Feststellungsklage* denken
- Die *Prozeßvollmacht* ist eine Zulässigkeitsvoraussetzung, aber im Anwaltsprozeß nur bei Zweifeln von Amts wegen zu prüfen (§ 88 II ZPO analog)
- Die *Vertretungsmacht* des Bürgermeisters bzw. Landrats für seine Behörde prüfen
- Die *Anordnung der sofortigen Vollziehung* kann nicht im Wege der Anfechtungsklage überprüft werden, sondern nur durch Antrag nach § 80 V VwGO oder bei der Überprüfung der Rechtmäßigkeit von Vollstreckungsmaßnahmen
- Die *Notwendigkeit* einer *Beiladung* (§ 65 II VwGO) prüfen:
  - Zwar *keine Zulässigkeitsvoraussetzung* der Klage
  - Aber *Verfahrensfehler*, der zur Aufhebung des Urteils in der Berufung führt
  - Außerdem gelten dann §§ 154 III, 162 III VwGO (*Kostenhaftung* bzw. *Kostenerstattungsrecht* des Beigeladenen) auch ohne Antragstellung
  - Sonst in der Regel *hilfsgutachtlich* erwähnen
- Zulässigkeit eines *Hilfsantrags* erst nach Begründetheit des Hauptantrags prüfen
- Möglichkeit des *Gerichts*, *Hinweise* (für die Auslegung eines Antrags etc.) zu geben, erwähnen (§ 86 III VwGO)
- *Objektive und subjektive Klagehäufung* prüfen, §§ 44, 64 VwGO (Extrapunkt zwischen Zulässigkeit und Begründetheit)

VI. Nebenentscheidungen

- Beschluß über die *Streitwertfestsetzung* nicht vergessen (soweit verlangt), § 13 GKG, ebenfalls mit Rechtsmittelbelehrung
- *Rechtsmittelbelehrung* im Urteil nicht vergessen
- *Unterschriften der Richter* (§ 117 I VwGO) angeben, vor allem deren *Anzahl*: in der Regel drei Richter beim VG (§ 5 III VwGO) und beim OVG bzw. VGH (§ 9 III VwGO)

VII. Besonderheiten im Rechtsmittelverfahren

- *Checkliste* der *Zulässigkeitsvoraussetzungen* für Rechtsmittel bei *Kopp*, vor § 124 VwGO, Rdnr. 27 ff.
- *Keine Berufungsbegründungspflicht* (anders als in der ZPO)
- An die Prüfung der *Zulassung der Revision* denken, § 132 VwGO
- Einstimmige *Berufungszurückweisung durch Beschluß* möglich, § 130 a VwGO

- *Keine Begründung* erforderlich, soweit der Vorinstanz gefolgt wird, § 122 Abs. 2 VwGO bei Beschlüssen, § 130 b VwGO bei Berufungsurteilen
- *Prüfungsreihenfolge* bei einem *Rechtsmittel*:
  1. Zulässigkeit des Rechtsmittels
     a) Statthaftigkeit des Rechtsmittels
     b) Frist
     c) Form
     d) Beschwer
  2. Begründetheit des Rechtsmittels
     a) Formelle Rechtmäßigkeit des 1. Urteils (schwere Verfahrensfehler, z. B. Nichtbeteiligung trotz notwendiger Beiladung)
     b) Materielle Rechtmäßigkeit des Urteils
        aa) Zulässigkeit der Klage
        bb) Formelle Rechtmäßigkeit des Verwaltungsakts
        cc) Materielle Rechtmäßigkeit des Verwaltungsakts

VIII. Besonderheiten beim einstweiligen Rechtsschutz

- §§ *80 V, 80 a VwGO* immer gegen § *123 VwGO* abgrenzen
- § 80 a VwGO nicht übersehen (einstweiliger Rechtsschutz, wenn *Dritte betroffen* sind)
- Auf *Terminologie* achten:
  - *Antrag* nach § *80 V VwGO* führt nicht zu einer einstweiligen Anordnung im engeren Sinne, sondern zu einer „Anordnung" bzw. „Wiederherstellung" der aufschiebenden Wirkung (§ 80 V 1./2. Alt. VwGO)
  - „Antragsbefugnis" statt Klagebefugnis, § 42 II VwGO
  - „Antragsteller" statt Kläger
- Bei Antrag nach § 80 V VwGO ist es erforderlich, daß ein *Rechtsbehelf* in der *Hauptsache eingelegt* worden ist (entgegen § 80 V 2 VwGO)
- Die Entscheidung bei einstweiligen Anordnungen ergeht durch *Beschluß ohne mündliche Verhandlung*, § 123 Abs. 4 VwGO
- *Ordnungsgemäße Begründung* der Anordnung der *sofortigen Vollziehung* prüfen, § 80 III VwGO (Ein Fehler führt zur Aufhebung der Anordnung, nicht zur Wiederherstellung der aufschiebenden Wirkung durch das Gericht, so daß die Behörde – anders als bei § 80 VII VwGO – weiter für diese Frage zuständig ist)
- *Abwägung der Interessen* (besonderes Vollzugsinteresse – effektiver Rechtsschutz) erfolgt in Form einer Ermessensentscheidung, insbesondere unter Berücksichtigung der *Erfolgsaussichten in der Hauptsache* (§ 80 IV 3 VwGO analog)
- Bei nicht offensichtlicher Rechtswidrigkeit müssen die *Interessen der Beteiligten gewürdigt* werden

IX. Besonderheiten bei der kommunalverfassungsrechtlichen Streitigkeit

- Strittig ist, ob richtige *Klageart* grundsätzlich die allgemeine Leistungsklage (auch gerichtet auf die Kassation von Beschlüssen) und hilfsweise die Feststellungsklage ist oder ob es sich um eine Gestaltungsklage sui generis handelt; ausnahmsweise kommt bei einer Klage gegen die Verhängung eines Ordnungsgeldes die Anfechtungsklage zur Anwendung
- Ein Organstreit ist kein unzulässiger *In-Sich-Prozeß*
- Eine *Klagebefugnis* analog § 42 II VwGO ist nötig, d. h. die Verletzung einer dem Organ bzw. dem Organteil zustehenden Rechtsposition muß geltend gemacht werden; nicht ausreichend ist:
  - Die Klage der Minderheit gegen einen Mehrheitsbeschluß
  - Die Klage eines Mitglieds gegen die Mitwirkung eines (z. B. nach Art. 49 BayGO) wegen Interessenkollision von der Abstimmung ausgeschlossenen anderen Mitglieds
  - Strittig ist, ob ein Recht aus der Geschäftsordnung ausreicht
- *Rechtsschutzbedürfnis* entfällt nicht durch die Möglichkeit zur Einschaltung der Rechtsaufsichtsbehörde, da auf ein aufsichtliches Einschreiten kein Rechtsanspruch besteht
- *Rechtsschutzbedürfnis* entfällt auch nicht durch die Zustimmung des klagenden Organs zu dem in Frage stehenden Akt, weil die diesbezüglichen Rechte nicht disponibel sind
- *Beteiligungsfähig* sind Organe und deren Teile, soweit ihnen eigene Rechte zustehen, § 61 Nr. 2 VwGO
- Für die *Prozeßfähigkeit* gilt § 62 III VwGO, d. h. ein Quorum wird durch einen Beauftragten vertreten
- *Passiv legitimiert* ist nach einer Meinung grundsätzlich die Gemeinde, nach anderer Ansicht das jeweilige Organ selbst

X. Normenkontrollverfahren

- *Terminologie* bei Normenkontrollverfahren (§ 47 VwGO): „Antragsteller" und „Antragsgegner"
- Es wird nur ein *Teil der Norm aufgehoben*, soweit die übrigen (nicht rechtswidrigen) Regelungen für sich sinnvoll angewendet werden können
- Es erfolgt *keine* Entscheidung über die *vorläufige Vollstreckbarkeit*, da die Nichtvorlagebeschwerde nach § 47 VII VwGO kein Rechtsmittel darstellt (str.)
- Die *Antragsbefugnis* setzt einen tatsächlich gegebenen, nicht bloß einen glaubhaft gemachten Rechtsnachteil voraus; dafür ist die *Rechtsverletzung des Antragstellers* für die Begründetheit der Normenkontrolle unerheblich

- In der Begründetheit auf *Art. 80 GG* achten, insbesondere auf hinreichende *Bestimmtheit* nach Inhalt, Zweck und Ausmaß
- *Rechtsbehelfsbelehrung* nicht vergessen bzgl. der Nichtvorlagebeschwerde nach § 47 VII VwGO
- Keine *Verwerfungskompetenz der Verwaltung*, d. h. nur die *Gerichte* können eine Norm für rechtswidrig erklären; die *Verwaltung* hingegen ist gezwungen, auch eine für rechtswidrig gehaltene Norm entweder anzuwenden oder sie gerichtlich anzufechten

XI. Anhang: Zulässigkeitsfragen bei einer Verfassungsbeschwerde

- *Prüfungsschema* bei der Individualverfassungsbeschwerde im Sinne von Art. 93 I Nr. 4 a GG, § 90 BVerfGG:[1]
  - *Antragsberechtigung*, § 90 I BVerfGG
  - Beschwerdegegenstand: *Akt öffentlicher Gewalt*, § 90 I BVerfGG
  - *Beschwerdebefugnis*: ausreichend substantiierte Behauptung einer Grundrechtsverletzung, § 90 I BVerfGG
    - Eingriff in ein Grundrecht oder grundrechtsähnliches Recht
    - eigene, gegenwärtige und unmittelbare Betroffenheit in einer grundrechtlich geschützter Position
  - *Rechtswegerschöpfung*, § 90 II BVerfGG
  - Allgemeines *Rechtsschutzbedürfnis*
  - *Form* der Verfassungsbeschwerde, §§ 23, 92 BVerfGG
  - *Frist,* § 93 BVerfGG

§ 18. Begründetheitsprüfung

I. Begründetheit allgemein

- Die *Begründetheitsprüfung* einer *Anfechtungsklage* immer mit § 113 I 1 VwGO einleiten (Formulierung: „Die Klage ist begründet, weil der Verwaltungsakt rechtswidrig ist und den Kläger in seinen Rechten verletzt"), bei einer *Verpflichtungsklage* mit § 113 V VwGO
- Bei der Begründetheitsprüfung mit der *Passivlegitimation* des Beklagten und der *Rechtsgrundlage* für die Maßnahme beginnen
- Bei *Behörden mit Doppelfunktion* (wie z. B. in Bayern die Landratsämter als Staatsbehörden und als Kreisbehörden) genau prüfen, welche Körperschaft *passiv legitimiert* ist
- *Befugnisnorm* für den Verwaltungsvollzug einer *Satzung* ist in der Regel die Satzung selbst

[1] Vgl. *Weber*, JuS 1992, 122.

II. Formelle Rechtmäßigkeit eines Verwaltungsakts

- Für *förmliche Verwaltungsverfahren* (z. B. §§ 3 BauGB, 10 BImSchG) Kommentierung bei *Kopp*, § 73 VwVfG konsultieren (z. B. zu Fragen der Auslegung von Unterlagen oder zum Verfahren bei einem Erörterungstermin)
- *Anhörungspflichten* nach § 28 VwVfG nicht übersehen, keine Anhörung ist aber erforderlich bei Gefahr im Verzug oder bei öffentlichem Interesse an einer sofortigen Entscheidung (§ 28 II Nr. 1 VwVfG)
- Immer an die Möglichkeit der *Heilung eines Verfahrensfehlers* (§ 45 VwVfG) und die *Unbeachtlichkeit* eines solchen Mangels (§ 46 VwVfG) denken
- Für *Zustellungsprobleme Kopp*, § 41 VwVfG, Rdnr. 23 ff, *Kopp*, § 56 VwGO, Rdnr. 1 ff. und *Thomas-Putzo*, §§ 166 ff. ZPO konsultieren
- *Zustellungsmangel* ist von einem Mangel der *Bekanntgabe* zu unterscheiden

III. Materielle Rechtmäßigkeit eines Verwaltungsakts

- Die *Gültigkeit einer Norm* grundsätzlich nur bei einem entsprechenden Hinweis im Sachverhalt überprüfen
- An einen *Folgenbeseitigungsanspruch* als Rechtsgrundlage für ein Klagebegehren denken
- Ordnungsgemäße *Ermessensausübung* überprüfen (§ 114 VwGO); typische Fehler sind:
  - Ermessen überhaupt nicht ausgeübt
  - Falsche Tatsachen zugrunde gelegt
  - Sachfremde Erwägungen berücksichtigt
  - Ungleichbehandlung als Verstoß gegen den Gleichheitsgrundsatz
  - Verstoß gegen eine Ermessensbindung durch die Verwaltung selbst
  - Völlig ungeeignete Maßnahme getroffen
  - Unverhältnismäßigkeit der Maßnahme
  - Unhaltbare Gewichtung bei der Abwägung der Gesichtpunkte
- Genau begründen, warum nur ein *Bescheidungsurteil* (§ 113 V 2 VwGO) ergehen kann und keine Ermessensreduktion auf Null vorliegt
- Beim *Nachschieben von Gründen* immer trennen:
  - Zuerst ist zu klären, ob der nachgeschobene Sachverhalt *vor dem maßgeblichen Zeitpunkt* stattfand und daher in der damaligen Entscheidung berücksichtigt werden konnte (Tatsachen, die nach diesem Zeitpunkt liegen, können grundsätzlich nur *spätere* Maßnahmen rechtfertigen; ausnahmsweise können sie allenfalls eine vor dem maßgeblichen Zeitpunkt getroffene Prognose bestätigen)
  - Erst danach ist zu prüfen, ob das *Nachschieben im Prozeß* zulässig war

- *Rechtsverletzung* im Sinne des § 113 VwGO prüfen, insbesondere bei der Klage eines Dritten, der nicht Adressat des Verwaltungsakts war
- Neben den *Grundrechten* aus dem Grundgesetz immer auch die *aus der Landesverfassung* zitieren

IV. Vollstreckung eines Verwaltungsakts

- Die *Rechtsgrundlage für Zwangsvollstreckungsmaßnahmen* (§§ 9, 10 ff, 13 VwVG bzw. das entsprechende Landesgesetz) immer zitieren
- Die Vollstreckung setzt in der Regel entweder die *Bestandskraft* des Verwaltungsakts oder die *Anordnung der sofortigen Vollziehung* voraus (§ 6 VwVG), und zwar bezüglich jeder einzelnen Anordnung in dem Verwaltungsakt
- Für jede Anordnung im Verwaltungsakt muß ein *eigenes Zwangsmittel* angedroht werden
- Die Anordnung der *sofortigen Vollziehung* kann im Hauptverfahren *nicht* auf ihre Rechtmäßigkeit *überprüft* werden
- Eine Zwangsgeldandrohung ist *unzulässig*, falls keine *Duldungsanordnung gegen mitberechtigte Dritte* ergangen ist (Beispiel: Baubeseitigungsverfügung gegen den Errichter einer baulichen Anlage kann nur bei Duldungsanordnung gegen den – personenverschiedenen – Eigentümer durchgesetzt werden)
- *Kommentierungen* zum VwVG bei *Kopp*, § 167 VwGO konsultieren
- *Fristsetzungen* in der *Verwaltungsvollstreckung* (Beispiel: Zwangsgeldandrohung, falls nicht Vornahme der Handlung bis zum . . .) sind von Fristsetzungen nach § 36 II Nr. 1 *VwVfG* zu unterscheiden
- Die *Fristsetzungen* in der Vollstreckung müssen die *aufschiebende Wirkung* des § 80 I VwGO berücksichtigen, sonst sind sie unangemessen im Sinne des § 13 I 2 VwVG (*Formulierung*: „innerhalb von 3 Wochen nach Bestandskraft des Verwaltungsakts“; „im Falle der Wiederherstellung der aufschiebenden Wirkung innerhalb von 3 Wochen nach Bestandskraft des Verwaltungsakts“)

V. Rechtsetzungsverfahren

- *Genehmigungspflichten* und *Anzeigepflichten* bei Satzungen und Verordnungen nicht übersehen, z. B. bei Flächennutzungs- und Bebauungsplänen, §§ 6, 11 BauGB (die Genehmigung ist ein Verwaltungsakt gegenüber der Gemeinde, ein Teil des Rechtssetzungsverfahrens gegenüber dem Bürger)

§ 19. Besonderes Verwaltungsrecht

I. Beamtenrecht

- *Amtsbegriffe*:
  1. Amt im *statusrechtlichen* Sinn ist die rechtliche, insbesondere besoldungs- und versorgungsrechtliche Stellung des Beamten ohne Rücksicht auf die tatsächliche Funktion
     - Beispiel: Amt eines Regierungsrats
     - Bei *Ernennung, Beförderung, Entlassung* tangiert
  2. Amt im *abstrakt-funktionellen* Sinn ist der allgemeine Aufgabenkreis eines abstrakten Amtes im Sinne einer „Amtsstelle"
     - Beispiel: Amt eines Regierungsrats beim Landratsamt Miesbach
     - Bei *Versetzung und Abordnung* tangiert
  3. Amt im *konkret-funktionellen* Sinn ist der besondere Aufgabenkreis eines konkreten Amtes im Sinne eines „Dienstpostens" (nach dem Geschäftsverteilungsplan)
     - Beispiel: Amt eines Leiters der Bauabteilung am Landratsamt Miesbach
     - Bei einer *Umsetzung* tangiert
- Es bestehen erweiterte *Anhörungspflichten* aus § 79 BBG (Fürsorgepflicht); insoweit gilt die Heilungsmöglichkeit des § 45 VwVfG analog, soweit kein Verwaltungsakt beabsichtigt ist
- Es gibt jedoch *keine erweiterte Begründungspflicht* für Maßnahmen ohne Verwaltungsakts-Charakter (wäre nicht praktikabel)
- Erweiterte *Zustellungspflichten*, § 175 BBG, beachten
- Eine förmliche *Zustellung* ist auch durch *mündliche* Bekanntgabe oder durch Gewährung von *Einsicht* möglich, § 16 VwZG
- Bei Maßnahmen gegenüber dem Beamten ist u. U. die Beteiligung des *Personalrats* nötig, §§ 76 ff. BPersVG
- Bei *formlosen Rechtsbehelfen* ist der *Dienstweg* einzuhalten (§ 171 I BBG, Einschränkung des Petitionsrechts im Sinne des Art. 17 GG); dies gilt aber nicht für die Einlegung des Widerspruchs
- § 11 BBG stellt eine Sonderregel für die *Nichtigkeit* eines Verwaltungsakts (§ 44 VwVfG) dar
- Die *Ernennung* ist ausgestaltet als mitwirkungsbedürftiger Verwaltungsakt mit eigener Rechtsfolge für den Fall des Verstoßes (Nichternennung statt Nichtigkeit, § 6 II 3 BBG)
- Die Rückforderung von Bezügen durch *Leistungsbescheid* ist zulässig, auch wenn die verfassungsrechtlich erforderliche gesetzliche Grundlage dafür fehlt
- Die Möglichkeit, einen Leistungsbescheid zu erlassen, nimmt einer *Leistungsklage* aber nicht das *Rechtsschutzbedürfnis*
- Der *Verwaltungsrechtsweg* ist eröffnet, § 40 II 2 VwGO i.V.m. § 126 I

BRRG (auch bei faktischem Beamtenverhältnis, früherem Beamtenverhältnis und bei Klage auf Einstellung)

- Die *Feststellungsklage* ist *nicht subsidiär* nach § 43 II VwGO, weil der
  Sinn und Zweck der Subsidiarität – eine Umgehung des Vorverfahrens
  zu vermeiden – hier nicht greift, da ein Vorverfahren auch insoweit
  erforderlich ist, § 126 III 1 Hs. 1 BRRG
- Die Durchführung eines *Widerspruchsverfahrens* ist auch bei dem Ver-
  waltungsakt einer *obersten Dienstbehörde* erforderlich, § 126 III Nr. 1
  BRRG
- Ein *Widerspruchsverfahren* ist auch bei *Leistungs- und Feststellungskla-
  gen* durchzuführen, § 126 III 1 Hs. 1 BRRG, ebenso bei *Fortsetzungs-
  feststellungsklagen*
- Die *Monatsfrist* nach § 70 VwGO gilt nicht für den Widerspruch bei
  Leistungs- und Feststellungsklagen, wohl aber die Frist des § 74 VwGO
  für die Erhebung der Klage nach dem Widerspruchsbescheid
- Der *Suspensiveffekt* (§ 80 I VwGO) gilt nicht für *Leistungs- und Fest-
  stellungswidersprüche* (h. M.)
- *Widerspruchsbehörde* ist grundsätzlich die *oberste Dienstbehörde*, § 126
  III Nr. 2 BRRG
- Das Widerspruchsverfahren ist *kostenfrei*, § 80 I Nr. 1 VwVfG (Formu-
  lierung: „Die Kosten des Verfahrens trägt die Stadt Augsburg mit
  Ausnahme der Aufwendungen des Widerspruchsführers. Verwaltungs-
  kosten werden nicht erhoben")
- Die *oberste Dienstbehörde* übernimmt in der Regel die *Prozeßvertre-
  tung*, § 174 BBG
- *Örtliche Zuständigkeit*: § 52 Nr. 4 VwGO
- Eine *Revision* ist erweitert zuzulassen, § 127 BRRG
- Der Behörde ist ein *Beurteilungsspielraum* für bestimmte Maßnahmen
  eingeräumt, z. B. für dienstliche Beurteilungen, aber auch für die Ent-
  lassung wegen fehlender Eignung
- Art. 33 V GG (*hergebrachte Grundsätze des Berufsbeamtentums*) be-
  achten
- *Schadensersatzansprüche* des Beamten gegen den Dienstherrn aus § 839
  BGB, Art. 34 GG und u. U. aus der Verletzung der *Fürsorgepflicht*,
  § 79 BBG, prüfen
- Die *Bezüge* werden *aufgrund Gesetzes* gezahlt, Rückforderung einer
  Überzahlung erfolgt gemäß § 12 II BBesG, u. U. auch als Schadensersatzanspruch aus § 78 BBG
- Die *Pension* wird hingegen *aufgrund Verwaltungsakts* bezahlt, daher ist
  eine Rückforderung erst nach ex-tunc-Rücknahme des Verwaltungsakts
  über § 52 II BeamtVG möglich

II. Polizei- und Sicherheitsrecht

• Prüfungsschema für *polizeiliche Einzelmaßnahmen*:

1. Bereits bei der Zulässigkeit der Klage auf die *Abgrenzung* von *präventiver* (§ 40 VwGO) und *repressiver* (§ 23 EGGVG) *Maßnahme* achten:
   a) Entscheidend ist der *Schwerpunkt der Zielrichtung* und das äußere Erscheinungsbild, nicht das Motiv der Polizei
   b) Dabei ist auf den *Gesamtkomplex der Maßnahmen* abzustellen, da bei einer getrennten Beurteilung jeder einzelnen getroffenen Maßnahme eine unpraktische Rechtswegspaltung entstehen könnte

2. Wenn der *falsche Rechtsweg* gewählt wurde, ist an eine *Verweisung* an den jeweils anderen Gerichtszweig zu denken (§§ 17 ff. GVG); die Zulässigkeit einer Klage gegen eine *repressive* Maßnahme ist anhand von §§ 23 ff. EGGVG zu prüfen:
   a) § 23 EGGVG gilt trotz Wortlaut „Regelung" auch für *Realakte* (h. M.)
   b) § 28 I 4 EGGVG regelt die *Fortsetzungsfeststellungsklage*, aber gilt nur für Verwaltungsakte; für Realakte gelten § 43 VwGO oder § 256 ZPO insoweit analog

3. Hinsichtlich des *Verwaltungsaktsbegriffs* (§ 35 VwVfG) ist die Abgrenzung von Regelung und Realakt u. U. problematisch

4. *Passivlegitimation*: in der Regel das Land, z. B. der Freistaat Bayern, Art. 1 II BayPOG

5. Handeln eines *Polizeivollzugsbeamten*, Art. 1 BayPAG, 1 BayPOG

6. Bereits erfolgte *Tätigkeit der Sicherheitsbehörde sperrt* ein Handeln der Polizei (Art. 10 S. 1 BayLStVG)

7. In der Regel keine Prüfung der *örtlichen Zuständigkeit* wegen der Allzuständigkeit der Polizei, Art. 3 I BayPOG

8. *Aufgabe* der Polizei[1]
   a) *Repressive Aufgabe*, Art. 2 IV BayPAG i.V.m. §§ 163 I StPO, 53, 57 II OWiG; allgemein ist auch eine Befugnisnorm ausreichend, die in der Regel den Schluß auf eine polizeiliche Aufgabe zuläßt (nicht aber umgekehrt)
   b) *Präventive Aufgabe*, Art. 2 I, II, III BayPAG (Generalklausel, Schutz privater Rechte, Vollzugshilfe)

9. *Befugnisnorm*
   a) Art. 11 III BayPAG i.V.m. *Spezialbefugnis außerhalb des Bay-PAG* (z. B. §§ 81 a, 81 b, 94 ff, 102 ff, 163 a, 163 b, 164 StPO)

---

[1] Dies gilt nur, soweit das Landesrecht zwischen Aufgabe und Befugnis unterscheidet.

c) *Spezialbefugnis im BayPAG*, Art. 11 I i.V.m. 12–29 BayPAG
d) *Generalklausel*, Art. 11 I i.V.m. 11 II BayPAG
10. Befugnisse bei der *Datenerhebung und -verarbeitung*, Art. 30 ff. BayPAG
11. *Unaufschiebbarkeit* der Maßnahme ist erforderlich, Art. 3 BayPAG (Ausnahme: Polizei handelt auf Weisung einer anderen Behörde, Art. 9 II BayPOG)
12. *Verhältnismäßigkeit* der Maßnahme, Art. 4, 5 BayPAG
13. Richtiger *Adressat* der Maßnahme
    a) *Störer*, Art. 7 BayPAG (Verhaltensstörer), Art. 8 BayPAG (Zustandsstörer)
       – Bei der Auswahl unter mehreren Störern ist die Behörde grundsätzlich frei, aber es gelten Ermessensrichtlinien:
       • Doppelstörer (Verhaltens- und Zustandsstörer zugleich) ist vor Einfachstörer heranzuziehen
       • Verhaltensstörer ist in der Regel vor Zustandsstörer heranzuziehen
    b) *Nichtstörer*, Art. 10 BayPAG
14. *Zwangsweise Durchsetzung*
    a) *Ob* eine zwangsweise Durchsetzung zulässig ist, regelt die Befugnisnorm, u. U. auch stillschweigend (z. B. die Normen der StPO)
    b) Das *Wie* einer zwangsweisen Durchsetzung regeln Art. 53–69 BayPAG
       – *Konnexitätsgrundsatz* beachten, d. h. Sekundärmaßnahme ist immer rechtswidrig, wenn die Primärmaßnahme rechtswidrig ist (anders als im sonstigen Vollstreckungsrecht, auch im VwVG)
       – Darauf achten, daß unanfechtbarer oder sofort vollziehbarer Verwaltungsakt vorliegt (Art. 53 I BayPAG, in der Regel gilt § 80 II Nr. 2 VwGO)
15. *Entschädigungs-*, Erstattungs- und Ersatzansprüche:
    a) Art. 70 ff. BayPAG
    b) § 2 StrEG
    c) § 839 BGB i.V.m. Art. 34 GG
• Handeln der Polizei auf *Weisung* einer anderen Behörde (Art. 9 II BayPOG):
  – *Passiv legitimiert* ist in der Regel die Polizei, weil sie nach außen hin auftritt
  – *Weisungsrecht* und *Aufgabe* der anordnenden Behörde ist erforderlich, eine Befugnis der anordnenden Behörde ist hingegen nicht nötig
  – *Aufgabe* und *Befugnis* der Polizei nach Polizeirecht müssen vorliegen

– Die *zwangsweise Durchsetzung* erfolgt nach Polizeirecht, Art. 53 ff. BayPAG

● Bei *Vollzugshilfe* der Polizei für andere Behörde:
  – *Unterschied* zum Handeln auf Weisung: die Anordnungsbehörde tritt *auch* nach außen hin auf
  – *Passiv legitimiert* ist für Klagen gegen den Grundverwaltungsakt die Anordnungsbehörde, für Klagen gegen Maßnahmen des unmittelbaren Zwangs die Polizei
  – *Aufgabe* und *Befugnis* der Anordnungsbehörde nach deren Recht müssen vorliegen
  – *Unmittelbarer Zwang* richtet sich nach § 15 II VwVG i.V.m. Art. 61 ff. BayPAG, ist aber nur erlaubt, wenn der Anordnungsbehörde eine zwangsweise Durchsetzung erlaubt ist

● Prüfungsschema für eine *Einzelmaßnahme* der Sicherheitsbehörde
  1. Handeln einer *Sicherheitsbehörde* im Sinne des Art. 6 BayLStVG (Gemeinde, Landratsamt, Regierung, Innenministerium)
  2. *Aufgabe*, Art. 6 BayLStVG
  3. *Befugnisnorm*
     a) *Spezialgesetze*, insbesondere:
        – Art. 13 III GG (!)
        – Bauordnungsrecht
        – Wasserrecht
        – Naturschutzrecht
        – Gewerberecht
        – Immissionsschutzrecht
        – Versammlungsrecht
        – Abfallrecht
        – Luftverkehrsrecht
     b) *Spezialbefugnisse im BayLStVG*, Art. 12 ff. BayLStVG
     c) *Sicherheitsrechtliche Verordnung*, z. B. aufgrund von Art. 24 BayLStVG
     d) *Generalklausel*, Art. 7 II Nr. 1–3 BayLStVG
  4. *Konkrete* Gefahr
  5. Richtiger *Adressat*
     a) *Handlungsstörer*, Art. 9 I BayLStVG
     b) *Zustandsstörer*, Art. 9 II BayLStVG
     c) *Unmittelbare Ausführung* der Maßnahme, Art. 7 III BayLStVG
     d) *Nichtstörer*, Art. 9 III BayLStVG
  6. *Verhältnismäßigkeit*, Art. 8 BayLStVG

III. Baurecht

● *Örtliche Zuständigkeit* des Verwaltungsgerichts nach § 52 Nr. 1 VwGO (belegene Sache)

- Bei *Nachbarwiderspruch* auf § 80 a VwGO und auf § 10 II BauGB-MaßnG achten
- Prüfungsschema der Voraussetzungen einer *Baugenehmigung*:
  1. *Genehmigungspflicht*, Art. 68 BayBO
     a) *Anwendbarkeit* des Bauordnungsrechts, Art. 1 BayBO
     b) *Bauliche Anlage* im Sinne des Bauordnungsrechts, Art. 2 I BayBO
     c) Grundsätzlich *Genehmigungspflicht* für alle baulichen Anlagen, Art. 68 BayBO
     d) *Ausnahmen* von der Genehmigungspflicht, Art. 69 ff. BayBO (darauf achten, daß der *Zusammenhang* von mehreren Baumaßnahmen, die teilweise allein nicht genehmigungspflichtig wären, nicht zerrissen wird; es besteht dann eine einheitliche Genehmigungspflicht für das Gesamtprojekt)
     e) *Genehmigungsverfahren* nicht durch andere Verfahren *ersetzt*, insbesondere durch:
        – Genehmigung nach BImSchG, § 13 BImSchG
        – Planfeststellungsverfahren nach Straßen-, Abfall- oder Wasserrecht
  2. *Genehmigungsfähigkeit* der baulichen Anlage, Art. 79 BayBO
     a) *Anforderungen nach Bauplanungsrecht*
        – BauGB anwendbar, §§ 29, 38 BauGB
        – Bestimmung des richtigen Bereichs: Innenbereich (§ 34 BauGB), Außenbereich (§ 35 BauGB) oder Geltungsbereich eines Bebauungsplans (§ 30 BauGB)
        – Anwendung der §§ 30, *34 II vor 34 I* bzw. 35 BauGB
        – § 33 BauGB
        – Ausnahmen und Befreiungen, § 31 I, II BauGB
        – Erweiterte Zulässigkeit von Vorhaben nach § 4 BauGBMaßnG bei dringendem Wohnbedarf
        – Bindungswirkung durch eine Teilungsgenehmigung, § 21 BauGB
        – Spezielle Hinderungsgründe:
          (1) Veränderungssperre, § 14 BauGB
          (2) Zurückstellungsantrag, § 15 BauGB
          (3) Erhaltungssatzung, § 172 BauGB
     b) *Anforderungen nach Bauordnungsrecht*, Art. 3–60 BayBO
     c) Andere *öffentlich-rechtliche Anforderungen*
        – Immissionsschutz, §§ 22, 23 BImSchG
        – Wasserrecht
        – Straßenrecht
        – Naturschutzrecht
        – Gaststättenrecht
        – Denkmalschutzrecht

d) *Bindung* an vorangegangene Entscheidungen
   - Vorbescheid, Art. 82 BayBO
   - Zusicherung, § 38 VwVfG
4. *Genehmigungsverfahren*
   a) Beteiligung des *Nachbarn*, Art. 78 BayBO
   b) Mitwirkung der *Gemeinde*
      - Bauaufsichtliche Mitwirkung, Art. 74 I BayBO
      - Bauplanungsrechtliches Einvernehmen, §§ 36 I, II, 14 II
        BauGB (u. U. Genehmigungsfiktion nach § 5 III BauGB-
        MaßnG)
   c) Anhörung der *Träger öffentlicher Belange*, Art. 76 BayBO
   d) Zustimmung *anderer Verwaltungsbehörden*, § 36 I 3 BauGB, § 9
      FStrG
- Prüfungsschema für das Verfahren bei der *Bauleitplanung*:
   - *Aufstellungsbeschluß*, § 2 I 1 BauGB, und Festsetzung der Grenzen
     seines räumlichen *Geltungsbereichs*, § 9 VII BauGB
   - *Bekanntmachung* des Aufstellungsbeschlusses, § 2 I 2 BauGB
   - *Vorgezogene Bürgerbeteiligung*, § 3 I BauGB (Ausnahme bei drin-
     gendem Wohnbedarf möglich, § 2 II 1 BauGBMaßnG)
   - Beteiligung der *Träger öffentlicher Belange*, § 4 BauGB (Sonderrege-
     lung bei dringendem Wohnbedarf § 2 IV, V BauGBMaßnG)
   - *Billigungs- und Auslegungsbeschluß*
   - *Bekanntmachung der Auslegung*, § 3 II 2 BauGB
   - *Auslegung*, § 3 II 1 BauGB (Frist 1 Monat, u. U. verkürzt bei drin-
     gendem Wohnbedarf, § 2 III BauGBMaßnG)
   - *Prüfung der Bedenken* und Mitteilung, § 3 II 4 BauGB
   - *Satzungsbeschluß*, § 10 BauGB
   - Ordnungsgemäße *Begründung*, § 9 VIII BauGB
   - Vorlage bei der *Genehmigungsbehörde*, § 11 BauGB
   - *Genehmigung* oder *Anzeigeverfahren*, § 11 BauGB (Ausnahme § 2
     VI BauGBMaßnG)
   - *Inkrafttreten* mit Bekanntmachung des Bebauungsplans, § 12
     BauGB
- Prüfungsschema für die *materielle Rechtmäßigkeit* von *Bebauungsplä-
  nen*:
   - *Planerfordernis*, § 1 III BauGB
   - Keine *Vorabbindung* des Gemeinderats
   - *Anpassung* an *Raumordnung* und Landesplanung, § 1 IV BauGB
   - Ordnungsgemäße *Abwägung*, § 1 VI BauGB
   - *Abstimmung* mit der *Nachbargemeinde*, § 2 II BauGB
   - *Entwicklungsgebot* im Hinblick auf den Flächennutzungsplan, § 8
     BauGB (Ausnahme bei dringendem Wohnbedarf, § 1 II BauGB-
     MaßnG)

- Prüfungsschema für die *BauNVO*:
1. *Einstiegsnorm* § 1 III BauNVO (BauNVO als Bestandteil des Bebauungsplans) bzw. § 34 II BauGB (Vergleichbarkeit mit BauNVO-Gebiet)
2. *Art der Nutzung*
   a) Zulässigkeit im jeweiligen Gebiet, §§ 2–11 BauNVO
      - Bestimmung des Gebiets
      - Allgemein dort zulässig
      - Gesetzliche Ausnahmemöglichkeit
      - Ausnahmemöglichkeit nach Bebauungsplan
   b) Zulässigkeit von *Garagen*, Gebäuden für freie Berufe und *Nebenanlagen*, §§ 12–14 BauNVO
   c) *Einschränkung der Zulässigkeit* im Bebauungsplan, § 1 V, VI Nr. 1, VII Nr. 1–3, IX BauNVO
   d) *Erweiterung der Zulässigkeit* im Bebauungsplan, § 1 VI Nr. 2, VII Nr. 3, IX BauNVO
   e) Allgemeine *Beschränkung der Zulässigkeit* nach § 15 BauNVO wegen Widerspruchs zur Eigenart oder von dem Vorhaben ausgehender Störungen bzw. bei Unzumutbarkeit („Umschlag der Quantität in Qualität")
3. *Maß der Nutzung*, §§ 16–21 a BauNVO
4. *Bauweise*, § 22 BauNVO
5. *Überbaubare Grundstücksfläche*, § 23 BauNVO

IV. Wasserrecht (Prüfungsschema)

- *Anwendbarkeit* des Wasserrechts, § 1 WHG, Art. 1 BayWG (dabei zwischen einzelnen Teilen genau trennen, z. B. zwischen Graben und Weiher)
- *Klassifizierung* des Gewässers, Art. 2 BayWG
- *Art der Einwirkung* auf das Gewässer:
  - *Ausbau*, § 31 I WHG
  - *Unterhaltungsmaßnahme*, § 28 WHG
  - *Benutzung*, §§ 2, 3 I WHG
  - *Anlage* in oder an einem Gewässer, die nicht der Benutzung, dem Ausbau oder der Unterhaltung dient, Art. 59 BayWG
- *Arten der Gestattung*:
  - *Ausbau*
    - *Planfeststellungsverfahren* (gemeinnützig oder privatnützig), § 31 I 1 WHG; Verfahren: förmlich, Art. 83 I BayWG
    - *Plangenehmigung*, § 31 I 3 WHG; Verfahren: nichtförmlich, Art. 80 BayWG
  - *Benutzung*
    - *Bewilligung*, § 8 WHG, Art. 18 BayWG; Verfahren: förmlich, § 9 WHG, Art. 83 II BayWG

- *Gehobene Erlaubnis*, § 7 WHG, Art. 16 BayWG; Verfahren: förmlich, Art. 83 II BayWG
- *Beschränkte Erlaubnis*, § 7 WHG, Art. 17 BayWG; Verfahren: nichtförmlich, Art. 80 BayWG
  - *Anlage*
    - *Anlagengenehmigung*, Art. 59 BayWG; Verfahren: nichtförmlich, Art. 80 BayWG
- *Gestattungsfreie* Benutzungen:
  - *Gemeingebrauch* an oberirdischem Gewässer, § 23 WHG, Art. 21 BayWG
  - *Anliegergebrauch*, § 24 WHG, Art. 24 BayWG
  - *Fischerei*, § 25 WHG, Art. 26 BayWG
  - *Altrechte*, § 15 WHG
  - *Übungen/Erprobungen*, § 17 a WHG
  - Freie *Grundwasserbenutzung*, § 33 WHG, Art. 33 BayWG
- Entfallen einer Gestattung aufgrund von *Kollisionsnormen*:
  - Eine *Baugenehmigung* ersetzt u. U. die wasserrechtliche Gestattung, Art. 94 I Nr. 1 BayBO, Art. 59 VII BayWG
  - *Konzentrationswirkung* eines Planfeststellungsbeschlusses, § 75 I VwVfG
- *Gestattungsfähigkeit* des Vorhabens
  - Grundsätzlich gewähren §§ 7, 8 WHG nur Anspruch auf *Ermessensausübung*
  - Maßstab ist vor allem das *Wohl der Allgemeinheit*, d. h. alle relevanten öffentlichen Belange
  - Insbesondere zu beachten sind:
    - *Wohl der Allgemeinheit* bezüglich der Benutzung, § 6 WHG
    - Beschränkte *Abwassereinleitung*, § 7 a WHG
    - Keine Bewilligung für das *Einleiten von Stoffen*, § 8 II WHG
    - Verbot, *feste Stoffe* in Gewässer zur Entledigung *einzubringen*, § 26 I WHG
    - Keine *Ablagerung von Stoffen* an einem Gewässer mit Gefahr für das Wasser, § 26 II WHG
    - Keine *Verunreinigung* des Grundwassers, § 34 I WHG
  - *Einwendungen Dritter*, soweit beachtlich (immer prüfen, inwieweit Dritte nach dem Verfahren mit ihren Rechten ausgeschlossen sind), insbesondere:
    - Liquide Rechte Dritter
    - § 8 III WHG

V. Planfeststellungsverfahren

- Richtige *Klageart*:
  - *Anfechtungsklage* auf *Aufhebung des Planfeststellungsbeschlusses* (ist

nur erfolgreich, wenn durch den Mangel die Ausgewogenheit der
Gesamtplanung oder eines abtrennbaren Planungsteils überhaupt in
Frage gestellt wird)
- *Anfechtungsklage* des Planungsträgers gegen ihn belastende *Aufla-
gen*
- *Verpflichtungsklage* gegen die *Ablehnung* eines Planfeststellungs-
beschlusses
- *Verpflichtungsklage* auf *Planergänzung* z. B. durch Schutzauflagen
(z. B. § 74 II VwVfG i. V.m. §§ 41, 42 BImSchG)
- Grundsätzlich wird *kein Vorverfahren* durchgeführt, §§ 74 I 2, 70
VwVfG
- *Der Vorhabensträger* ist im Verwaltungsgerichtsverfahren *notwendig
beizuladen*
- Auf kleine *Unterschiede in der Fassung* der einzelnen Gesetze, die die
Planfeststellung regeln, achten
- *Ordnungsgemäßer Planfeststellungsbeschluß* setzt voraus (vgl. *Kopp*,
§ 74 VwVfG, Rdnr. 17):
- Planerfordernis
- Einhaltung der Planungsleitsätze, von denen nicht abgewichen wer-
den darf
- Ordnungsgemäße Abwägung
- Grundsatz der *Konflikt- und Problembewältigung*: Der Plan muß sich
mit allen durch die Planung aufgeworfenen Problemen auseinanderset-
zen
- *§§ 29 ff. BauGB* sind in der Regel *unanwendbar*, § 38 BauGB; dagegen
ist der Inhalt von Bebauungsplänen in die Abwägung einzustellen
- *Konzentrationswirkung* des Planfeststellungsbeschlusses, § 75 VwVfG

6. Abschnitt. Steuerrecht[1]

§ 20. Einkommensteuerrecht

I. Allgemeines

- Bei der *Sachverhaltserfassung* je nach Fall folgende *Notizblätter* erstel-
len:
- Daten
- Bearbeitervermerk
- Allgemeines (Steuerpflicht, Veranlagungsform, Tarif)
- Jede Einkunftsart gesondert

---

[1] Zur Examensvorbereitung im Steuerrecht besonders geeignete Literatur: *Schur-
mann-Buchbinder*, Die Assessorklausur im Steuerrecht.

- Vorsorgesonderausgaben
- Andere Sonderausgaben
- Freibeträge
- Steuerabzüge
- Zulässigkeit des Einspruchs
- Zuständigkeit des Finanzamts
- *Genau* alle anzuwendenden Paragraphen einschließlich Absätzen und Nummern *zitieren*, auch bei Berechnungen (z. B. §§ 140 f. AO, 8, 9 EStG)
- Dabei auf *genaueste Bezeichnung* achten, z. B. § 22 Nr. 1a von § 22 Nr. 1 lit. a EStG unterscheiden
- Das *Schema der Einkommensteuer-Berechnung* (vor der Einkommensteuertabelle in der Sammlung *Steuergesetze I*, vgl. § 2 EStG) verwenden
- Auf Genauigkeit bei der *Terminologie* achten: z. B. *Einkommen* und *Einkünfte* unterscheiden
- Terminologie: *kein Genitiv-s* bei den Steuernamen, z. B. Vermögensteuer, Grunderwerbsteuer
- Eine *Analogie* zu Lasten des Steuerpflichtigen ist unzulässig, daher ist insoweit von der *Auslegung* des Gesetzes abzugrenzen
- Vor Berechnung der Einkünfte sind abzuhandeln:
  - *Steuerpflicht*, §§ 1 I, IV, 49 EStG, 8 AO
  - *Veranlagungsform*, § 25 EStG (Einzelveranlagung), §§ 26, 26 a EStG (Getrenntveranlagung), §§ 26, 26 b EStG (Zusammenveranlagung), §§ 26, 26 c EStG (Veranlagungszeitraum der Eheschließung)
  - *Steuertarif*, § 32 a I, IV EStG (Grundtarif), § 32 a V EStG (Ehegattensplitting), § 32 a VI EStG (Witwensplitting), § 32 b EStG (Progressionsvorbehalt)
  - *Tarifbegrenzung bei gewerblichen Einkünften*, § 32 c EStG
- Der Satz im Bearbeitervermerk „Es ist ein *möglichst niedriges Einkommen* zu ermitteln" weist in der Regel auf *steuerliche Gestaltungsmöglichkeiten* hin, insbesondere:
  - Wahlrecht zwischen *linearer* und *degressiver AfA*, § 7 I, II EStG
  - Abschreibung eines *geringwertigen Wirtschaftsguts*, § 6 II EStG (bis 800 DM)
  - *Erhöhte Abschreibungen* bzw. *Verteilung* von Erhaltungsaufwand auf mehrere Jahre (§§ 7 a ff EStG, 82 a, 82 b EStDV)
  - Wahlrecht zwischen *Halbjahres-AfA* und AfA pro rata temporis
  - Geltendmachung von Ausgaben für eine *eigengenutzte Wohnung*, § 10 e EStG (Auswahl der jährlichen Beträge, für Neuobjekte gilt ab 1. Januar 1996 die Eigenheimzulage nach dem Eigenheimzulagegesetz[2])

---

[2] *Steuergesetze I* Nr. 5.

- Wahl der *Veranlagungsform* bei Ehegatten, § 26 EStG
- Wichtige *Altersgrenzen* bei der Besteuerung:
  - *64 Jahre* für § 24 a EStG (Altersentlastungsbetrag)
  - *18, 21* bzw. *27 Jahre* bei der Kinderberücksichtigung, § 31, 32 III, IV, 62 ff. EStG

II. Ermittlung der Einkünfte allgemein

- Vom Kalenderjahr abweichendes *Wirtschaftsjahr für Einkünfte* immer extra unter Hinweis auf § 4 a EStG angeben
- Bei der Entscheidung über die Berechnung der Einkünfte nach §§ 5, 4 I oder § 4 III EStG immer §§ 140, 141 AO, 238, 1 II HGB zitieren; Terminologie *„Betriebsvermögensvergleich"* bzw. *„Einnahmen-Überschuß-Rechnung"* verwenden
- Klarstellen, ob eine *Gewinn-* oder *Überschußeinkunft* vorliegt (§ 2 II Nr. 1, 2 EStG)
- Bei *Überschußeinkünften* für die Berechnungsart §§ 8, 9 EStG zitieren, bei § 4 III dagegen § 8 analog und § 4 IV EStG
- Bei den einzelnen Einkunftsarten die jeweiligen *Subsidiaritätsklauseln* beachten und zitieren (§§ 20 III, 21 III, 22 Nr. 1, 3, 23 II EStG), aber auch die *Vorrangklausel* des § 15 III EStG
- Soweit nur *anteilige Berücksichtigung* einer Einkunft möglich ist, sind in der Regel auch nur anteilig Werbungskosten bzw. Betriebsausgaben abzuziehen (§ 3 c EStG)
- Bei *Zahlungen bis 10 Tage vor oder nach dem Jahreswechsel* auf §§ 11 I 2, II 2 EStG (20-Tages-Zeitraum) achten und genau prüfen, ob dessen Voraussetzungen erfüllt sind; beachte: § 11 gilt nicht für Bilanzen, § 11 I 4, II 3 EStG
- Eine *Aufrechnung* bzw. *Indossierung eines Wechsels* durch den Steuerpflichtigen grundsätzlich gedanklich in 2 Zahlungen zergliedern und jeweils gesondert die Auswirkungen auf Betriebseinnahmen und -ausgaben untersuchen; insbesondere auf die *Verrechnung* privater und betriebsbedingter Zahlungen achten
- Darauf achten, daß *alle Freibeträge* berücksichtigt werden
- Bei *Freigrenzen* (z. B. § 23 III 3 EStG) immer klarstellen, daß kein *Freibetrag* vorliegt, d. h. daß bei Überschreiten der Grenze der volle Betrag steuerpflichtig wird
- Bei Einnahmen und Ausgaben die *Berücksichtigung der Umsatzsteuer* nicht vergessen, insbesondere wenn die *Vorsteuerabzugsberechtigung* im Sachverhalt erwähnt wird (was in der Regel auf die Anwendung von § 9 b EStG hindeutet); Umsatzsteuer wird auch auf Eigenverbrauch erhoben (§ 1 I Nr. 2 UStG)
- Bei *Verträgen unter Angehörigen* § 15 AO zitieren und folgendes beachten:

– Die Vereinbarung muß *zivilrechtlich wirksam* sein, § 41 AO gilt insoweit nicht
– Insbesondere auf eine erforderliche *vormundschaftsgerichtliche Genehmigung*, die Bestellung eines *Ergänzungspflegers* (§ 1909 BGB) und *Formerfordernisse* wie §§ 518 I, 873 BGB achten (aber: Schenkungsrecht gilt nicht für eine Ausstattung im Sinne des § 1624 BGB)
– Die *Rückwirkung* eines Vertrags ist steuerlich grundsätzlich nicht anerkennungsfähig
– Der Vertrag muß *tatsächlich vollzogen* werden
– Die Vertragsbedingungen dürfen von solchen mit fremden Dritten nicht wesentlich abweichen (*Fremdvergleich*)
● Auf die Abgrenzung *Mitunternehmer – stiller Gesellschafter – partiarisches Darlehen* (§§ 15 I Nr. 2, 20 I Nr. 4 EStG) achten; insoweit *Palandt*, § 705 BGB, Rdnr. 51, und *Baumbach-Duden-Hopt*, § 230 HGB, Anm. 1 ff., konsultieren
● Bei *AfA als Werbungskosten* §§ 9 I Nr. 7 i.V.m. 7 EStG zitieren, bei Werbungskosten von *Einnahmen-Überschuß-Rechnern* §§ 4 III 3 i.V.m. 7 EStG
● Vorsicht: *AfA* kann nur für *Gebäude, nicht* für *Grundstücke* geltend gemacht werden; dagegen sind Schuldzinsen auch für die Grundstücksanschaffung absetzbar
● In der Regel *Halbjahres-AfA* statt *AfA „pro rata temporis"* (Begriff verwenden!) berücksichtigen, insoweit besteht ein Wahlrecht, jedoch *nicht* bei Veräußerung bzw. Entnahme eines Gegenstandes
● Bei *Verkauf* bzw. *Zerstörung von Anlagegütern* nicht vergessen, die anteilige *AfA* bis zu diesem Zeitpunkt (konkret berechnet) und den *Restwert* des Gegenstandes als Betriebsausgabe zu berücksichtigen (beide Beträge nicht zusammenrechnen, da u. U. bei der AfA ein Privatanteil abzuziehen ist, hingegen beim Restwert kein Abzug stattfindet, wenn der Schaden im Dienst bzw. Betrieb geschah)
● Klarstellen, daß *Lohnsteuer* bzw. *Einkommensteuer-Vorauszahlungen* etc. *nicht abzugsfähig* sind, § 12 Nr. 3 EStG (Zahlungen werden aber angerechnet, § 36 II Nr. 1, 2 EStG)
● Bei *negativen Einkünften* ist von bloßer Liebhaberei abzugrenzen
● Bei *Erbschaft* werden wegen §§ 1922 BGB, 7 I, 11 d EStDV grundsätzlich die Buchwerte bzw. Anschaffungskosten durch den Erben fortgeführt, beim Erblasser werden die stillen Reserven nicht erfaßt

III. Einnahmen-Überschuß-Rechnung

● Bei einer Einnahmen-Überschuß-Rechnung nach § 4 III EStG wird grundsätzlich *nur Geldfluß* berücksichtigt; Ausnahme bei *Sacheinlagen* und *-entnahmen*, die als Geldfluß zu konstruieren sind; d. h. ersparte

Ausgaben und nicht erzielte Einnahmen werden nicht berücksichtigt, ebensowenig Entnahmen in Form von Arbeitsleistung
- *Gewillkürtes Betriebsvermögen* ist *nicht möglich*, d. h. erst ab 50 % Nutzung wird ein Wirtschaftsgut (notwendiges) Betriebsvermögen; Ausnahme bei nachträglicher Nutzungsänderung, § 4 I 4 EStG (Wahlrecht)
- *Umsatzsteuer* immer gesondert berücksichtigen, wenn *Vorsteuerabzugsberechtigung* besteht
- *Betriebseinnahmen*:
  (1) *Einnahme* im Sinne des § 8 EStG analog
  (2) *Zeitliche Zuordnung*
    (a) Grundsatz § 11 I 1 EStG (*Zuflußprinzip*)
    (b) Ausnahme § 11 I 2 EStG (*wiederkehrende Leistungen*)
    (c) Gegenausnahme *Mißbrauch* des § 11 EStG durch unwirtschaftliches Verhalten
  (3) Keine *Gewinnauswirkung*
    (a) nach § 4 III 2 EStG als *durchlaufender Posten*
    (b) bei § 4 III 4 EStG (*Grundstücksgeschäfte* oder *GmbH-Anteilsverkauf* aus dem notwendigen Betriebsvermögen)
    (c) Aufnahme eines *Darlehens*
    (d) *Bareinlage*
  (4) *Sachentnahme* wirkt wie Verkauf zum Teilwert (der Teilwert entspricht bei Sachen dem Wiederbeschaffungswert auf der jeweiligen Handelsstufe und bei Nutzungen den tatsächlich angefallenen Kosten); *Umsatzsteuer* auf den Eigenverbrauch ist zu berücksichtigen
- *Betriebsausgaben*:
  (1) Vorliegen einer *Ausgabe* im Sinne des § 4 IV EStG in Abgrenzung zu *privaten* Ausgaben oder sonst nicht berücksichtigungsfähigen Posten, § 12 EStG
  (2) *Zeitliche Zuordnung*
    (a) Grundsatz § 11 II 1 EStG (*Abflußprinzip*)
    (b) Ausnahme §§ 11 II 2 i.V.m. 11 I 2 EStG (*wiederkehrende Leistungen*)
    (c) Gegenausnahme *Mißbrauch* des § 11 EStG durch unwirtschaftliches Verhalten
  (3) Keine *Gewinnauswirkung*
    (a) bei *durchlaufendem Posten*, § 4 III 2 EStG (Umsatzsteuer ist insoweit kein durchlaufender Posten)
    (b) bei *abzuschreibendem Gegenstand*, §§ 4 III 3 i.V.m. 7 I, II, 9 b EStG (Ausnahme wahlweise bei *geringwertigem Wirtschaftsgut*, § 6 II EStG), insoweit kann nur AfA geltend gemacht werden
    (c) bei § 4 III 4 EStG (*Grundstücksgeschäfte* oder *GmbH-Anteilskauf* für das notwendige Betriebsvermögen)

(d) bei § 4 V EStG (*Abzugsverbote*)

(e) bei *Tilgung* von *Darlehen* (im Gegensatz zur Zahlung von Zinsen)

(f) bei *Vergabe* von Darlehen

(g) bei *Barentnahmen*

(4) *Sacheinlage* wirkt wie Kauf zum Teilwert

IV. Ehegattenbesteuerung

- *Grundsatz*: Ehegatten sind *materiellrechtlich* (ab dem Gesamtbetrag der Einkünfte) als ein Steuerpflichtiger, *verfahrensrechtlich* aber als zwei Personen zu behandeln
- Bei Ehegatten auf die Erhöhung der *Freibeträge* achten; auch bei der Aufteilung der Freibeträge aufpassen, z. B. bei § 20 IV EStG
- Beim *Tod eines Ehegatten* Witwensplitting (§ 32 a VI EStG) beachten und Abschlußveranlagung für den Verstorbenen durchführen
- Bei *Heirat* die Möglichkeit zur *besonderen Veranlagung* (§ 26 c EStG) prüfen
- Bei Geschiedenen auf die Möglichkeit des (begrenzten) *Realsplittings* achten, §§ 10 I Nr. 1, 22 Nr. 1a, 33 a I EStG

V. Sonderausgaben

- Soweit eine Ausgabe steuerlich *nicht* als Sonderausgabe anerkannt wird, auf *§ 12 EStG* hinweisen
- Zwischen *Vorsorgeaufwendungen* und *sonstigen Sonderausgaben* unterscheiden (§ 10 EStG) wegen des Systems der Berechnung der Vorsorgeaufwendungen

VI. Außergewöhnliche Belastungen

- Bei § 33 EStG muß die zumutbare *Eigenbelastung* (§ 33 III EStG) von den Ausgaben abgezogen werden und darf nicht als Ausgabe angesetzt werden
- *§ 33 a vor § 33 EStG* prüfen wegen des Verbots kumulativer Anwendung, § 33 a V EStG

VII. Ermittlung der festzusetzenden Steuer

- Nach Ermittlung der tariflichen Steuer *abziehen*:
  - Ermäßigung nach § 34 g EStG für *Parteispenden* etc.
  - *Baukindergeld*, § 34 f. EStG
- Außerdem sind *anzurechnen*:
  - *Steuervorauszahlungen*, § 36 II Nr. 1 EStG

– *Steuerabzug* (Lohnsteuer, Kapitalertragsteuer, Körperschaftsteuer), § 36 II Nr. 2 EStG

§ 21. Abgabenordnung

I. Allgemeines

- § 1 AO zitieren für die *Anwendbarkeit* der *AO*
- Bei Angabe eines *Geburtsdatums* ist möglicherweise eine Altersberechnung erforderlich, z. B. wegen § 24 a S. 3 EStG; beachte: das volle Jahr ist mit Ablauf des Tages, der dem Geburtstag vorausgeht, vollendet (§§ 187 II, 188 II BGB)
- Bei langen Zeiträumen an *Festsetzungsverjährung*, § 169 AO, und *Zahlungsverjährung*, § 228 AO, denken
- Vorsicht bei *Auslegung des Rechtsschutzziels*, wenn ein Steuerpflichtiger gegen einen Bescheid vorgeht, der eine Vielzahl von Verwaltungsakten enthalten kann; es ist zu unterscheiden:
  – *Steuerbescheid* im Sinne des § 157 I AO (Feststellung der Zahlungspflicht); beachte: im Zweifel wird allein der Steuerbescheid angegriffen
  – *Zahlungsaufforderung* (Leistungsgebot, § 254 I AO)
  – *Anrechnung von Vorauszahlungen* bzw. *Steuerabzügen* für Lohnsteuer bzw. Kapitalertragssteuer (sog. Anrechnungsverfügung, eigener Verwaltungsakt im Sinne des § 118 AO)
  – *Abrechnungsbescheid* im Sinne des § 218 II AO
  – *Anordnung der Vorauszahlung*, § 37 I EStG
  – *Besteuerungsgrundlagen* (kein Verwaltungsakt, § 157 II AO)
  – *Kassenabrechnung* (kein Verwaltungsakt, rein technischer Vorgang)
  – Festsetzung eines *Verspätungszuschlags*, § 152 AO, (Verwaltungsakt)
- Bei *mehreren Einspruchsschreiben* darauf achten, daß alle verbeschieden werden

II. Zuständigkeit

- *Sachliche Zuständigkeit* der Finanzämter, §§ 16 AO, 17 II FVG
- *Örtliche Zuständigkeit*:
  – §§ 17 ff. AO
  – § 367 I AO für das Einspruchsverfahren
  – § 41 a EStG für den Lohnsteuerabzug

III. Formalia und Verfahren beim Steuerbescheid

- Für AO-Probleme kann u. U. auf die *Kommentierung* bei *Kopp*, *VwVfG* zurückgegriffen werden, z. B. bei Fragen der Nichtigkeit, Rücknahme bzw. Bekanntgabe eines Verwaltungsakts etc.
- Bei *Ermessensentscheidungen* § 5 AO erwähnen
- Vor allem bei einer Mehrheit von Personen und bei Minderjährigen auf die richtige *Bekanntgabe* des Verwaltungsakts achten, insbesondere sowohl die verschiedenen Adressaten bzw. Betroffenen vollständig erwähnen (*Betroffener*, *Adressat* und *Empfänger* sind zu unterscheiden)
- Auf das Vorhandensein der *Rechtsbehelfsbelehrung* bei schriftlichem Verwaltungsakt achten, vor allem bei Fristberechnungen; die Belehrung fehlt häufig bei Ermessensentscheidungen; Rechtsfolge ist aber nicht die Anfechtbarkeit des Bescheids, sondern nur die Verlängerung der Rechtsbehelfsfrist, § 356 II AO
- Bei *Verfristung* von Rechtsbehelfen an § 126 III AO denken und Begründung und Anhörung auf Korrektheit überprüfen
- Bei *Haftungsbescheiden* neben § 75 AO immer auch § 419 BGB und § 25 HGB prüfen

IV. Tenorierung

- Ein *Feststellungsbescheid* muß Einkunftsart, Gesamtgewinn und Aufteilung des Gewinns auf die Beteiligten (z. B. Gesellschafter) enthalten
- Bei einem *Haftungsbescheid* ist die Aufteilung des Betrags nach Steuerarten und Veranlagungszeiträumen erforderlich
- Bei einer *Einspruchsentscheidung* erfolgt keine Aufhebung des ursprünglichen Bescheids und auch *keine Zurückweisung* „im übrigen", da das Finanzamt an den Antrag des Steuerpflichtigen nicht gebunden ist, § 367 II 1 AO
- Bei einer Einspruchsentscheidung ist *eine Kostenregelung nicht erforderlich*, da das Verfahren kostenfrei ist

V. Korrektur von Steuerverwaltungsakten (Prüfungsreihenfolge)

- *Kein nichtiger Verwaltungsakt* bzw. *Nicht-Verwaltungsakt*
- Wirksame *Bekanntgabe*, §§ 122, 124, 183, 155 AO
- Keine *Heilung* nach § 126 AO
- Keine *Unbeachtlichkeit* des Mangels nach § 127 AO
- Auswahl der *richtigen Korrekturnorm*:
  1. *Berichtigung* nach § 129 AO (unabhängig von der Bestandskraft des Verwaltungakts)

2. Im *Einspruchsverfahren* ist eine *Korrektur nach* § *367 II 1 AO* grundsätzlich ohne weitere Voraussetzungen möglich (vollumfängliche Prüfung), Ausnahme bei geändertem Bescheid, § 351 AO (in diesem Fall ist auf §§ 172 ff. AO zurückzugreifen); daneben sind wegen § 132 AO auch die anderen Korrekturvorschriften anwendbar

3. Richtige *Korrekturnormen* bei Steuerbescheiden (§ 155 AO) und über § 1 III 2 AO diesen gleichgestellten Bescheiden:
   - Änderung bei *Vorbehalt der Nachprüfung*, § 164 II AO (auch bei Steueranmeldungen, § 168 AO)
   - Änderung bei *vorläufiger Steuerfestsetzung*, § 165 II AO
   - Änderung mit *Zustimmung des Steuerpflichtigen*, § 172 I Nr. 2 a AO (sog. schlichte Änderung)
   - Änderung bei *neuen Tatsachen*, § 173 AO (für jede Steuertatsache gesondert zu prüfen)
   - Änderung bei *widerstreitenden Steuerfestsetzungen*, § 174 AO
   - Änderung bei *Grundlagenbescheid* und *rückwirkendem Ereignis*, § 175 AO
   - Änderung zur *Umsetzung von Verständigungsvereinbarungen*, § 175 a AO
   - *Verlustvortrag* und -*rücktrag* (von Amts wegen zu berücksichtigen), § 10 d EStG

4. Richtige *Korrekturnormen* bei sonstigen Verwaltungsakten: §§ 130, 131 AO

5. *Sonderkorrekturnormen* § 207 AO (Zusagen) und § 280 AO (Aufteilungsbescheide)

- Die *Tatbestandsmäßigkeit* der Korrekturnorm überprüfen
- Keine *Festsetzungs-* bzw. *Zahlungsverjährung* eingetreten
- *Ermessensentscheidung* erforderlich oder *Pflicht* zur Korrektur
- *Umfang* der Berichtigung prüfen: Wiederaufrollen des gesamten Verfahrens oder nur Fehlerberichtigung
- Ausnahmsweise *Einschränkung der Berichtigung*, insbesondere durch
  - *Treu und Glauben* (z. B. verbindliche Zusage), § 242 BGB analog
  - *Vertrauensschutz*, § 176 AO
- *Kompensation* gemäß § 177 AO (immer erst nach allen anderen Korrekturmöglichkeiten und für jede Steuertatsache gesondert zu prüfen)
- Eine *Vorwegnahme des Rechtsbehelfsverfahrens* ist möglich, d. h. auch vor einem Einspruch kann bereits zugunsten des Steuerpflichtigen nach § 367 II 1 AO korrigiert werden, wenn mit einem Einspruch zu rechnen ist (Argument: § 351 AO)
- Ein *Billigkeitserlaß*, § 227 AO, ist in der Regel abzulehnen, weil die Einlegung eines Rechtsbehelfs zumutbar war

VI. Zulässigkeitsvoraussetzungen im Einspruchsverfahren

- *§ 358 AO* am Anfang erwähnen (Prüfung der Zulässigkeit des Einspruchs durch das Finanzamt)
- *Auslegung des Rechtsschutzziels* (dabei den Rechtsgedanken des § 357 I 4 AO erwähnen)
- *Statthaftigkeit* des Einspruchs, §§ 347, 348 AO
- *Form*, § 357 AO
- Einhaltung der *Frist*
  - Frist läuft nur bei *ordnungsgemäßer Bekanntgabe* bzw. Zustellung und *Rechtsbehelfsbelehrung*, § 9 II VwZG
  - *Beginn*, §§ 122, 80 III, 183, 355 I 2, 108 AO, 187 BGB
  - *Dauer*, §§ 355 I, 356 AO
  - *Ende*, §§ 108 AO i.V.m. 188, 193 BGB
  - Einreichung bei der *richtigen Behörde*, § 357 II AO
  - *Wiedereinsetzung* in den vorigen Stand, §§ 110, 123 AO
- *Beschwer*, § 350 AO (durch den Tenor)
  - (1) aus formellem Recht
  - (2) aus materiellem Recht
  - (3) Betragsmäßige Begrenzung bzw. *Beschränkung der Beschwer* (§ 351 AO) ist erst bei der Begründetheit zu beachten, str.
- *Einspruchsbefugnis*, §§ 352 f. AO
  - (1) Adressat
  - (2) Drittwirkung
  - (3) Rechtsnachfolge, § 353 AO
- Kein *Verzicht* (abzugrenzen von der *Rücknahme*, die zu nochmaliger Einlegung innerhalb der Frist berechtigt, § 362 AO), § 354 AO
- *Sonstige Zulässigkeitsvoraussetzungen*
  - Rechtsschutzbedürfnis
  - Handlungsfähigkeit, §§ 365 I, 79 AO
  - Recht zur Vertretung, §§ 365 I, 80 AO
  - Hinzuziehung, § 360 AO
- *Begründetheitsprüfung* mit dem *Prüfungsumfang*, § 367 II 1 AO, beginnen; Einschränkung des Umfangs durch § 351 AO beachten

4. Teil. Übungsklausuren[1]

§ 22. Übungsklausur aus dem Zivilrecht

I. Aufgabentext

(Arbeitszeit 5 Stunden)

Auszug aus den Zivilakten Az. 26 O 27036/96 des Landgerichts München I:

Dr. Franz Müller-Lütkemann
Rechtsanwalt
Färbergraben 18   80331 München, 31. Mai 1996

> Landgericht München I
> Eingegangen: 31. Mai 1996

An das
Landgericht München I
Justizpalast
80097 München

In Sachen
Fa. Uwe K a r l, Inhaber Peter Hieber, Kardinal-Faulhaber-Str. 4, 80333
München

- Klägerin -

Prozeßbevollmächtigter: Unterfertigter

g e g e n

---

[1] Übungsklausuren zur Vorbereitung auf das Assessorexamen werden regelmäßig in den Ausbildungszeitschriften, insbesondere in der JuS, veröffentlicht. Darüber hinaus gibt es auch Zusammenstellungen von Klausuren mit Lösungen in Buchform: *Schmitz*, Zivilrechtliche Musterklausuren für die Assessorprüfung; *Pape-Pape-Radtke*, Ausgewählte Assessorklausuren im Zivilrecht; *Schmitz-Hüßtege*, Strafrechtliche Musterklausuren für die Assessorprüfung; *von Heintschel=Heinegg-Gerhardt*, Assessorklausuren zum Familienrecht; *Jäde*, Öffentliches Recht in Bayern; *Rolfes-Volkert*, Öffentliches Recht in Niedersachsen.

Fa. B r u n n e r GmbH, Sitz: Frankfurt/Main, Zweigniederlassung München, Occamstr. 12, 80802 München, gesetzlich vertreten durch den Geschäftsführer, Herrn Alois Hinterhuber, Occamstr. 12, 80802 München

- *Beklagte* -

w e g e n Schadensersatz

erhebe ich namens und im Auftrag der Klägerin Klage zum Landgericht München I. In dem anzuberaumenden Termin werde ich

b e a n t r a g e n :

I. Die Beklagte wird verurteilt, an die Klägerin 53.365,- DM nebst 8 % Zinsen hieraus seit dem 05.03.96 zu bezahlen.
II. Es wird festgestellt, daß die Beklagte verpflichtet ist, der Klägerin jeden weiteren Schaden zu ersetzen, der ihr im Vertrauen auf die Zusage der Vertriebsberechtigung für Transfers aus dem Vertrag vom 13. August 1995 entstanden ist oder noch entstehen wird.
III. Die Beklagte trägt die Kosten des Rechtsstreits.
IV. Das Urteil ist vorläufig vollstreckbar.

Für den Fall der Anordnung des schriftlichen Vorverfahrens b e a n t r a - g e n wir den Erlaß eines Versäumnisurteils, wenn sich die Beklagte in der Notfrist des § 276 Abs. 1 S. 1 ZPO nicht erklärt.

B e g r ü n d u n g :

Die Klägerin betreibt unter der genannten im Handelsregister eingetragenen Firma einen Betrieb zur Herstellung bedruckter T-Shirts, Hemden und anderer Kleidungsstücke.

Etwa im Juni 1995 kam der Inhaber der Klägerin auf die Idee, T-Shirts und andere Kleidungsstücke mit Motiven herzustellen, die sich auf den Popsänger Teddy Geröllhauser bezogen. Teddy Geröllhauser ist ein weithin bekannter Künstler, der mit seiner Musikgruppe „Teddy and the Hard Workers" weltweit Konzerte gibt. Er wird vielfach allein mit seinem Vornamen „Teddy" bezeichnet. Sein allgemein bekanntes Erkennungszeichen sind lilafarbene Handschuhe, ohne die er nie seine Konzerte bestreitet.

Die Klägerin wandte sich an die Beklagte, die sich unter anderem mit dem Vertrieb von Aufbügelmotiven (sogenannten Transfers) für Kleidungsstücke beschäftigt, und führte Verhandlungen mit dem Geschäftsführer der Beklagten. Als Ergebnis legte die Beklagte der Klägerin Aufbügelmotive vor. Eines zeigte eine Abbildung von Teddy Geröllhau-

ser und den schriftlichen Zusatz „Teddy Megastar". Ein anderes trug die
Aufschrift „I love Teddy" und zeigte nur ein Paar lilafarbene Handschuhe.

Am 13. August 1995 kam es zu weiteren Verhandlungen zwischen den
Parteien über die Abwicklung des beabsichtigten Geschäfts. Die Parteien
erörterten dabei auch die Frage, ob die Beklagte zum Vertrieb der Transfers berechtigt sei und ob sie den Namen „Teddy Geröllhauser" und
dessen Bild und Symbol in der beabsichtigten Weise verwenden dürfe. In
diesem Zusammenhang telefonierte der Geschäftsführer der Beklagten in
Anwesenheit des Inhabers der Klägerin mit ihrer englischen Muttergesellschaft und ließ sich bestätigen, daß Teddy Geröllhauser die Lizenzrechte
in Großbritannien erteilt hatte. Daraufhin fragte der Inhaber der Klägerin, ob der Vertrieb der Transfers durch die Beklagte auch in Ordnung
gehe. Herr Hinterhuber bejahte diese Frage uneingeschränkt.

Im weiteren Verlauf der Besprechung vom 13.08.95 wurde zwischen
den Parteien eine Vereinbarung über die Lieferung der erwähnten Transfers geschlossen. In der Vertragsurkunde gab der Geschäftsführer der
Beklagten eine Erklärung folgenden Inhalts ab: „Hiermit bestätigen wir,
daß die Fa. Karl das Recht erwirbt, die von uns gelieferten Transfers
weiterzuverkaufen." Die Klägerin ging aufgrund dieser Erklärung und
der vorhergehenden Besprechung davon aus, daß die Beklagte von Teddy
Geröllhauser das Recht erworben hatte, die Transfers auch in der Bundesrepublik Deutschland zu vertreiben.

Beweis: Vertrag zwischen den Parteien vom 13.08.95

In der Folgezeit lieferte die Beklagte an die Klägerin die vereinbarten
Transfers. Die Klägerin ließ sie auf T-Shirts und Sweatshirts aufbringen
und setzte sie in erheblichem Umfang ab. Die Geschäfte mit Dritten kamen allerdings ins Stocken und wurden vollständig rückabgewickelt,
nachdem sich Teddy Geröllhauser mit Abmahnungen und einstweiligen
Verfügungen gegen die Verwendung seines Bildes und seines Namens ge-
wandt hatte. Auch der Klägerin wurde durch einstweilige Verfügung des
Landgerichts München I vom 23.10.95 der weitere Vertrieb der von ihr
hergestellten Erzeugnisse mit Bezug auf Teddy Geröllhauser verboten.

Beweis: Beiziehung der Akten des Landgerichts München I, Az. 26 O
45035/95

Im Laufe eines Rechtsstreits von Teddy Geröllhauser gegen die Beklagte
vor dem Landgericht Frankfurt/Main stellte sich im Januar 1996 heraus,
daß von ihm jedenfalls eine ausdrückliche Erklärung im Hinblick auf den
Vertrieb seines Bildes und seines Namens in der Bundesrepublik Deutschland nicht vorlag.

Beweis: Beiziehung der Akten des Landgerichts Frankfurt/Main, Az. 13 O 76026/95

Die Klägerin fordert von der Beklagten Schadensersatz in Höhe von 53.365,- DM aus § 437 BGB. Die Beklagte konnte der Klägerin das Recht zum Vertrieb der Transfers bzw. der T-Shirts nicht verschaffen und muß dafür haften.

Der Klägerin entstanden folgende Schäden: Zur Beschaffung der Kleidungsstücke, die nicht verkauft wurden bzw. wieder zurückgenommen werden mußten, mußten 25.324,- DM bezahlt werden. Aus dem Verkauf dieser Kleidungsstücke hätte die Klägerin einen Gewinn von 4.354,- DM erzielt, der ihr wegen des Vertriebsverbots entging. Um für die T-Shirts zu werben, gab die Klägerin Zeitungsannoncen für 5.267,- DM auf, die sich durch das Verbot, die T-Shirts zu verkaufen, als nutzlos erwiesen. In dem Rechtsstreit mit Teddy Geröllhauser entstanden der Klägerin Gerichts- und Rechtsanwaltskosten in Höhe von insgesamt 16.342,- DM. Die Rückabwicklung der ausgeführten Lieferungen führte zur Entstehung weiterer Kosten in Höhe von 2.078,- DM.

Hinsichtlich der Einzelheiten wird auf die Aufstellung der einzelnen Schadensposten in der Anlage zu diesem Schriftsatz Bezug genommen.

Mit Schreiben vom 20.02.96 forderte die Klägerin die Beklagte auf, bis zum 05.03.96 den Betrag von 53.365,- DM als Schadensersatz zu zahlen. Die Klägerin nimmt Bankkredit mindestens in Höhe der Klagesumme in Anspruch, für den sie 8 % Zinsen zu zahlen hat. Ihr stehen daher Verzugszinsen in Höhe der Klagesumme seit dem 05.03.96 zu.

Dr. Franz Müller-Lütkemann
Rechtsanwalt

Anlagen:
- 1 Vollmacht
- 1 Aufstellung der einzelnen Schadensposten

Dem Schriftsatz vom 31. Mai 1996 lag eine Vollmachtsurkunde und eine Aufstellung der einzelnen Schadensposten bei, die die Angaben im Schriftsatz im einzelnen belegte.

Der Vorsitzende der 26. Zivilkammer des Landgerichts München I ordnete mit Verfügung vom 5. Juni 1996 ein schriftliches Vorverfahren an.

Laut Zustellungsnachweis wurde die Klage mit Aufforderung und Belehrung gemäß §§ 271, 276 ZPO dem Geschäftsführer der Beklagten am Dienstag, dem 11. Juni 1996 zugestellt.

Az. 26 O 27036/96

Im Namen des Volkes

Das Landgericht München I – 26. Zivilkammer – erläßt

in dem Rechtsstreit

Fa. Uwe K a r l

gegen

Fa. B r u n n e r GmbH

am 1. Juli 1996 ohne mündliche Verhandlung folgendes

V e r s ä u m n i s u r t e i l:

  I. Die Beklagte wird verurteilt, an die Klägerin 53.365,- DM nebst 8 %
     Zinsen hieraus seit dem 05.03.96 zu bezahlen.
 II. Es wird festgestellt, daß die Beklagte verpflichtet ist, der Klägerin
     jeden weiteren Schaden zu ersetzen, der ihr im Vertrauen auf die Zu-
     sage der Vertriebsberechtigung für Transfers aus dem Vertrag vom 13.
     August 1995 entstanden ist oder noch entstehen wird.
III. Die Beklagte trägt die Kosten des Rechtsstreits.
 IV. Das Urteil ist vorläufig vollstreckbar.

Dr. Schlichter   Huber   Weifenbach
Vorsitzender   Richter   Richterin
Richter   am Landgericht
am Landgericht

Das Versäumnisurteil wurde beiden Parteien am Dienstag, dem 9. Juli
1996, zugestellt. Die Beklagte wurde ordnungsgemäß auf die Folgen einer
Säumnis gemäß § 340 Abs. 3 Satz 4 ZPO hingewiesen.

Dr. Hans Mayr
Rechtsanwalt
Sonnenstr. 3   80331 München, 24. Juli 1996

> Landgericht München I
> Eingegangen: 24. Juli 1996

An das
Landgericht München I

In Sachen

Fa. K a r l

gegen

Fa. B r u n n e r GmbH

wegen Forderung

Az. 26 O 27036/96

bestelle ich mich als Prozeßbevollmächtigter der Beklagten.
In ihrem Namen und Auftrag lege ich gegen das Versäumnisurteil des
Landgerichts München I vom 1. Juli 1996

E i n s p r u c h

ein. Höchstvorsorglich für den Fall der Versäumung der Einspruchsfrist
b e a n t r a g e ich, der Beklagten Wiedereinsetzung in den vorigen Stand
zu gewähren.
Die Einspruchsfrist ist nach meiner Berechnung noch gar nicht abge-
laufen. Sollte das Gericht anderer Meinung sein, so wird zur Begründung
des Wiedereinsetzungsantrags folgendes vorgetragen:
Am Dienstag, den 23. Juli 1996, habe ich meine Sekretärin Doris Sorgsam beauftragt, die Einspruchsschrift vom gleichen Tag persönlich in den
Nachtbriefkasten des Landgerichts München I einzuwerfen. Frau Sorgsam ist seit zehn Jahren bei mir angestellt. Sie hat derartige Aufträge
bisher immer sehr zuverlässig und ohne jeden Fehler erledigt. Am 23. Juli
1996 hat sie den Auftrag erstmals aus persönlichen Gründen vergessen.
Ich habe von dem Vorfall eben erst erfahren.
Den vorstehenden Sachverhalt versichere ich unter Berufung auf meine
anwaltlichen Standespflichten. Auf die Eidesstattliche Versicherung von
Frau Sorgsam nehme ich ausdrücklich Bezug.
Eine eingehende Stellungnahme zum Klagevorbringen werde ich in
Kürze nachreichen. Es stehen noch einige Informationen aus.

Dr. Mayr
Rechtsanwalt

Anlagen:
– 1 Vollmacht
– 1 Eidesstattliche Versicherung

Eidesstattliche Versicherung

Sorgsam, Doris, 31 Jahre, verheiratete Anwaltsgehilfin, Mäuselweg 10,
81375 München

Die Bedeutung einer Eidesstattlichen Versicherung ist mir bekannt. Zur Vorlage bei Gericht versichere ich an Eides Statt: Am Montag, den 23. Juli 1996, übergab mir Herr Rechtsanwalt Dr. Mayr in Sachen Karl ./. Brunner kurz vor Dienstschluß ein Einspruchsschreiben mit dem Auftrag, dieses Schreiben noch am gleichen Tag beim Landgericht München I abzugeben. Ich machte mich nur kurze Zeit später auf den Weg. An diesem Tag holte mich mein Mann vom Büro ab. Er schlug mir spontan vor, nach langer Zeit wieder einmal ins Kino zu gehen, was wir auch taten. Vor lauter Freude über diesen Vorschlag vergaß ich, das Einspruchsschreiben bei Gericht abzugeben. Erst am nächsten Morgen fand ich den Brief in meiner Handtasche. Ich habe sofort Herrn Rechtsanwalt Dr. Mayr informiert. Mir ist die Angelegenheit sehr peinlich.

Doris Sorgsam

Das Einspruchsschreiben wurde der Klägerin am 27. Juli 1996 ordnungsgemäß zugestellt. Die Mitteilungen nach § 340 a ZPO sind erfolgt.

Dr. Franz Müller-Lütkemann
Rechtsanwalt
Färbergraben 18   80331 München, 2. August 1996

Landgericht München I
Eingegangen: 2. August 1996

An das
Landgericht München I
Justizpalast
80097 München

In Sachen

Fa. K a r l

gegen

Fa. B r u n n e r GmbH

wegen Forderung

Az. 26 O 27036/96

b e a n t r a g e ich,

den Einspruch der Beklagten zu verwerfen.

Der Einspruch wurde verspätet eingelegt. Die Beklagte wußte doch schon lange von dem Rechtsstreit. Trotz § 340 Abs. 3 ZPO enthält die Einspruchsschrift keine Angriffs- und Verteidigungsmittel. Damit ist der Einspruch unzulässig, weil der Begründungszwang als gesetzliches Formerfordernis und damit als Zulässigkeitsvoraussetzung anzusehen ist. Jedenfalls ist der Einspruch mangels Begründung unbegründet. Das Versäumnisurteil ist zu Recht erlassen worden. Der Wiedereinsetzungsantrag muß abgelehnt werden. Die Sekretärin hat grob pflichtwidrig gehandelt, was sich die Beklagte zurechnen lassen muß. Es ist auch zu berücksichtigen, daß der Prozeßvertreter der Beklagten den Einspruch erst kurz vor Ablauf der Frist einlegte und damit den Prozeß verschleppte und eine Versäumung der Frist erst heraufbeschwor.

Ich stelle F e r i e n a n t r a g.

Dr. Müller-Lütkemann
Rechtsanwalt

Dr. Hans Mayr
Rechtsanwalt
Sonnenstr. 3   80331 München, 3. August 1996

Landgericht München I
Eingegangen: 6. August 1996

An das
Landgericht München I

In Sachen

Fa. K a r l

gegen

Fa. B r u n n e r GmbH

wegen Forderung

Az. 26 O 27036/96

werde ich folgende A n t r ä g e stellen:

I. Das Versäumnisurteil des Landgerichts München I vom 1. Juli 1996 wird aufgehoben.

II. Die Klage wird abgewiesen.

III. Die Klägerin trägt die Kosten des Rechtsstreits.

IV. Das Urteil ist vorläufig vollstreckbar.

Vorweg rüge ich das Fehlen der prozessualen Voraussetzungen für den Erlaß des Versäumnisurteils. Eine Säumnis der Beklagten hat nicht vorgelegen. Eine Entscheidung im schriftlichen Verfahren durfte mangels Vorliegens der Voraussetzungen des § 128 Abs. 2 ZPO nicht ergehen.

Zur Sache habe ich folgendes auszuführen:

In einer Reihe von Punkten ist der von der Klägerin dargelegte Sachverhalt richtig wiedergegeben. Aufgrund der inzwischen vergangenen Zeit muß sich aber die Erinnerung des Inhabers der Klägerin in einem entscheidenden Punkt getrübt haben. Der Inhaber der Klägerin hat die Frage, ob der Vertrieb der Transfers durch die Beklagte in Ordnung gehe, nicht gestellt. Der Geschäftsführer hat diese Frage dementsprechend auch nicht bejaht. Zu der Zeit hatte Teddy Geröllhauser zwar die Lizenzrechte für England erteilt. Im Hinblick auf die Rechte für die Bundesrepublik Deutschland gab es nur eine unverbindliche Vorabklärung mit Teddy Geröllhauser, etwas Konkretes hatte die Beklagte aber noch nicht in der Hand. Daher ist die Erklärung vom 13.08.95 im Vertrag dahingehend zu verstehen, daß die Beklagte die ihr selbst zustehenden Rechte – wie etwa das Urheberrecht – an den Transfers übertrug. Daß die Beklagte die Teddy Geröllhauser zustehenden Rechte für die Bundesrepublik Deutschland bereits erworben hätte, wurde nie behauptet.

Es mag zwar sein, daß die Klägerin nicht wußte, daß die Beklagte die Rechte zum Vertrieb der Transfers in der Bundesrepublik Deutschland nicht innehatte. Die Klägerin muß sich aber den Vorwurf gefallen lassen, daß ihr Inhaber so von seiner Idee, Kleidungsstücke mit den Transfers von Teddy Geröllhauser zu verkaufen, begeistert war, daß er jedes Risiko, das damit verbunden sein konnte, in Kauf genommen hätte. Wörtlich sagte er: „Das ziehe ich auf jeden Fall durch!"

Beweis: Vernehmung des Herrn Alois Hinterhuber, zu laden über die Beklagte

Er mußte zumindest damit rechnen, daß es Probleme mit Teddy Geröllhauser geben könnte. Da er dieses Risiko in Kauf nahm, kann er sich nicht auf Leistungsstörungsrechte berufen (§ 439 BGB). Zumindest hätte die Klägerin wissen können, daß Rechte eines Dritten einem Vertrieb entgegenstanden. Sie hat nicht überprüft, ob die Beklagte zum Vertrieb berechtigt war. Ihr muß daher ein Mitverschulden (§ 254 BGB) an der Entstehung des Schadens zur Last gelegt werden bzw. ein Verschulden bei Vertragsschluß. Ganz abgesehen davon wäre es der Klägerin wohl auch möglich gewesen, die enorme Schadenshöhe geringer zu halten.

Im übrigen fragt sich, ob Teddy Geröllhauser wirklich den Vertrieb aller Kleidungsstücke verbieten konnte. Auf genau der Hälfte der Kleidungsstücke ist nur der Vorname „Teddy" in dem Satz „I love Teddy" abgedruckt sowie ein Paar lila Handschuhe. Nur weil einer sich als Künstler einer gewissen Publizität erfreut, kann er doch nicht den Gebrauch eines nicht gerade seltenen Vornamens verbieten!

Ich stelle F e r i e n a n t r a g.

Dr. Mayr
Rechtsanwalt

Auszug aus der Verfügung des Vorsitzenden der 26. Zivilkammer des Landgerichts München I vom 7. August 1996:
1. Erwiderungsfrist für die Klägerin bis 20. August 1996.
2. Termin zur mündlichen Verhandlung über den Einspruch und die Hauptsache wird bestimmt auf
    Mittwoch, den 11. September 1996, 9.00 Uhr.
3. . . . .

Dr. Franz Müller-Lütkemann
Rechtsanwalt
Färbergraben 18   80331 München, 19. August 1996

Landgericht München I
Eingegangen: 20. August 1996

An das
Landgericht München I
Justizpalast
80097 München

In Sachen

Fa. K a r l

gegen

Fa. B r u n n e r GmbH

wegen Forderung

Az. 26 O 27036/96

b e a n t r a g e ich, den gegnerischen Schriftsatz vom 3. August 1996 als
verspätet zurückzuweisen.
Zur Sache darf noch folgendes ausgeführt werden:
1. Auch die Verwendung eines bloßen Vornamens kann in entsprechen-
dem Kontext die Rechte Dritter verletzen. § 12 BGB gewährt insoweit
umfassenden Schutz.
2. Die Klägerin hat nicht gewußt, daß die Beklagte die Rechte zum Vertrieb der Transfers nicht besaß. Sie hat auch mitnichten aus lauter
Begeisterung „jedes Risiko in Kauf genommen". Insbesondere ist die
von der Beklagten erwähnte angebliche Äußerung „Das ziehe ich auf
jeden Fall durch!" nicht gefallen. Für die Anwendung von § 439 BGB
ist daher kein Raum. Aufgrund der Vertragsverhandlungen meinte sie
davon ausgehen zu dürfen, daß es sich bei der Beklagten um einen
seriösen Geschäftspartner handelt. Nach dem Telefongespräch mit
England und der schriftlichen Erklärung vom 13.08.95 bestand für die
Klägerin kein Grund zum Argwohn. Selbst wenn man der Klägerin ein
gewisses Mitverschulden unterstellen könnte, so kann dies bei dem geltend gemachten Schadensersatzanspruch nicht berücksichtigt werden,
denn § 254 BGB ist neben § 439 BGB nicht anwendbar. Worin die
Beklagte ein Verschulden der Klägerin bei Vertragsschluß sieht, ist un-
erfindlich.
3. Mit einer Vernehmung des Herrn Alois Hinterhuber besteht kein Einverständnis. Er ist im Hinblick auf den Inhalt des Gesprächs nicht
unvoreingenommen.

Dr. Müller-Lütkemann
Rechtsanwalt

Auszug aus dem Protokoll über die Sitzung des Landgerichts München I
vom 11. September 1996:
    Klägervertreter stellt Antrag aus seinem Schriftsatz vom 2. August
1996. Hilfsweise beantragt er, das Versäumnisurteil vom 1. Juli 1996 auf-
rechtzuerhalten.
    Beklagtenvertreter stellt Antrag aus dem Schriftsatz vom 3. August
1996.
    Die Parteien verhandeln nach Maßgabe der von ihnen gewechselten
Schriftsätze.
    Der Beklagtenvertreter beantragt die Verweisung des Rechtsstreits an
das Landgericht Frankfurt/Main. Der Klägervertreter erklärt sich damit
nicht einverstanden.

Für den Fall einer Entscheidung des Gerichts zur Sache besteht der Beklagtenvertreter auf einer Vernehmung des Zeugen Hinterhuber. Er erklärt, daß es auf das Einverständnis der Klägerin mit der Vernehmung nicht ankomme. Die Beurteilung der Glaubwürdigkeit eines Zeugen sei dem Gericht überlassen.

Die Parteien wiederholen ihre eingangs gestellten Anträge.

Nach geheimer Beratung des Gerichts verkündet der Vorsitzende folgenden

B e s c h l u ß :

Termin zur Verkündung einer Entscheidung wird bestimmt auf

Mittwoch, den 18. September 1996, 9.00 Uhr.

Vermerk für den Bearbeiter:
Die vollständige Entscheidung des Gerichts ist zu entwerfen. Der Tatbestand und die Entscheidung über die vorläufige Vollstreckbarkeit sind erlassen.

Ladungen, Zustellungen, Vollmachten und sonstige Formalia sind in Ordnung.

Wenn das Ergebnis der mündlichen Verhandlung nach Ansicht des Bearbeiters für die Entscheidung nicht ausreicht, ist zu unterstellen, daß trotz Wahrnehmung der richterlichen Aufklärungspflicht keine weitere Aufklärung zu erzielen war. § 278 Abs. 3 ZPO wurde beachtet.

Soweit die Entscheidung keiner Begründung bedarf oder in den Gründen ein Eingehen auf alle berührten Rechtsfragen nicht erforderlich erscheint, sind diese in einem Hilfsgutachten zu erörtern.

II. Musternotizblätter

Im 2. Teil dieses Buches wurde beschrieben, wie man den Sachverhalt einer Klausuraufgabe erfaßt, indem man alles Wesentliche mittels einer größeren Anzahl von Notizblättern herausschreibt. Es wurde dabei empfohlen, zur Verkürzung der Schreibarbeit Abkürzungen und Stichwörter zu verwenden.

Um dies an einem Beispiel zu veranschaulichen, sind im folgenden zum einen Musternotizblätter in Langfassung, d. h. ohne Abkürzungen (um ihren Inhalt verständlich zu machen), und danach noch einmal in abgekürzter Form, d. h. so wie sie in einer Klausur niedergeschrieben würden, abgedruckt.

1. Musternotizblätter in Langfassung

Bearbeitervermerk
Entscheidung des Gerichts entwerfen

Tatbestand, vorläufige Vollstreckbarkeit erlassen
Formalia in Ordnung
Richterliche Aufklärungspflicht erfüllt
§ 278 III ZPO beachtet
Gegebenenfalls Hilfsgutachten erstellen

Prozessuale Daten

31.05.96 Klageschrift
31.05.96 Eingang Klage beim LG
05.06.96 Anordnung schriftliches Vorverfahren
11.06.96 Zustellung Klage
01.07.96 Versäumnisurteil
09.07.96 Zustellung Versäumnisurteil
24.07.96 Einspruch
24.07.96 Eingang Einspruch beim LG
27.07.96 Zustellung Einspruchsschreiben an die Kl.
02.08.96 Einspruchserwiderung
02.08.96 Eingang Einspruchserwiderung bei Gericht
03.08.96 Klageerwiderung
06.08.96 Eingang Erwiderung beim LG
07.08.96 Verfügung des Vorsitzenden, Fristsetzung für Kl. bis 20.08.96
19.08.96 Replik
20.08.96 Eingang Replik beim LG
11.09.96 Mündliche Verhandlung
18.09.96 Entscheidungsverkündungstermin

Materielle Tatsachen

	Klägerin:	Beklagte:
–	Kl. stellt bedruckte Kleidungsstücke her (S. 145)	
–	Bekl. vertreibt Aufbügelmotive (S. 145)	
–	Teddy G. ist bekannter Künstler mit Musikgruppe; vielfach nur als „Teddy" bezeichnet; Erkennungszeichen: lila Handschuhe (S. 145)	
6/95	Kl. beabsichtigte die Produktion von „Teddy"-Kleidungsstücken (S. 145)	
–	Bekl. legte der Kl. Aufbügelmotive vor (S. 145)	
13.08.95	Verhandlungen der Parteien:	
–	Erörterung der Vertriebsberechtigung (S. 146)	
–	Telefonat mit England (S. 146)	

–	Geschäftsführer der Bekl. bejahte Frage der Kl., ob Vertrieb der Transfers in Ordnung gehe (S. 146)	Frage nicht gestellt und nicht bejaht (S. 152)
–	bestritten (nicht mit Vernehmung einverstanden) (S. 154)	Kl. hätte jedes Risiko bei dem Geschäft in Kauf genommen (Beweis: Vernehmung Hinterhuber) (S. 152)
–	Vertragsschluß mit Erklärung der Bekl. (Beweis: Urkunde) (S. 146)	Bekl. hatte die Vertriebsrechte noch nicht erworben (S. 152)
–	Kl. wußte nicht, daß die Vertriebsrechte noch nicht erworben wurden (S. 146)	
–	Lieferung der Transfers (S. 146)	
–	Herstellung der Kleidungsstücke und Verkauf eines Teils (S. 146)	
23.10.95	Einstweilige Verfügung von Teddy G. gegen die Kl. (Beweis: Aktenbeiziehung) (S. 146)	
1/96	Im Rechtsstreit Teddy G. ./. Bekl. wurde fehlende Berechtigung der Bekl. zum Vertrieb der Transfers offenkundig (Beweis: Aktenbeiziehung) (S. 146)	
–	Rückabwicklung der Verkäufe durch die Kl.; Schaden insgesamt 53.365,- DM (S. 146/7)	
20.02.96	Mahnung gegenüber der Bekl. unter Fristsetzung (S. 147)	
05.03.96	Ende der Zahlungsfrist (S. 147)	
–	Bankkredit der Kl. mit 8 % Zinsen (S. 147)	

Anträge
Klägerin: Beklagte:
letzter Antrag:
Verwerfung des Einspruchs, hilfs- Aufhebung des VU und Klageab-
weise Aufrechterhaltung des VU   weisung
früher:
53.365,- DM nebst 8 % Zinsen hieraus seit 05.03.96
Feststellung, daß die Bekl. künftige
Schäden aus der Zusage der Vertriebsberechtigung zu ersetzen verpflichtet ist

---

Zulässigkeit des Einspruchs
Statthaft
– Meistbegünstigungstheorie?
Form
– § 340 III ZPO keine Zulässigkeitsvoraussetzung?
Frist
– problematisch
Wiedereinsetzung in den vorigen Stand?
– Verschulden der Anwaltsgehilfin zurechenbar?
– Ausnutzen der Frist als Verschulden?
– Organisationsverschulden des Rechtsanwalts?

Erlaß des VU
VU ohne Säumnis zulässig?
VU im schriftlichen Verfahren zulässig?
Schriftliches Verfahren auch ohne Einverständnis, § 128 II ZPO?

Zulässigkeit der Klage
Sachliche Zuständigkeit des Landgerichts, §§ 23, 71 GVG?
Örtliche Zuständigkeit des LG München I?
– Zweigniederlassung in München
– Verweisungsantrag der Bekl. ?
Funktionelle Zuständigkeit des Gerichts
– Kammer für Handelssachen?
Klage unter der Firma zulässig?
Feststellungsantrag zulässig, § 256 ZPO?

Klagehäufung
objektive Klagehäufung, § 260 ZPO

Begründetheit der Klage
§§ 340 III, 296 ff. ZPO Verspätungsvorschriften?
Vernehmung des Geschäftsführers einer GmbH als Partei oder als Zeuge?
Vernehmung zulässig? §§ 447, 448 ZPO?

Anwendung des HGB?

§ 35 GmbHG?

§ 434 BGB auch bei beeinträchtigendem Namens- und Persönlichkeitsrecht?

§ 12 BGB Anspruch auf Unterlassen des Namensgebrauchs

Beeinträchtigt der Gebrauch eines Vornamens allein das Namensrecht Dritter?

Anfängliches Unvermögen

§ 437 BGB als Anspruchsgrundlage?

§ 439 BGB bei Inkaufnahme eines Risikos?

Mitverschulden durch fahrlässige Unkenntnis von den Rechten Dritter?

§ 254 BGB neben § 439 BGB anwendbar?

Culpa in contrahendo?

Umfang des Schadensersatzanspruchs

Schadensposten:

- 25.324,- DM Beschaffung der Kleidungsstücke
- 4.354,- DM Entgangener Gewinn
- 5.267,- DM Zeitungsannoncen
- 16.342,- DM Gerichts- und Rechtsanwaltskosten
- 2.078,- DM Rückabwicklung ausgeführter Lieferungen

Schadensminderungspflicht verletzt?

Nebenforderungen

Verzugszinsen § 288 I BGB?

Bankkredit § 286 I BGB? Schlüssig vorgetragen?

Kostenentscheidung

VU zulässig ergangen, § 344 ZPO?

2. Musternotizblätter in abgekürzter Fassung

Bearbeitervermerk

Entsch. Gericht

Tb, v.V. erl.

Formalia i.O.

ri. Aufklrg. i.O.

278 III ZPO (+)

ggf. HilfsGA

Prozessuale Daten

31.05.96 Klage

31.05.96 Eingg

05.06.96 AnO schrftl. Vorvf.

11.06.96 Zustellg Klage
01.07.96 VU
09.07.96 Zustellg VU
24.07.96 Einspr
24.07.96 Eingg
27.07.96 Zustellg Einspr an Kl.
02.08.96 Einspr. erwid
02.08.96 Eingg
03.08.96 Klageerwid
06.08.96 Eingg
07.08.96 Fristsetzg f. Kl. bis 20.08.96
19.08.96 Replik
20.08.96 Eingg
11.09.96 Mdl V.
18.09.96 EVT

Materielle Tatsachen

	Kl.:	Bekl.:
–	Kl. stellt bedruckte Kleidungsstücke her (S. 145)	
–	Bekl. vertreibt Aufbügelmotive (S. 145)	
–	Teddy G. bekannter Künstler; vielf. nur „Teddy"; Erkenngszeichen: lila Handschuhe (S. 145)	
6/95	Kl. beabsichtigte Produktion von „Teddy"-Kleidg (S. 145)	
–	Bekl. legte Kl. Aufbügelmotive vor (S. 145)	
13.08.95	Vhdlgen d. Parteien:	
–	Erörterg d. Vertriebsberechtgg (S. 146)	
–	Tel. m. Engld. (S. 146)	
–	Gf. der Bekl. bejahte Frage d. Kl., ob Vertrieb d. Transfers i. O. geht (S. 146)	Frage nicht gestellt, nicht bejaht (S. 152)
–	bestr. (nicht mit Vernehmg einverstden) (S. 154)	Kl. hätte jedes Risiko in Kauf genommen (Bew.: Vernehmg Hinterhuber) (S. 152)
–	V-schluß mit Erklrg d. Bekl. (Bew.: Urkde) (S. 146)	

Bekl. hatte Ver-
triebsR-e noch
nicht erworben
(S. 152)

–	Kl. wußte nicht, daß VertriebsR-e noch nicht erworben (S. 146)
–	Liefg. d. Transfers (S. 146)
–	Herstellg Kleidg + Verkauf Teil (S. 146)
23.10.95	Einstw Vfg von Teddy G. ggn Kl. (Bew.: Akten) (S. 146)
1/96	Im R-streit Teddy G. ./. Bekl. fehl. Berechtgg d. Bekl. z. Vertrieb d. Transfers offkundg (Bew.: Akten) (S. 146)
–	Rückabwicklg d. Verkäufe; Schaden 53.365,- DM (S. 146/7)
20.02.96	Mhg ggü d. Bekl. m. Frist (S. 147)
05.03.96	Ende Frist (S. 147)
–	Bankkredit d. Kl. m. 8 % Zi. (S. 147)

Anträge

Kl.:   Bekl.:
zuletzt: Aufhebg VU, Klageabweisg
Verwerfg Einspr, hilfsw. Aufr. er-
haltg VU
früher:
53.365,- DM + 8 % Zi. seit
05.03.96
Festst., daß Bekl. kftge Schäd aus
Zusage d. Vertriebsberechtgg zu ersetzen verpfl

Zulkt Einspr
Statth
– Meistbegünstth.?
Form
– 340 III ZPO keine Zulktsvor.?
Frist
– probl.
Wiedereinsetzg.?
– Verschu d. RA-gehilfin zurechenbar?
– Ausnutzen Frist Verschu?
– Org.verschu RA?

Erlaß VU
VU o. Säumnis zul.?
VU i. schrftl. Vf. zul.?
Schrftl. Vf. o. Einverstdn, 128 II ZPO?

Zulkt Klage
Sachl. Z. LG, 23, 71 GVG?
Örtl. Z. LG Mü I?
– Filiale Mü
– Verweisgsantrg d. Bekl. ?
Fkt. Z.?
– KfH?
Klge unter Fa. zul.?
Festst.antrg zul., 256 ZPO?

Klgehäufg
obj. Klgehäufg, 260 ZPO

Bgrdtht Klge
340 III, 296 ff. ZPO?
GmbH-GF Partei / Zeuge? Vernehmg zul.? 447, 448 ZPO?
HGB anwdb?
35 GmbHG?
434 BGB b. beeinträ. Namens- und PersönlktsR?
12 BGB Anspr auf Unterl. Namgebr
Beeinträ. Gebrauch v. Vornamen allein NamensR Dritter?
Anfängl. Unvermö
437 BGB AGL?
439 BGB b. Inkaufn. Risiko?
Mitverschu bei fahrl. Unkenntn. v. R-en Dritter?
254 BGB nicht neb. 439 BGB anwdb?
cic?

Umfang SEA
S-posten:
– 25.324,- Beschaffg Kleidg
– 4.354,- Entgg. Gewinn
– 5.267,- Annoncen
– 16.342,- Gerichts- + RA-kosten
– 2.078,- R-abwicklg Liefergen
S-mindergspfl.?

Nebfordgen
288 I BGB?
Bk-kredit 286 I BGB? schlüssig?

KoE
Zul. VU, 344 ZPO?

III. Lösungsvorschlag[2]

LG München I
Az. 26 O 27036/96

Im Namen des Volkes

In dem Rechtsstreit
Fa. Uwe K a r l, Inhaber Peter Hieber, Kardinal-Faulhaber-Str. 4, 80333
München

- Klägerin -

Prozeßbevollmächtigter: Rechtsanwalt Dr. Franz Müller-Lütkemann,
Färbergraben 18, 80331 München,

gegen

Fa. B r u n n e r GmbH, Sitz: Frankfurt/Main, Zweigniederlassung München, Occamstr. 12, 80802 München, gesetzlich vertreten durch den Geschäftsführer Herrn Alois Hinterhuber, Occamstr. 12, 80802 München

- Beklagte -

Prozeßbevollmächtigter: Rechtsanwalt Dr. Hans Mayr, Sonnenstr. 3,
80331 München

wegen Schadensersatz

erläßt das Landgericht München I, 26. Zivilkammer, durch den Vorsitzenden Richter am Landgericht Dr. Schlichter, den Richter am Landgericht Huber und die Richterin Weifenbach auf Grund der mündlichen Verhandlung vom 11. September 1996 folgendes

E n d u r t e i l:

---

[2] Die Fußnoten enthalten in der Regel weiterführende Hinweise, die nicht Bestandteil des Lösungsvorschlags sind.

I. Das Versäumnisurteil des Landgericht München I vom 1. Juli 1996 wird aufrechterhalten mit der Maßgabe, daß nur 4 % Zinsen seit 06.03.96 geschuldet sind und die Klage im übrigen abgewiesen wird.

II. Die Beklagte trägt die Kosten des Rechtsstreits.

III. [Entscheidung über die vorläufige Vollstreckbarkeit, erlassen]

Tatbestand
[erlassen]

Entscheidungsgründe

I.

Das Versäumnisurteil vom 1. Juli 1996 steht einer erneuten Entscheidung nicht entgegen, weil die Beklagte wirksam Einspruch eingelegt hat (§ 342 ZPO).

Der Einspruch der Beklagten ist zulässig.

1. Er ist statthaft (§ 338 ZPO). Es kann dahinstehen, ob ein Versäumnisurteil erlassen werden durfte. Jedenfalls ist das Urteil als Versäumnisurteil bezeichnet und kann daher nach der Meistbegünstigungstheorie mit dem Rechtsbehelf des Einspruchs angegriffen werden.[3]

2. Der Einspruch wurde formgerecht (§ 340 Abs. 1 und 2 ZPO) eingelegt.

Zwar hat die Beklagte in ihrer Einspruchsschrift keine Verteidigungsmittel vorgebracht und damit gegen § 340 Abs. 3 ZPO verstoßen. Dies hat jedoch nicht die Unzulässigkeit des Einspruchs zur Folge. Die Rechtsfolgen eines Verstoßes gegen § 340 Abs. 3 S. 1 ZPO regelt abschließend § 340 Abs. 3 S. 3 ZPO, der die allgemeinen Verspätungsvorschriften für anwendbar erklärt. Außerdem führt § 341 Abs. 1 ZPO eine fehlende Einspruchsbegründung nicht als Verwerfungsgrund an.[4]

3. Der Einspruch wurde zwar nicht fristgerecht eingereicht, der Beklagten war aber Wiedereinsetzung in den vorigen Stand zu gewähren.

a) Die zweiwöchige Einspruchsfrist (§ 339 Abs. 1 ZPO) begann gemäß §§ 222 Abs. 1 ZPO, 187 Abs. 1 BGB am 10.07.96 0.00 Uhr und endete nach §§ 222 Abs. 1 ZPO, 188 Abs. 2, 1. Alternative BGB mit Ablauf des 23.07.96, weil das Versäumnisurteil der Beklagten am 09.07.96 zugestellt worden war (§§ 310 Abs. 3, 339 Abs. 1 ZPO). Der Einspruch der Beklagten ist erst am 24.07.96 und damit zu spät eingegangen.

---

[3] *Thomas-Putzo*, Vorbemerkung vor § 511 ZPO, Rdnr. 6 ff.
[4] *Thomas-Putzo*, § 340 ZPO, Rdnr. 6 ff.

b) Der Beklagten konnte aber Wiedereinsetzung in den vorigen Stand nach §§ 233 ff. ZPO gewährt werden.

aa) Der Wiedereinsetzungsantrag ist zulässig. Er ist statthaft (§ 233 ZPO), weil die Beklagte eine Notfrist versäumte. Gemäß §§ 339 Abs. 1, 223 Abs. 3 ZPO ist die Einspruchsfrist eine Notfrist. Das angegangene Prozeßgericht ist nach §§ 237, 341 ZPO zuständig. Am 24.07.96 wurde der Wiedereinsetzungsantrag mit dem bei Gericht eingegangenen Schriftsatz formgerecht (§§ 340 Abs. 1, 236 ZPO) durch einen Rechtsanwalt (§ 78 Abs. 1 ZPO) und fristgerecht (§ 234 ZPO) eingereicht. Der versäumte Einspruch wurde rechtzeitig nachgeholt (§ 236 Abs. 2 Satz 2 ZPO).

bb) Der Wiedereinsetzungsantrag ist auch begründet, weil die Beklagte glaubhaft gemacht hat, daß sie ohne ihr Verschulden an der rechtzeitigen Einlegung des Einspruchs gehindert war. Für prozessuale Vorgänge gelten nicht die zivilrechtlichen Vorschriften der §§ 278, 831 BGB, sondern die Sonderregeln der §§ 85 Abs. 2, 51 Abs. 2 ZPO. Demnach muß sich die Beklagte nur das Verschulden ihres gesetzlichen Vertreters und ihres Bevollmächtigten zurechnen lassen, nicht aber das Verschulden des Büropersonals des Bevollmächtigten.[5] Ein Verschulden des gesetzlichen Vertreters oder des Bevollmächtigten selbst ist nicht ersichtlich. Insbesondere liegt kein Verschulden des Prozeßbevollmächtigten durch falsche Auswahl seiner Gehilfen oder durch unzureichende Organisation oder Beaufsichtigung des Kanzleibetriebs vor. Ein Verschulden kann auch nicht darin gesehen werden, daß der Prozeßbevollmächtigte die Einspruchsfrist bis zum letzten Tag ausnutzte. Dies war nach § 339 ZPO zulässig.

Das schuldhafte Verhalten der Sekretärin des Prozeßvertreters kann der Beklagten nicht nach § 85 Abs. 2 ZPO zugerechnet werden.

4. Es kommt nicht darauf an, ob das Versäumnisurteil erlassen werden durfte, weil der Prozeß allein durch den zulässigen Einspruch in die Lage zurückversetzt wird, in der er sich vor dem Eintritt der Säumnis befand.

---

[5] *Thomas-Putzo*, § 85 ZPO, Rdnr. 12.

II.

Die Klagen sind zulässig.

1. Insbesondere ist das angegangene Gericht sachlich zuständig (§ 23 Nr. 1, § 71 Abs. 1 GVG), weil der Streitwert 10.000,- DM übersteigt. Die örtliche Zuständigkeit ergibt sich aus §§ 12, 21 ZPO, weil die Beklagte in München eine Zweigniederlassung unterhält. Der Verweisungsantrag der Beklagten ist unbeachtlich. Eine Verweisung kann nach § 281 Abs. 1 Satz 1 ZPO nur durch den Kläger beantragt werden und nur bei Unzuständigkeit des angegangenen Gerichts.
2. Eine funktionelle Zuständigkeit der Kammer für Handelssachen (§§ 93 ff. GVG) ist nicht gegeben, weil jedenfalls von den Parteien ein entsprechender Antrag nicht gestellt wurde (§§ 96 Abs. 1, 98 Abs. 1 GVG).
3. Der Inhaber der Klägerin ist berechtigt, unter seiner Firma zu klagen (§ 17 Abs. 2 HGB).
4. Der Feststellungsantrag ist zulässig (§ 256 Abs. 1 ZPO). Insbesondere besteht ein Feststellungsinteresse der Klägerin, da sich der Schaden, der ihr aus dem Geschäft mit der Beklagten entsteht, derzeit noch in der Entwicklung befindet und seine Höhe noch nicht endgültig beziffert werden kann.[6]

III.

Die objektive Klagehäufung ist gemäß § 260 ZPO zulässig.

IV.

Die Klagen sind mit Ausnahme eines Teils der Zinsforderung begründet.

Der Klägerin steht ein Anspruch auf 53.365,- DM und auf Ersatz weiterer Schäden, die ihr im Vertrauen auf die Berechtigung zum Vertrieb der Transfers aus dem Vertrag vom 13. August 1995 entstanden sind oder noch entstehen werden, aus §§ 440 Abs. 1, 325 Abs. 1 BGB zu.

1. Zwischen den Parteien wurde am 13.08.95 ein Kaufvertrag (§ 433 BGB) über die Aufbügelmotive geschlossen. Die Beklagte hat den Kaufgegenstand entgegen § 434 BGB nicht frei von Rechten Dritter verschafft.
   a) Eine Verletzung des § 437 BGB liegt nicht vor, da kein Rechtskauf stattgefunden hat. Gegenstand des Kaufvertrags waren nur bewegliche Sachen, nämlich die Aufbügelmotive, nicht aber die Rechte des Teddy Geröllhauser an seinem Bild und Namen. Dies ergibt eine Auslegung des Vertrags zwischen den Parteien (§§ 133, 157, 242

---

[6] *Thomas-Putzo*, § 256 ZPO, Rdnr. 14.

BGB). Der Klägerin kam es ebenso wie der Beklagten nur darauf an, die Transfers zur weiteren Verwendung zu verkaufen. Eine Verwendung der Namens- und Bildrechte selbst war nicht beabsichtigt.

b) Die Aufbügelmotive verletzen das Namensrecht (§ 12 BGB) und das allgemeine Persönlichkeitsrecht des Teddy Geröllhauser. Niemand braucht es sich gefallen zu lassen, daß sein Name und sein Bild von Dritten ohne Einwilligung für kommerzielle Zwecke verwendet werden.

Das allgemeine Persönlichkeitsrecht und das Namensrecht als dessen Ausfluß sind Rechte im Sinne des § 434 BGB. § 434 BGB erstreckt sich auf alle Rechte, die von Dritten gegen den Käufer geltend gemacht werden können und gewährt dem Käufer insoweit umfassenden Schutz gegen Beeinträchtigungen. Das allgemeine Persönlichkeitsrecht und das Namensrecht beeinträchtigen den Käufer in der Nutzung des Kaufgegenstands.[7]

Auch soweit auf den Transfers nur der Vorname des Künstlers erwähnt wird, liegt eine Verletzung dieser Rechte vor. Zwar können Vornamen für sich allein grundsätzlich frei benutzt werden, da sie weit verbreitet sind und im Gegensatz zum Nachnamen nicht als individualisierender Hinweis auf eine bestimmte Person verstanden werden. Dies schließt aber nicht aus, daß unter besonderen Umständen eine Person bereits durch ihren Vornamen auch für weite Kreise namensmäßig bezeichnet ist und dann auch insoweit Namensschutz genießt.[8]

So liegt der Fall hier. Teddy Geröllhauser wird vielfach allein mit seinem Vornamen bezeichnet und ist unter diesem Namen weithin bekannt. Sein Vorname allein hat daher bereits eine entsprechende Verkehrsgeltung. Bei gleichzeitiger Verwendung seines Markenzeichens, der lilafarbenen Handschuhe, auf den Transfers identifizieren weite Kreise die Transfers mit dem Künstler.

2. Die Beklagte haftet aus §§ 440 Abs. 1, 325 Abs. 1 BGB für diesen Rechtsmangel.

Es handelt sich um einen Fall des anfänglichen Unvermögens, da einem Dritten, nämlich dem betroffenen Teddy Geröllhauser, die mangelfreie Erfüllung durch Einwilligung in die Verwendung seines Namens und Bildes von Anfang an möglich war.

Für den Fall des anfänglichen Unvermögens enthält § 440 Abs. 1 BGB eine Rechtsfolgenverweisung auf § 325 BGB, d. h. eine Garantiehaftung, bei der es auf ein Verschulden des Verkäufers, hier der Beklagten, nicht ankommt.[9] Der Verkäufer muß für seine persönliche Leistungsfä-

---

[7] *Palandt-Putzo*, § 434 BGB, Rdnr. 5.
[8] *BGH* NJW 1983, 1184, 1185; *Palandt-Heinrichs*, § 12 BGB, Rdnr. 8.
[9] *Palandt-Putzo*, §§ 440, 441 BGB, Rdnr. 4.

higkeit zur Zeit des Vertragsschlusses grundsätzlich unbedingt einstehen.

3. § 440 Abs. 2 BGB steht dem Anspruch nicht entgegen. Diese Vorschrift ist nur anwendbar, wenn das Recht des Dritten zum Besitz berechtigt. § 12 BGB und das allgemeine Persönlichkeitsrecht gewähren jedoch kein Besitzrecht an den Aufbügelmotiven.

4. Die Haftung der Beklagten ist nicht gemäß § 439 BGB ausgeschlossen. Die Klägerin hatte unstreitig keine positive Kenntnis vom Bestehen des Rechts von Teddy Geröllhauser. Zwar kann § 439 BGB auch dann angewandt werden, wenn der Käufer mit dem Vorliegen des Rechtsmangels rechnet und dieses Risiko bewußt in Kauf nimmt,[10] denn damit verzichtet er konkludent auf Leistungsstörungsrechte. Ein solcher Fall liegt hier jedoch nicht vor. Zwar hat die Beklagte Tatsachen für eine solche Risikoübernahme behauptet. Diese Tatsachen wurden jedoch von der Klägerin bestritten.

Die Behauptungen der Beklagten waren nicht gemäß §§ 340 Abs. 3, 296 Abs. 1 ZPO als verspätet zurückzuweisen, obwohl sie nicht im Einspruchsschreiben vorgetragen wurden. Das Vorbringen führt nämlich nicht zu einer Verzögerung des Rechtsstreits, da eine Beweisaufnahme hierdurch nicht erforderlich wird. Der von der Beklagten angebotene Beweis (Vernehmung des Alois Hinterhuber) kann nicht erhoben werden. Bei Herrn Hinterhuber handelt es sich um den Geschäftsführer der Beklagten. Er wäre als *Partei* und nicht als Zeuge zu vernehmen, da er gesetzlicher Vertreter einer im Sinne des § 51 Abs. 1 ZPO prozeßunfähigen Partei, nämlich der beklagten GmbH, ist.[11] Eine Parteivernehmung ist nur gemäß §§ 447, 448 ZPO zulässig. Die Voraussetzungen des § 447 ZPO liegen jedoch nicht vor, da die Klägerin zulässigerweise ihr Einverständnis mit der Vernehmung verweigert hat. Auch § 448 ZPO ist nicht erfüllt, da diese Vorschrift nur eingreift, wenn bereits durch andere Beweismittel eine gewisse Wahrscheinlichkeit für die behauptete Tatsache spricht,[12] was hier nicht der Fall ist. Die Vernehmung des Herrn Hinterhuber ist daher unzulässig. Das bestrittene Vorbringen der Beklagten kann mangels Beweises nicht zur Grundlage der Entscheidung gemacht werden.

5. Ein Mitverschulden der Klägerin durch fahrlässige Unkenntnis vom Rechtsmangel kann nicht berücksichtigt werden.

Es bestehen zwar tatsächliche Anhaltspunkte für eine solche Annahme: Der Klägerin war das Problem der Rechte von Teddy Geröllhauser bewußt, wie die Gespräche mit dem Geschäftsführer der Beklagten zeigen. Dennoch gab sie sich ohne nähere Überprüfung mit äußerst

---

[10] *BGH* NJW 1979, 713, 714; *Palandt-Putzo*, § 439 BGB, Rdnr. 4.

[11] *Thomas-Putzo*, vor § 373 ZPO, Rdnr. 6.

[12] *Thomas-Putzo*, § 448 ZPO, Rdnr. 2.

vagen Auskünften der Beklagten zufrieden: Sie wußte nur, daß die Muttergesellschaft der Beklagten die Vertriebsrechte in England erworben hatte und daß die Beklagte erklärt hatte, daß die Klägerin durch den Kaufvertrag das Recht erwerbe, die Transfers weiterzuverkaufen. Ob die Beklagte von Teddy Geröllhauser zur Verwendung seines Namens und Bildes in der Bundesrepublik Deutschland ermächtigt war, konnte daraus nicht sicher geschlossen werden. Der Klägerin wäre es möglich und zumutbar gewesen, sich in diesem Punkt genauer zu erkundigen.

Die Behauptung der Klägerin, die Beklagte habe auf Frage bejaht, daß der Vertrieb der Transfers durch die Beklagte in Ordnung gehe, kann nicht berücksichtigt werden, da diese Behauptung von der Beklagten zulässigerweise bestritten wurde. Weil die Klägerin als beweispflichtige Partei diesbezüglich keinen Beweis angeboten hat, führt das Bestreiten nicht zu einer Verzögerung des Verfahrens. Eine Zurückweisung des Vorbringens gemäß §§ 340 Abs. 3, 296 Abs. 1 ZPO kommt daher insoweit nicht in Betracht.

Es kann aber letztlich offenbleiben, ob der Klägerin ein Mitverschulden durch fahrlässige Unkenntnis vom Rechtsmangel vorgeworfen werden kann. Jedenfalls ist § 254 BGB neben § 439 BGB grundsätzlich nicht anwendbar. Man könnte zwar argumentieren, daß § 439 BGB nicht auf ein Verschulden abstellt und daher eine Berücksichtigung von Mitverschulden nicht ausschließt.[13] Bei dieser Vorschrift handelt es sich aber – ähnlich wie bei § 460 BGB – um eine abschließende Sonderregelung. Sie enthält eine typisierte Interessenabwägung, d. h. eine im Interesse der Rechtssicherheit und der schnellen Abwicklung von Leistungsstörungen getroffene generelle Lösung des Konflikts zwischen der Haftung des Verkäufers und der Zurechnung der Kenntnis des Käufers, die die Besonderheiten des Einzelfalls – anders als § 254 BGB – nicht berücksichtigt.[14] Es würde auch nicht einleuchten, wenn schuldhafte Unkenntnis von einem Rechtsmangel bei einem *Rücktritt* nach §§ 440 Abs. 1, 325 Abs. 1 BGB ohne Belang wäre, aber zu einer Kürzung des *Schadensersatzanspruchs* aufgrund der gleichen Vorschriften führen würde. Bei Ansprüchen aus Nichterfüllung ist im übrigen für die Anwendung von § 254 BGB grundsätzlich nur ein Verhalten relevant, das zeitlich dem Abschluß des Vertrags nachfolgt.[15]

6. Ein Anspruch der Beklagten aus Verschulden bei Vertragsschluß ist nicht ersichtlich. Zwar sind die Grundsätze der culpa in contrahendo

---

[13] *Emmerich*, Anmerkung zu *BGH* NJW 1990, 1106, JuS 1990, 666.
[14] So *BGH* NJW 1978, 2240 für das Verhältnis zwischen § 254 BGB und § 460 BGB.
[15] *Palandt-Heinrichs*, § 254 BGB, Rdnr. 5; *BGH* NJW 1990, 1106, 1108.

neben § 439 BGB anwendbar. Es liegen jedoch keine tatsächlichen Anhaltspunkte dafür vor, daß die Klägerin eine Aufklärungs- oder Hin-
weispflicht verletzt haben könnte. Mangelnde Sorgfalt bei der Beurteilung der Frage, ob Rechte Dritter entgegenstehen könnten, begründet
eine solche Pflichtverletzung hier nicht, da diese Problematik beiden
Parteien gleichermaßen bewußt war.[16] Die Frage wurde in den Vertragsverhandlungen ausdrücklich angesprochen.

7. Nach dem derzeitigen Stand beträgt der Umfang des Schadens (§ 249
BGB) 53.365,- DM.
Die von der Klägerin geltend gemachten Schadensposten sind kausal
durch die Leistungsstörung auf Seiten der Beklagten verursacht.
Die von der Klägerin beschafften und mit den „Teddy"-Motiven be-
druckten Kleidungsstücke sind wegen der fehlenden Einwilligung von
Teddy Geröllhauser nicht mehr verkäuflich und für die Klägerin damit
wertlos. Auch der geltend gemachte entgangene Gewinn ist ersatzfähig
(§ 252 BGB), ebenso wie die Inserats-, Gerichts- und Rechtsanwaltskosten sowie die Kosten der Rückabwicklung der bereits ausgeführten
Lieferungen.

8. Ein Mitverschulden in Form einer Verletzung der Schadensminderungspflicht (§ 254 Abs. 2 BGB) ist nicht ersichtlich. § 254 BGB ist
insoweit zwar auch neben § 439 BGB, der nur den Haftungsgrund und
nicht den Schadensumfang regelt, anwendbar.[17] Es sind aber keine hin-
reichenden Tatsachen vorgetragen, aus denen sich ein entsprechender
Vorwurf herleiten ließe. Die Behauptung der Beklagten, daß es möglich
gewesen wäre, die Höhe des Schadens geringer zu halten, ist nicht
ausreichend substantiiert dargelegt.

IV.

Hinsichtlich der Zinsforderung der Klägerin ist die Klage nur teilweise
begründet.
Der Klägerin steht ein Anspruch auf 4 % Zinsen aus 53.365,- DM seit
dem 06.03.96 aus § 288 Abs. 1 BGB zu. Sie hat die Beklagte durch Schreiben vom 20.02.96 wirksam in Verzug gesetzt (§§ 284 Abs. 1 Satz 1 BGB).
Wegen der darin gesetzten Zahlungsfrist bis 05.03.96 kam die Beklagte am
darauffolgenden Tag, also am 06.03.96, in Verzug.
Ein weitergehender Verzugsschaden im Sinne des § 286 Abs. 1 BGB
ist von der Klägerin nicht schlüssig dargetan worden. Die Inanspruchnahme von Bankkredit für sich allein genügt nicht, um einen Verzugsschaden hinsichtlich der zu zahlenden Zinsen geltend zu machen. Vielmehr liegt ein Verzugsschaden nur vor, wenn der Gläubiger darlegt,

---

[16] *BGH* NJW 1990, 1106, 1108.
[17] *BGH* a.a.O.

daß der Bankkredit bei Zahlung durch den Schuldner um den Betrag der Forderung zurückgeführt worden wäre. Somit fehlt es im vorliegenden Fall an der Kausalität zwischen Zahlungsverzug und Zahlung der Kreditzinsen.

V.

Die Kostenentscheidung beruht auf § 92 Abs. 2 ZPO.[18]
Vorläufige Vollstreckbarkeit: [erlassen]

Dr. Schlichter	Huber	Weifenbach
Vorsitzender	Richter	Richterin
Richter	am LG	am LG

Hilfsgutachten

1. Das Versäumnisurteil durfte im schriftlichen Vorverfahren erlassen werden (§§ 276 Abs. 1 Satz 1, 331 Abs. 3 ZPO).
Der Vorsitzende hat ein schriftliches Vorverfahren angeordnet (§ 272 Abs. 2 ZPO). Die Beklagte hat es versäumt, in der Notfrist von 2 Wochen (§ 276 Abs. 1 Satz 1 ZPO) anzuzeigen, daß sie sich gegen die Klage verteidigen will (Fristbeginn: 12.06.96 0.00 Uhr; Fristende: 25.06.96 24.00 Uhr, § 222 I ZPO, § 187 I, § 188 II 1. Alt. BGB). Sie wurde ordnungsgemäß belehrt. Nach § 331 Abs. 3 ZPO durfte auf den Antrag der Klägerin (der schon in der Klageschrift zulässig ist, § 331 Abs. 3 Satz 2 ZPO) das Versäumnisurteil erlassen werden. § 128 Abs. 2 ZPO ist insoweit nicht anwendbar.
2. Die Beklagte muß nach § 238 Abs. 4 ZPO die Wiedereinsetzungskosten tragen. Es ist aber nicht ersichtlich, daß insoweit Kosten entstanden sind.

---

[18] Da das Versäumnisurteil teilweise aufgehoben wurde (wenn auch nur hinsichtlich der Nebenkosten), muß neu über die gesamten Kosten entschieden werden (*Thomas-Putzo*, § 343 ZPO, Rdnr. 5).

§ 23. Übungsklausur aus dem Strafrecht

I. Aufgabentext[1]

(Arbeitszeit 5 Stunden)

Am 12. Januar 1996 besucht Rechtsanwalt Rudolf Rapp den Gefangenen Axel Amberger in der Justizvollzugsanstalt München-Stadelheim aufgrund dessen vorheriger schriftlicher Bitte. Amberger erklärt ihm folgendes:

„Ich bin vor zwei Tagen hier in München in der Domagkstraße festgenommen worden aufgrund eines unglücklichen Vorfalls. Ein Richter hat deswegen gegen mich Haftbefehl erlassen. Was passiert ist, können Sie aus dem Haftbefehl entnehmen.

Herr Rechtsanwalt, sorgen Sie dafür, daß ich aus der Haft entlassen werde. Ich bin seit drei Jahren verheiratet und habe eine gesicherte berufliche Existenz als selbständiger Einzelhandelskaufmann, die ich nicht verlieren will.

Außerdem hat mir das Gericht auch meinen Führerschein vorläufig entzogen. Das ist eine Unverschämtheit! Unternehmen Sie die notwendigen Schritte, damit ich meine Fahrerlaubnis wiederbekomme. Ich bin in meinem Beruf für Lieferfahrten auf den Führerschein unbedingt angewiesen. Das kann auch niemand anderes für mich machen, weil ich allein arbeite und keine Mitarbeiter habe. Ganz abgesehen davon: solange ich in Haft bin, kann ich doch sowieso nicht Auto fahren!

Ein Problem gibt es noch: Mein finanzieller Spielraum ist sehr begrenzt, ich habe noch sehr hohe Schulden aus der Zeit, in der ich mich selbständig machte. Gibt es eine Möglichkeit, daß Sie auf Kosten der Staatskasse zu meinem Verteidiger bestellt werden, so daß ich kein Honorar an Sie zahlen muß?"

Der Gefangene übergab dem Rechtsanwalt folgende Unterlagen (auszugsweise im folgenden abgedruckt):

Amtsgericht München
Abteilung für Straf- und Bußgeldsachen

Geschäftsnummer: ER V Gs 113/96

München, den 10. Januar 1996

---

[1] Die nachstehende Klausur wurde 1992 in Bayern als Aufgabe in der Eignungsprüfung für die Zulassung zur Rechtsanwaltschaft, Wahlfachgruppe Strafrecht, gestellt. Diese Prüfung können Rechtsanwälte aus Mitgliedstaaten der Europäischen Union und anderer Vertragsstaaten des Abkommens über den Europäischen Wirtschaftsraum ablegen, um die Zulassung zur Rechtsanwaltschaft in der Bundesrepublik Deutschland zu erreichen.

Haftbefehl

Gegen den Beschuldigten

A m b e r g e r Axel, geboren am 23.12.54 in München, deutscher Staatsangehöriger, verheirateter Kaufmann, Ungererstr. 10, 80802 München

wird die Untersuchungshaft angeordnet.

Er wird beschuldigt,

...

[es folgt eine Aufzählung der Amberger zur Last gelegten Straftatbestände]

Sachverhalt:

Am 09.01.96 gegen 22.30 Uhr fuhr der Beschuldigte mit dem Personenkraftwagen VW Passat, amtliches Kennzeichen M-AW 2703, auf öffentlichen Straßen von seiner Wohnung zum öffentlichen Parkplatz der U-Bahnhaltestelle Studentenstadt in München und hielt dort an, um den Wagen zu parken. Er beabsichtigte, mit der U-Bahn zum Marienplatz zu fahren.

Als sich mehrere uniformierte Polizeibeamte, die routinemäßig Straßenverkehrskontrollen durchführten, seinem Fahrzeug näherten, drückte der Beschuldigte von innen den Türsicherungsknopf. Der Polizeibeamte Meyer klopfte an die Seitenscheibe und rief laut „Polizeikontrolle, aufmachen, Ihre Papiere bitte!".

Obwohl der Beschuldigte dies gehört hatte, startete er sein Fahrzeug und fuhr los. Er erkannte dabei, daß der Polizeibeamte Meyer, der sich leicht über die Windschutzscheibe gebeugt hatte, von dem Fahrzeug erfaßt werden konnte. Der Polizeibeamte Meyer wurde vom Seitenspiegel erfaßt, auf die Motorhaube des Fahrzeugs geschleudert und mitgenommen. Der Beschuldigte beschleunigte sein Fahrzeug stark, um den Beamten abzuwerfen und der Kontrolle zu entgehen. Er wollte damit dem Polizeibeamten verheimlichen, daß er vor der Fahrt größere Mengen Alkohols konsumiert hatte und Auto fuhr, obwohl er fahruntüchtig war.

Der Polizeibeamte Meyer rutschte nach mehreren hundert Metern in einer Rechtskurve von dem Fahrzeug und wurde nach links zu Boden geschleudert, und zwar auf eine mehrspurig ausgebaute Durchgangsstraße. Es war nur glücklichen Umständen zu verdanken, daß zur Zeit des Vorfalls kein weiteres Fahrzeug diese Straße befuhr. Bei dem Aufprall erlitt der Polizeibeamte Meyer starke Abschürfungen und Prellungen am linken Knie und brach sich den linken Arm. Der Beschuldigte hatte billigend in Kauf genommen, daß sich der Beamte verletzen könnte, hatte aber darauf vertraut, daß er dabei nicht zu Tode kommen würde.

Der Beschuldigte flüchtete sodann mit ca. 100 km/h durch innerörtliche Straßen weiter. Kurze Zeit später konnte er aber in der Domagkstraße in München angehalten und festgenommen werden.

Der Beschuldigte hatte vor der Fahrt zu dem Parkplatz am U-Bahnhof Studentenstadt eine derartige Menge Alkohol zu sich genommen, daß eine am 09.01.96 um 23.30 Uhr entnommene Blutprobe eine mittlere Blutalkoholkonzentration von 1,5 o/oo ergab. Aufgrund seiner Alkoholisierung war der Beschuldigte nicht in der Lage, das Fahrzeug sicher zu führen. Dies hatte er bei Fahrtantritt auch erkannt.

Diese Handlungen sind mit Strafe bedroht nach . . . [es folgt eine Aufzählung von gesetzlichen Bestimmungen aus dem Strafgesetzbuch]

Der Beschuldigte ist der Tat dringend verdächtig aufgrund seines eigenen Geständnisses und der Aussagen der Zeugen Albert Meyer, Anton Huber und Eberhard Müller, die den Vorfall übereinstimmend wie geschildert wiedergegeben haben.

Es besteht gegen ihn der Haftgrund der Fluchtgefahr. Der Beschuldigte ist mehrfach einschlägig vorbestraft und hat die Tat während des Laufs einer Bewährungsfrist begangen. Er hat mit einer empfindlichen Strafe zu rechnen.

Frisch
Richter am Amtsgericht

Amtsgericht München
Abteilung für Straf- und Bußgeldsachen

Geschäftsnummer: ER V Gs 114/96

München, den 10. Januar 1996

In dem Ermittlungsverfahren gegen

A m b e r g e r Axel, geboren am 23.12.54 in München, deutscher Staatsangehöriger, verheirateter Kaufmann, Ungererstr. 10, 80802 München

wegen gefährlichen Eingriffs in den Straßenverkehr u. a.

erläßt das Amtsgericht München folgenden

B e s c h l u ß :

Dem Beschuldigten wird die Fahrerlaubnis entzogen.

Gründe:

Der Beschuldigte befuhr am 09.01.96 gegen 22.30 Uhr mit dem Personenkraftwagen VW Passat, amtliches Kennzeichen M-AW 2703, öffentliche
Straßen in München. Es bestehen dringende Gründe für die Annahme,
daß der Beschuldigte zu diesem Zeitpunkt infolge Alkoholgenusses (Blutalkoholkonzentration 1,5 o/oo) fahruntauglich war und dies ihm auch
bewußt war.

Damit sind dringende Gründe für die Annahme vorhanden, daß ihm
durch Urteil die Fahrerlaubnis entzogen werden wird. Die Fahrerlaubnis
ist ihm daher vorläufig zu entziehen.

Frisch
Richter am Amtsgericht

Eine Akteneinsicht ergibt, daß der Sachverhalt im Haftbefehl zutreffend
geschildert und durch die angegebenen Beweismittel nachweisbar ist.

Vermerk für den Bearbeiter:
In einem Gutachten, das zu allen angesprochenen Rechtsfragen Stellung
nimmt, sind folgende Fragen zu erörtern:
1. Wie hat sich Amberger strafbar gemacht?
2. Wie kann Rechtsanwalt Rapp die Entlassung von Amberger aus der
   Haft erreichen? Soweit es mehrere Möglichkeiten geben sollte: Welche
   Unterschiede bestehen zwischen diesen Möglichkeiten? Welche Möglichkeit wird Rechtsanwalt Rapp wählen?
3. Wie kann Rechtsanwalt Rapp gegen die vorläufige Entziehung der
   Fahrerlaubnis vorgehen? Wie sind die Erfolgsaussichten? Welche Formalia sind bei der Einlegung des Rechtsbehelfs zu beachten?
4. Kann Rechtsanwalt Rapp als Verteidiger zu Lasten der Staatskasse bestellt werden? Wie kann er dies gegebenenfalls erreichen?

II. Lösungsvorschlag[2]

1. Materiellrechtliches Gutachten

a) Fahrt zum U-Bahnhof

§ 316 Abs. 1 StGB

Die Fahrt des Beschuldigten zum Parkplatz erfüllt die Voraussetzungen
einer vorsätzlichen Trunkenheitsfahrt im Sinne von § 316 Abs. 1 StGB.

---

[2] Die Fußnoten enthalten in der Regel weiterführende Hinweise, die nicht Bestandteil des Lösungsvorschlags sind.

Aufgrund der Angaben im Haftbefehl zu der entnommenen Blutprobe steht fest, daß der Beschuldigte absolut fahruntauglich war (BAK 1,5 o/oo eine Stunde nach der Tat). Dies war dem Beschuldigten bewußt, so daß er vorsätzlich handelte.

Anhaltspunkte dafür, daß der Beschuldigte bei Begehung der Tat schuldunfähig (§ 20 StGB) gewesen sein könnte, sind aus dem Sachverhalt nicht ersichtlich. In der Regel kommt erst bei einer (rückgerechneten) Blutalkoholkonzentration von über 2,0 o/oo verminderte Schuldfähigkeit und ab 3,0 o/oo Schuldunfähigkeit in Betracht.[3]

Anhaltspunkte für eine konkrete Gefährdung im Sinne von § 315 c Abs. 1 StGB sind nicht erkennbar.

b) Polizeikontrolle

aa) §§ 211, 23 StGB

Aus dem Sachverhalt ist kein Tötungsvorsatz ersichtlich, so daß dieser Tatbestand ausscheidet. Nach dem Sachverhalt im Haftbefehl nahm Amberger nur billigend in Kauf, daß sich der Polizeibeamte bei dem Vorfall *verletzen* könnte, vertraute aber darauf, daß er nicht zu Tode kommen würde. Damit liegt dolus eventualis nur hinsichtlich der Körperverletzung, nicht aber bezüglich der Tötung des Beamten vor. Insoweit handelt es sich um ein bewußt fahrlässiges Handeln.[4]

bb) §§ 223 Abs. 1, 223 a Abs. 1 StGB

Die Voraussetzungen des § 223 Abs. 1 StGB sind gegeben. Insbesondere liegt – wie soeben ausgeführt – ein dolus eventualis bezüglich der Verletzung des Polizeibeamten vor.

Das Verhalten des Beschuldigten war nicht durch Notwehr gerechtfertigt, da die Handlungsweise des Polizeibeamten Meyer rechtmäßig war (§§ 36 Abs. 5 StVO, 4 Abs. 2 Satz 2, 24 Satz 2 StVZO), also ein rechtswidriger Angriff nicht vorlag.

Das Kfz wurde als gefährliches Werkzeug verwendet, da es geeignet war, schwere Körperverletzungen herbeizuführen und vom Täter bewußt hierfür eingesetzt wurde.[5] Es liegt darüber hinaus auch eine das Leben gefährdende Behandlung vor,[6] da die Verletzungsfolgen beim „Abwerfen" des Beamten letztlich unkalkulierbar waren, zumal der Beschuldigte auf eine mehrspurige Duchgangsstraße einfuhr und außerdem nicht auszuschließen war, daß das Opfer unter das Fahrzeug des Beschuldigten geriet.[7] Dem Beschuldigten war die Lebensgefahr nach dem Sachverhalt auch bewußt.

---

[3] *Dreher-Tröndle*, § 20 StGB, Rdnr. 9a.
[4] Zur Abgrenzung von dolus eventualis und bewußter Fahrlässigkeit: *Dreher-Tröndle*, § 15 StGB, Rdnr. 9 ff. m.w.N.
[5] *Dreher-Tröndle*, § 223 a StGB, Rdnr. 2, *BGH* VRS 56, 189, 190.
[6] *BGH* VRS 56, 141, 144.
[7] Andere Ansicht vertretbar.

cc) § 315 b Abs. 1 Nr. 3, Abs. 3 i.V.m. § 315 Abs. 3 StGB

Ein Fall des § 315 b Abs. 1 Nr. 1, 2 StGB ist offensichtlich nicht gegeben. Es könnte aber ein anderer ebenso gefährlicher Eingriff (§ 315 b Abs. 1 Nr. 3 StGB) vorliegen. § 315 b StGB, der grundsätzlich nur für *verkehrsfremde* Vorgänge gilt, ist ausnahmsweise auch für einen Verkehrsteilnehmer anwendbar, wenn dieser absichtlich einen verkehrsfeindlichen Eingriff, d. h. eine bewußte Zweckentfremdung des Kfz, vornimmt.[8] Es muß sich um eine grobe Einwirkung von einigem Gewicht handeln.[9] Letztlich kommt es auf den Einzelfall an. Ausschlaggebend ist die besondere Gefährlichkeit des Verkehrsvorgangs und die innere Einstellung des Täters sowie der von ihm verfolgte Zweck.[10] Das Fahrzeug muß nicht lediglich als Fluchtmittel benutzt werden, sondern als Nötigungsmittel gegen den Polizeibeamten.[11]

Die Rechtsprechung hat in einem vergleichbaren Fall[12] das Vorliegen eines ähnlichen, ebenso gefährlichen Eingriffs im Sinne von § 315 b Abs. 1 Nr. 3 StGB bejaht: Dort geriet ein Fußgänger im Rahmen eines Streits auf die Kühlerhaube. Danach beschleunigte der Angeklagte und fuhr über einen Grünstreifen auf eine dreispurige Fahrbahn (Autobahnzubringer). Auf der mittleren Spur machte er einen Schlenker nach rechts, bei dem sich das Opfer nach links vom Fahrzeug herabfallen ließ und auf die Fahrbahn stürzte.

Ebenso wurde § 315 b Abs. 1 Nr. 3 StGB bejaht für den Fall, daß ein Polizeibeamter in der Fahrertür stehend mitgenommen wurde und der Täter dann versuchte, diesen durch Beschleunigen und Vollbremsungen abzuschütteln,[13] sowie für den Fall, daß der Täter ein Opfer, das sich am Wagen festgeklammert hatte, durch heftige Lenkbewegungen und Zick-Zack-Fahren bei scharfem Tempo abzuschütteln versuchte.[14]

Im vorliegenden Fall dürfte ein ähnlicher Eingriff im Sinne des § 315 b Abs. 1 Nr. 3 StGB zu bejahen sein:[15]

Es handelte sich um einen besonders gefährlichen Eingriff, wie sich schon an den von dem Opfer erlittenen Verletzungen (Knochenbruch) zeigt. Letztlich hätte sich der Beamte jedoch auch lebensgefährlich verletzen können.[16]

Der Beschuldigte handelte zwar primär in der Absicht, der Kontrolle

---

[8] *Dreher-Tröndle*, § 315 b StGB, Rdnr. 5 ff, *Schönke-Schröder-Cramer*, § 315 b StGB, Rdnr. 9; *Leipziger Kommentar*, § 315 b StGB, Rdnr. 23 ff.
[9] *BGHSt* 26, 176, 178.
[10] *Schönke-Schröder-Cramer*, a.a.O., Überblick über die Rechtsprechung bei *BGHSt* 28, 87 ff.
[11] *BGHSt* 28, 87, 91.
[12] *OLG Köln* VRS 53, 184.
[13] *BGH* VRS 56, 141, 143.
[14] *BGH* VRS 56, 189, 190.
[15] Andere Ansicht bei entsprechender Begründung vertretbar.
[16] S. o. 1 b bb).

zu entgehen, aber er wollte auch den Beamten abschütteln (verkehrs-fremde Nötigungsabsicht). Es reicht für § 315 Abs. 1 Nr. 3 StGB aus, wenn dem Beschuldigten die Flucht nur um den Preis einer nicht unerheblichen Gefährdung des Polizeibeamten möglich erschien und er diese Gefährdung mit beabsichtigte.[17] § 315 b Abs. 3 i. V. m. § 315 Abs. 3 StGB sind ebenfalls erfüllt: Der Beschuldigte wollte die vorhergehende strafbare[18] Trunkenheitsfahrt verdecken.[19]

dd) § 315 c Abs. 1 Nr. 1 a StGB

Im Hinblick auf das „Abschütteln" des Polizeibeamten von der Motorhaube ist § 315 c Abs. 1 Nr. 1 a StGB tatbestandsmäßig erfüllt. Alkoholbedingte Fahruntauglichkeit und konkrete Gefährdung des Beamten liegen vor, außerdem besteht zwischen beiden Tatbestandsmerkmalen der erforderliche Kausalzusammenhang, da die Gefahr für den Polizeibeamten durch den Alkoholgenuß erhöht wurde.[20]

Die Vorschrift tritt nach bestrittener Ansicht jedoch im Wege der Gesetzeskonkurrenz gegenüber § 315 b StGB zurück, da es sich vorliegend um einen *verkehrsfremden* Vorgang handelt[21] und beide Strafvorschriften die gleichen Rechtsgüter schützen.[22]

ee) § 316 Abs. 1 StGB

Die Fahrt vom Parkplatz zur Domagkstraße stellt ein weiteres Vergehen gemäß § 316 Abs. 1 StGB dar.[23] Die Vorschrift tritt nicht hinter § 315 b StGB zurück.[24]

ff) § 142 Abs. 1 Nr. 1 StGB

§ 142 StGB greift auch bei vorsätzlicher Unfallverursachung ein, da sonst ein vorsätzlich Handelnder unberechtigterweise privilegiert würde.[25] Die übrigen Tatbestandsvoraussetzungen sind unproblematisch erfüllt.

Es liegt keine mitbestrafte Nachtat gegenüber §§ 223 a, 315 b StGB vor, da ein anderes Rechtsgut verletzt wird, nämlich das Feststellungsinteresse des geschädigten Unfallbeteiligten.[26]

---

[17] *BGHSt* 28, 87, 91.
[18] S. o. 1 a).
[19] Vgl. *BGH* VRS 56, 141, 144.
[20] *BayObLG* VRS 64, 368.
[21] S. 1 b cc).
[22] *Schönke-Schröder-Cramer*, § 315 b StGB, Rdnr. 16; *BGH* VRS 33, 434, 435; *BGH* VRS 37, 116, 117; *anderer Ansicht BayObLG* VRS 64, 368; *Dreher-Tröndle*, § 315 b StGB, Rdnr. 10; *Jagusch-Hentschel*, Straßenverkehrsrecht, § 315 b StGB, Rdnr. 22: Tateinheit zwischen §§ 315 b, 315 c StGB.
[23] S. o. 1 a).
[24] *Dreher-Tröndle*, § 315 b StGB, Rdnr. 10; *Leipziger Kommentar*, § 315 b StGB, Rdnr. 33.
[25] *BGH* VRS 43, 383; VRS 56, 141, 144; VRS 56, 189, 190; *anderer Ansicht: Dreher-Tröndle*, § 142 StGB, Rdnr. 12, 36, in der Klausurlösung vertretbar.
[26] *BGH* VRS 43, 383, 385.

gg) § 113 Abs. 1, 2 Nr. 1, 2 StGB

Eine Diensthandlung eines Amtsträgers liegt in der durch einen Polizei-
beamten (§ 11 Abs. 1 Nr. 2 a StGB) geäußerten Bitte um Vorlage der
Kfz-Papiere (Führerschein und Kfz-Schein, §§ 4 Abs. 2 Satz 2, 24 Satz 2
StVZO) im Rahmen einer Straßenverkehrskontrolle (§ 36 Abs. 5
StVO).

Ein Widerstand durch tätlichen Angriff ist in dem Versuch des „Abwer-
fens" eines Polizeibeamten von einem Pkw zu sehen.[27] Das vorausgegan-
gene Drücken des Türsicherungsknopfs im Auto allein hätte im übrigen
noch nicht ausgereicht.[28]

Hinweise dafür, daß die Diensthandlung des Beamten nicht rechtmäßig
gewesen sein könnte, sind im Sachverhalt nicht ersichtlich, ebensowenig
wie Hinweise auf einen diesbezüglichen Irrtum des Beschuldigten.

Die Regelbeispiele § 113 Abs. 2 Nr. 1 und Nr. 2 StGB sind ebenfalls
erfüllt, da eine das Leben gefährdende Behandlung vorliegt[29] und das
Auto als Waffe benutzt wurde, da es geeignet war, schwere Körperverletzungen herbeizuführen und vom Täter bewußt so eingesetzt wurde.[30] Der
Beschuldigte handelte auch insoweit vorsätzlich.

hh) § 240 StGB

§ 240 StGB tritt hinter dem privilegierenden § 113 StGB zurück.[31]

ii) § 323 c StGB

Es liegen keine ausreichenden Anhaltspunkte für eine Hilfsbedürftigkeit
des Polizeibeamten Meyer vor, da weitere Polizeibeamte anwesend waren
und ihrem Kollegen helfen konnten.

c) Konkurrenzen

Zwischen den unter b) genannten Delikten besteht natürliche Handlungs-
einheit, da es sich um ein einheitliches Verhalten des Amberger auf der
Flucht vor der Polizeikontrolle handelte.[32] Zwischen den Tatkomplexen
a) und b) besteht hingegen Realkonkurrenz, weil das freiwillige Anhalten
zum Parken den Handlungszusammenhang unterbricht.

Ergebnis:

Es liegt ein Vergehen der vorsätzlichen Trunkenheit im Verkehr in Tatmehrheit mit einem Verbrechen der vorsätzlichen Gefährdung des Straßenverkehrs vor, tateinheitlich begangen mit einem Vergehen des uner-

---

[27] *BGH* VRS 56, 141, 144, s. o. 1 b cc).
[28] *Dreher-Tröndle*, § 113 StGB, Rdnr. 19.
[29] S. o. 1 b bb), *BGH* VRS 56, 141, 144.
[30] *Dreher-Tröndle*, § 113 StGB, Rdnr. 28 m. w. N.
[31] *Dreher-Tröndle*, § 240 StGB, Rdnr. 37.
[32] *BGHSt* 22, 67, 71 f, 76 f; *BGH* VRS 56, 141, 142 f.

laubten Entfernens vom Unfallort, einem Vergehen des Widerstands gegen Vollstreckungsbeamte, einem Vergehen der vorsätzlichen Trunkenheit im Verkehr und einem Vergehen der gefährlichen Körperverletzung (§§ 316 Abs. 1, 53, 315 b Abs. 1 Nr. 3, Abs. 3, 315 Abs. 3, 142 Abs. 1 Nr. 1, 113 Abs. 1, Abs. 2 Nr. 1, 2, 316, 223 Abs. 1, 223 a Abs. 1, 52 StGB).

2. Maßnahmen gegen den Haftbefehl

a) Rechtsbehelfe

Gegen den Haftbefehl kann sowohl Haftprüfung (§ 117 StPO) beantragt werden als auch Haftbeschwerde (§§ 304, 305 Satz 2 StPO) eingelegt werden. Bei beiden Rechtsbehelfen ist zusätzlich Antrag auf mündliche Verhandlung möglich (§ 118 Abs. 1, 2 StPO). Ein solcher dürfte hier sinnvoll sein, um dem Gericht einen unmittelbaren Eindruck vom Beschuldigten zu vermitteln. Zugleich können in mündlicher Verhandlung die persönlichen Verhältnisse besser dargelegt werden.

b) Unterschiede zwischen den Rechtsbehelfen

- Die mündliche Verhandlung ist auf Antrag des Beschuldigten bei Haftprüfung zwingend, bei Haftbeschwerde liegt sie im Ermessen des Gerichts (§ 118 Abs. 1, 2 StPO).
- Die Haftprüfung ist vorrangig vor der Beschwerde (117 Abs. 2 Satz 1 StPO).
- Bei der Haftprüfung erfolgt Entscheidung durch das Amtsgericht, bei der Beschwerde durch das Landgericht (§§ 126 Abs. 1 StPO, 73 Abs. 1 GVG).
- Gegen die Entscheidung im Haftprüfungsverfahren ist Beschwerde und weitere Beschwerde (§§ 304, 305 Satz 2, 310 Abs. 1 StPO) möglich, gegen die Haftbeschwerdeentscheidung des Landgerichts nur noch die weitere Beschwerde (§ 310 Abs. 1 StPO).

Es erscheint hier sinnvoll, den sichereren Weg zu einer mündlichen Verhandlung durch einen Antrag auf mündliche Haftprüfung zu wählen. Daneben ist wegen § 117 Abs. 2 Satz 1 StPO für eine Haftbeschwerde kein Raum.

3. Maßnahmen gegen den Fahrerlaubnisentzug

a) Rechtsbehelf

Gegen den Fahrerlaubnisentzug kann Beschwerde gemäß §§ 304, 305 Satz 2 StPO eingelegt werden.

b) Erfolgsaussichten (Begründetheit der Beschwerde)

Rechtsgrundlage für den Fahrerlaubnisentzug ist § 111 a Abs. 1 StPO i.V.m. § 69 StGB. Das AG München war zum Erlaß des Beschlusses örtlich und sachlich zuständig (§ 162 Abs. 1 Satz 1 StPO). Es liegen die Regeltatbestände gemäß § 69 Abs. 2 Nr. 2, 3 StGB vor.[33] Besondere Umstände, die eine Abweichung vom Regelfall rechtfertigen könnten, müßten in der Person des Beschuldigten in Verbindung mit dem konkreten Tatverhalten gegeben sein.[34]. Daß der Beschuldigte beruflich auf die Fahrerlaubnis angewiesen ist, reicht grundsätzlich nicht aus.[35] Als Verteidiger kann Rechtsanwalt Rapp sich jedoch auf die in der Literatur vertretene Ansicht berufen, der Beschuldigte sei durch den bei einem vorläufigen Führerscheinentzug drohenden Verlust seiner wirtschaftlichen Existenzgrundlage bereits so beeindruckt und allein deshalb so geläutert, daß von ihm eine Gefahr für die Sicherheit des Straßenverkehrs nicht mehr ausgehe.[36]

Ob eine vollzogene Untersuchungshaft die vorläufige Entziehung der Fahrerlaubnis hindert, ist in der Literatur umstritten. Eine Meinung[37] hält ein Vorgehen nach § 111 a StPO in einem solchen Fall für entbehrlich. Von anderer Seite wird das verneint,[38] weil die Vorschrift nicht nur der Prävention, sondern auch der Strafverfolgung und der späteren Strafvollstreckung diene und es daher auf tatsächliche Hindernisse wie Krankheit nicht ankomme. Man könne hier nie sicher davon ausgehen, daß das Hindernis über Monate hinweg bleibend vorliegen werde. Rechtsanwalt Rapp als Verteidiger wird sich auf die erstgenannte Ansicht berufen und zur Begründung auf den Verhältnismäßigkeitsgrundsatz verweisen, der einem an sich derzeit entbehrlichen Fahrerlaubnisentzug entgegensteht. („Keine Entziehung auf Vorrat").

c) Formalia

Die Beschwerde kann ohne Einhaltung einer Frist schriftlich oder zu Protokoll der Geschäftsstelle beim AG München eingelegt werden (§ 306 Abs. 1 StPO). Einlegung zu Protokoll des Amtsgerichts am Ort der Justizvollzugsanstalt – hier ebenfalls München – ist möglich (§ 299 Abs. 1 StPO).

---

[33] S. o. 1 a), 1 b ee) 1 b ff).
[34] *Dreher-Tröndle*, § 69 StGB, Rdnr. 12 a.
[35] *Schönke-Schröder-Stree*, § 69 StGB, Rdnr. 53.
[36] *Löwe-Rosenberg-Schäfer*, § 111 a StPO, Rdnr. 12; *Karlsruher Kommentar-Laufhütte*, § 111 a StPO, Rdnr. 5.
[37] *Jagusch-Hentschel*, Straßenverkehrsrecht, § 111 a StPO, Rdnr. 5.
[38] *Löwe-Rosenberg-Schäfer*, § 111 a StPO, Rdnr. 14; *Karlsruher Kommentar-Laufhütte*, § 111 a StPO, Rdnr. 4.

4. Bestellung als Verteidiger

a) § 117 Abs. 4, 118 a Abs. 2 StPO

§ 117 Abs. 4 StPO kommt wegen der bisher nur kurzen Haftzeit noch nicht in Betracht. § 118 a Abs. 2 StPO betrifft eine andere Fallkonstellation.

b) §§ 140, 141 Abs. 3 StPO

Ein Fall des § 140 Abs. 1 Nr. 2 StPO ist gegeben, da dem Beschuldigten ein Verbrechen gemäß § 315 b Abs. 3 i.V.m. § 315 Abs. 3 StGB zur Last liegt (§ 12 Abs. 1 StGB)[39].

§ 140 Abs. 1 Nr. 1, 3, 6, 7, 8 StPO kommen nicht in Betracht, für § 140 Abs. 1 Nr. 5 StPO ist die Haftzeit noch zu kurz. Der Haftbefehl datiert vom 10.01.92, der Besuch bei Amberger erfolgte am 12.01.92.

Wegen der Schwere der Tat und der dadurch bedingten hohen Straferwartung dürfte auch ein Fall des § 140 Abs. 2 StPO gegeben sein.[40] Eine zu erwartende Freiheitsstrafe von mehr als einem Jahr (wie hier) sollte in der Regel Anlaß für die Beiordnung sein,[41] zumal der Beschuldigte darüber hinaus noch mit einem Widerruf der Strafaussetzung hinsichtlich der Vorstrafe zu rechnen hat.[42]

Im Vorverfahren besteht – mit Ausnahme von §§ 117 Abs. 4, 118 a Abs. 2 StPO – grundsätzlich noch kein Anspruch auf Beiordnung eines Pflichtverteidigers. Vielmehr erfolgt eine Bestellung nur dann schon in diesem Stadium, wenn die Staatsanwaltschaft dies beantragt (§ 141 Abs. 3 StPO)[43]. Ein Antrag auf Beiordnung ist in diesem Stadium demnach als Anregung an die Staatsanwaltschaft zu verstehen, die Ausübung ihres Antragsrechts zu prüfen.

c) Vorgehensweise

Durch einen Antrag des Rechtsanwalts – genaugenommen eine Anregung an die StA[44] – kann er versuchen, die Beiordnung eines Pflichtverteidigers zu erreichen. Soweit Rechtsanwalt Rapp am Gerichtsort zugelassen ist (wovon auszugehen ist), wird er selbst auf Wunsch des Beschuldigten zum Pflichtverteidiger bestellt, wenn keine wichtigen Gründe entgegenstehen (§ 142 Abs. 1 StPO).

---

[39] *Dreher-Tröndle*, § 315 StGB, Rdnr. 19; *Leipziger Kommentar*, § 12 StGB, Rdnr. 24.

[40] § 140 Abs. 2 StPO müßte insbesondere dann diskutiert werden, wenn § 140 Abs. 1 Nr. 2 StPO verneint wird.

[41] *Kleinknecht*, § 140 StPO, Rdnr. 23 m.w.N., *strittig*.

[42] *Kleinknecht*, § 140 StPO, Rdnr. 25 m.w.N.

[43] *Kleinknecht*, § 141 StPO, Rdnr. 5; *Karlsruher Kommentar-Laufhütte*, § 141 StPO, Rdnr. 6.

[44] S. o. 4 b).

Die Kosten trägt bei einer Beiordnung als Pflichtverteidiger zunächst die Staatskasse, der Beschuldigte kann jedoch – z. B. im Falle einer Verurteilung (§ 465 StPO) – zum Ersatz der Kosten herangezogen werden.

5. Ergebnis

Der Rechtsanwalt wird folgende Maßnahmen ergreifen:
– Antrag auf mündliche Haftprüfung
– Beschwerde gegen den Fahrerlaubnisentzug
– Anregung der Beiordnung als Pflichtverteidiger

5. Teil. Die mündliche Prüfung[1]

§ 24. Die mündliche Prüfung

I. Körperliche, psychologische und intellektuelle Vorbereitung

1. Körperliche Vorbereitung

Die körperliche Verfassung spielt auch bei der mündlichen Prüfung eine enorme Rolle. Insbesondere ist es daher wichtig, sich in den Tagen vorher richtig *auszuschlafen*.

Auch im übrigen gelten die Ratschläge für die körperliche Vorbereitung auf die Klausuren sinngemäß (s. o. 1. Teil dieses Buches).

2. Intellektuelle Vorbereitung

Vor der mündlichen Prüfung, die üblicherweise erst Monate nach den Klausuren stattfindet, lohnt es sich nicht mehr, den gesamten Stoff noch einmal komplett zu wiederholen, zumal das aus Zeitgründen wohl kaum möglich wäre.

Sinnvoll ist es aber, die *neuesten Fachzeitschriftenhefte* durchzuschauen, um sich mit den gerade aktuellen Themen bzw. neuen Urteilen vertraut zu machen. Auch die Prüfer lesen diese Zeitschriften und suchen sich nicht selten dort Prüfungsthemen heraus. Bei der Lektüre schlägt man zum besseren Verständnis des Gelesenen die einschlägigen Normen in den Gesetzestexten nach.

Es lohnt sich, *aktuelle und viel diskutierte Probleme*, die besonders prüfungsrelevant erscheinen, genauer zu *vertiefen*. Die abgedruckten Urteilsgründe behandeln meist nur die strittigen Rechtsfragen und gehen nur in stark verkürzter Form auf anderes ein. In der mündlichen Prüfung wird aber erwartet, daß der Kandidat den „schulmäßigen" Aufbau der Lösung deutlich macht und den richtigen Standort für die Beantwortung der strittigen Frage aufzeigt. Unter diesem Gesichtspunkt sollte man die Problematik genauer durchdenken und vertiefen.

---

[1] Weiterführende Literatur zur Vorbereitung auf die mündliche Prüfung: *Teubner*, Die mündliche Prüfung in beiden juristischen Examina – der Aktenvortrag; *Müller-Christmann*, Der Kurzvortrag in der Assessorprüfung; *Budde-Schönberg*, Der Kurzvortrag im Assessorexamen – Zivilrecht; *Kaiser-Tenbieg*, Der Kurzvortrag im Assessorexamen – Strafrecht; *Kröpil*, Das Prüfungsgespräch in der zweiten juristischen Staatsprüfung, JuS 1984, 536; *Kröpil*, Zum Prüfungsgespräch in der zweiten juristischen Staatsprüfung, JA 1987, 428; aber auch: *Lüke*, Ratschläge für die mündliche Prüfung im Referendarexamen, JuS 1980, 735.

Eine Fundgrube für Prüfer, die Themen für die mündliche Prüfung suchen, stellen auch die *Tageszeitungen* dar. In den Wochen vor der mündlichen Prüfung (einschließlich des Morgens vor der Prüfung) sollte man eine verbreitete Tageszeitung auf juristisch relevante Themen hin durchlesen und sich überlegen, was in der mündlichen Prüfung in diesem Zusammenhang gefragt werden könnte.

Es lohnt sich auch, die im 3. Teil dieses Buches abgedruckten *Klausurtips* vor der mündlichen Prüfung noch einmal *durchzulesen*.

In vielen Bundesländern werden *Gedächtnisprotokolle* über die mündlichen Prüfungen früherer Examenstermine gesammelt, in denen die Absolventen sowohl über den geprüften Stoff als auch über die Eigenarten der jeweiligen Prüfer berichten. Aus diesen Protokollen lassen sich viele interessante Informationen entnehmen, nicht zuletzt deshalb, weil eine ganze Reihe von Prüfern in regelmäßigen Abständen Rechtsprobleme, die sie bereits einmal abgefragt haben, erneut zum Gegenstand einer mündlichen Prüfung machen. Auf diese Situation kann man sich daher vorbereiten. Man sollte sich aber nicht anmerken lassen, daß man die Gedächtnisprotokolle kennt. Im übrigen sollte man die in den Protokollen berichteten Antworten der Kandidaten nicht ohne Nachprüfung als zutreffend ansehen. Möglicherweise hat ein Kandidat gar nicht erkannt, daß er bei seiner Antwort auf Abwege geraten ist. Die Prüfer korrigieren solche Irrtümer nicht immer.

Es kann zur Vorbereitung auf die mündliche Prüfung auch aufschlußreich sein, Informationen über die *berufliche Tätigkeit der Prüfer* zu erhalten, da diese gerne Fragen aus ihrem Spezialgebiet stellen. Z.B. wird ein Familienrichter Fragen aus dem Familienrecht (Scheidung, Unterhalt, Versorgungsausgleich etc.) bevorzugen. Sofern man die Behörde, bei der der Prüfer tätig ist, kennt, gibt der jeweilige Geschäftsverteilungsplan Aufschluß über sein derzeitiges Tätigkeitsfeld.

Wichtig ist es, die für die mündliche Prüfung zugelassenen *Hilfsmittel auf den neuesten Stand* zu bringen, d. h. insbesondere die neuesten Ergänzungslieferungen in die Loseblattsammlungen einzuordnen. Über die darin enthaltenen jüngsten Gesetzesänderungen sollte man sich bei dieser Gelegenheit gut informieren.

3. Psychologische Vorbereitung

Um mit der Atmosphäre und dem Ablauf vertraut zu werden, sollte man unbedingt vor der eigenen mündlichen Prüfung *als Zuschauer* bei einer solchen Prüfung *teilnehmen*. Als Examenskandidat ist man dabei in der Regel zugelassen.

Am besten besucht man Termine, bei denen die für die eigene mündliche Prüfung vorgesehene Prüfer mitwirken, um sich auf diese Personen (Temperament, Fragestil, Eigenheiten etc.) einzustellen. Es kann dann allerdings passieren, daß man in der eigenen mündlichen Prüfung wiedererkannt wird. Der Prüfer wird dann vermutlich darauf bedacht sein, andere Fragen als im vorhergehenden Termin zu stellen.

Den Stil des mündlichen Vortrags kann man im übrigen sehr gut in privaten Lernarbeitsgemeinschaften üben, aber auch durch eifrige Wortbeiträge in den allgemeinen Referendararbeitsgemeinschaften.

4. Sonstige Vorbereitungsmaßnahmen

Nicht ganz unwichtig für eine erfolgreiche mündliche Prüfung ist ein *gepflegtes Äußeres.* Viele Prüfer legen auf diesen Punkt großen Wert. Zu achten ist insbesondere auf seriöse *Kleidung* (bei Herren in der Regel Anzug und Krawatte).

II. Checkliste: Hilfsmittel in der mündlichen Prüfung

• Gesetzestexte
• Kommentare (soweit ausnahmsweise nach der jeweiligen Prüfungsordnung zulässig)
• Leseständer
• Mehrere Lesezeichen (als „Einmerker" für Fundstellen in den Gesetzestexten, um das ständige Hin- und Herblättern zwischen mehreren einschlägigen Fundstellen zu vermeiden)
• Schreibgerät und Ersatzschreibgerät
• Schmierpapier
• Ladung zur Prüfung
• Paß oder Personalausweis

III. Verhalten in der mündlichen Prüfung

1. Vorgespräch mit dem Vorsitzenden

• *Ziel* des Vorgesprächs, das der Vorsitzende der Prüfungskommission vor der eigentlichen Prüfung mit den einzelnen Kandidaten führt, ist es, ihnen ein Stück weit die Nervosität zu nehmen und Besonderheiten in ihrer Situation (gesundheitliche Probleme o. ä.) festzustellen
• Typische *Fragen des Vorsitzenden* beim Vorgespräch, auf die man vorbereitet sein sollte:
  – Was ist Ihr *Berufswunsch?*
  – Welche *Hobbies* haben Sie?
  – Welchen *Beruf* üben Ihre *Eltern* aus?
  – Sind Sie mit der *Note* im schriftlichen Teil *zufrieden?*
  – Wie kam es zu der einen besonders *schlechten* bzw. besonders *guten* *Klausur?*
  – Warum haben Sie in einem *bestimmtem Gebiet* besonders gut bzw. besonders schlecht abgeschnitten?

– Fühlen Sie sich *fit* für die Prüfung?
- Man sollte den Vorsitzenden auf Gründe für *Handicaps* aufmerksam machen, z. B. auf:
  – *Schicksalsschläge*, die erst kurz zurückliegen (Tod eines nahen Verwandten o. ä.)
  – *Kopfweh* oder sonstige besondere *Beschwerden*
  – *Schlechten Schlaf* in der Nacht vor der Prüfung
- Man sollte darauf hinweisen, daß man sich sehr *intensiv* auf das Mündliche *vorbereitet* hat und sich unbedingt noch *verbessern* will (z. B. weil man sich im Schriftlichen „unter Wert verkaufte" oder weil eine erhoffte Anstellung von der Note im Mündlichen abhängt); mancher Prüfer läßt sich dadurch milder stimmen

2. Nonverbales Verhalten

- *Blickkontakt* mit den Prüfern halten (u. U. läßt sich aus dem Mienenspiel entnehmen, ob eine Antwort richtig oder falsch war; dies gilt vor allem bei den im Moment *nicht Fragen stellenden Mitgliedern* der Kommission); beachte: je nach Prüfungsordnung stimmen u. U. alle Kommissionsmitglieder über die Einzelnoten ab, nicht nur der jeweilige Fragensteller
- *Gesten* zur Unterstützung des Gesagten können die Aufmerksamkeit der Prüfer erhöhen, sofern nicht übertrieben wird
- Auch während andere Kandidaten reden, *verfolgt* man *aufmerksam* das *Gespräch*; man könnte selbst jederzeit an die Reihe kommen (nicht nur nach der Sitzordnung); *nicht vorausdenken*, was man gefragt werden könnte, sonst besteht die Gefahr, daß man den Anschluß an das Prüfungsgespräch verliert
- *Nicht drängeln*: Es fällt negativ auf, wenn man nicht an der Reihe ist und ständig zu erkennen gibt, daß man alles besser wüßte; auch Kritik an der Antwort eines anderen Kandidaten allenfalls dezent und nicht ungefragt äußern

3. Sprachstil

- *„Ja, also"*, *„es kommt darauf an"* und ähnliche Floskeln weglassen
- *„Äh's"* vermeiden
- Statt eines *Dialekts* besser das *Hochdeutsche* verwenden
- Möglichst *„druckreif"* sprechen
- *Langsam* sprechen, damit die eigenen Gedanken von der Prüfungskommssion leichter nachvollzogen werden können
- *Prüfer* unbedingt *ausreden lassen* und nicht unterbrechen, weil man sonst möglicherweise wichtige Lösungshinweise verpaßt
- *Lange Denkpausen* beim Reden *vermeiden*; besser erklären, worüber man gerade nachdenkt; man verliert sonst zuviel Zeit, außerdem kann

eine kleine Hilfestellung des Prüfers u. U. eine „Denkblockade" beseitigen

4. Inhaltliches Vorgehen bei Antworten

- Als Ausgangspunkt jeder Antwort sollte (soweit möglich) eine *gesetz-liche Bestimmung zitiert* werden
- Die Antwort anhand gängiger *Aufbauschemata* bzw. anhand der *Reihenfolge der Voraussetzungen im Gesetz* aufbauen, um keine Probleme zu übersehen
- Sauber *subsumieren*, bei schwierigen Fällen u. U. zunächst den einschlägigen Gesetzestext vorlesen (*nicht* aber die in eckige Klammern gesetzten inoffiziellen Gesetzesüberschriften, die nicht vom Gesetzgeber stammen)
- Bei längeren oder schwierigen Antworten *erläutern, wie man vorgeht* und *warum*
- Beim *Blättern im Gesetz* auf der Suche nach einer Norm erklärt man dem Prüfer, *was* und *wo* man sucht, wenn möglich gibt man schon den ungefähren Inhalt der Regelung an
- Bei längeren Ausführungen zu einem Thema sollte man die Antwort *inhaltlich strukturieren*, die eigene Vorgehensweise erläutern und am Schluß nochmals das *Ergebnis kurz zusammenfassen*
- Am besten läßt man sich *nicht anmerken*, wenn etwas *Bekanntes* oder gar Triviales gefragt wird (erst recht keine Überheblichkeiten wie etwa „das ist eine alte und ausgekochte Streitfrage"); die Antwort sollte eher wie *spontan entwickelt* erscheinen
- Einschlägige *Definitionen* auch ungefragt zitieren
- Wenn man eine *Frage nicht versteht*, unbedingt zurückfragen, ob man sie so oder so auslegen soll
- Durch die eigenen Antworten kann man die weitere *Entwicklung* der Prüfung in erheblichem Umfang *steuern*; z. B. kann man von einem schwierigen Problem, bei dem man sich zu unsicher fühlt, durch einen Hinweis auf ein geläufiges anderes Problem ablenken; nur im alleräußersten Notfall spricht man es gar nicht an

5. Sonstiges

- Es lohnt *nicht*, sich über *gemachte Fehler zu ärgern*; besser vergißt man diese sofort, um die Gedanken auf die aktuelle Frage zu konzentrieren
- Bei einer „*Denkblockade*" signalisieren, daß man vor lauter Nervosität im Moment den Faden verloren hat und daß einem gerade gar nichts mehr einfällt; durch längeres Schweigen oder durch grob falsche Antworten verschlechtert man seine Position unnötig; die Prüfer haben in der Regel Verständnis für solche Situationen und geben gerne eine kleine Hilfestellung

- Man kann *Zeit zum Nachdenken* gewinnen durch
  - eine *Wiederholung der Frage* des Prüfers in eigenen Worten
  - *Vorlesen* des Textes der einschlägigen *Norm*
  - eine *kurze Zusammenfassung* des bisherigen Standes der Problemlö-
    sung

Stichwortverzeichnis

Die angegebenen Fundstellen beziehen sich auf die Seitenzahlen